复旦大学 吴礼权 著

修辞心理学

Rhetoric （修订版）

暨南大学出版社
JINAN UNIVERSITY PRESS

中国·广州

图书在版编目（CIP）数据

修辞心理学（修订版）/吴礼权著. —广州：暨南大学出版社，2013.8
ISBN 978 - 7 - 5668 - 0559 - 1

Ⅰ.①修… Ⅱ.①吴… Ⅲ.①修辞学—心理语言学 Ⅳ.①H05

中国版本图书馆 CIP 数据核字（2013）第 086664 号

....

修辞心理学

吴礼权著

出 版 人　徐义雄
策划编辑　杜小陆
责任编辑　黄　球
责任校对　方俊聪
出版发行　暨南大学出版社（广州暨南大学　邮编：510630）
网　　址　http：//www.jnupress.com　http：//press.jnu.edu.cn
电　　话　总编室（8620）85221601
　　　　　营销部（8620）85225284　85228291　85228292（邮购）
排　　版　弓设计
印　　刷　广东昊盛彩印有限公司
开　　本　787mm×960mm　1/16
印　　张　17
字　　数　334 千
版　　次　2013 年 8 月第 1 版
印　　次　2013 年 8 月第 1 次
定　　价　36.00 元

（暨大版图书如有印装质量问题，请与出版社总编室联系调换）

序①

一

中国修辞学的研究有着悠久的传统，其间走过了两千余年的发展历程。在这两千多年的发展历程中，中国修辞学可以泾渭分明地剖划为传统修辞学和现代修辞学两个大的阶段。传统修辞学阶段，从先秦时代到清末，前后绵历达两千余年，因此所取得的成就也是多方面的。关于这一方面，用不着我多说，著名修辞学家、原日本早稻田大学教授郑子瑜先生的《中国修辞学史稿》，著名修辞学家和文学史家周振甫先生的《中国修辞学史》，复旦大学博士生导师宗廷虎教授和李金苓教授合著的《汉语修辞学史纲》，袁晖教授和宗廷虎教授主编的《汉语修辞学史》以及本文所要介绍的青年学者吴礼权博士所著的《中国修辞哲学史》等著作，都有详尽精辟的论述和评论，这在修辞学界已是众所周知的了。

现代修辞学阶段，根据宗廷虎先生的见解，自1905年始，也就是从20世纪初由陈望道、唐钺等一批留学日本和欧美的学者在学习并借鉴日本和欧美现代修辞学理论方法模式的基础上创立起来开始，发展至今，已有近一个世纪的历史了。在这近一个世纪的历史发展进程中，既有新旧修辞学思想的交锋，也有1966年至1976年十年"文革"期间修辞学研究的全面顿寂，波折不少。但总体来看，中国现代修辞学自20世纪初开始创立，发展到今天，确实取得了突出的成就。20世纪50年代至60年代初研究的初步繁荣，70年代末开始特别是发展至80年代中期，中国修辞学研究大发展大繁荣的景象，至今还是历历在目，令人感动且兴奋不已。但是，从20世纪80年代末90年代初开始，在中国现代修辞学研究取得累累硕果的同时，已有一些具有长远学术眼光的中青年学者开始反思中国修辞学繁荣发展中的问题，他们在总结

---

① 本序曾以《吴礼权博士与中国新生代的修辞学研究》为题，发表于《复旦学报》（社会科学版）1999年第4期。

过去发展经验的基础上探索新的研究方法，在加深对修辞学多边性学科性质认识的基础上，充分拓展自己的学术视野，充分吸纳相近相关学科的新理论、新方法，更新修辞学研究的思路，力图突破原有的研究格局，他们不仅要对种种修辞现象及其规律作出科学系统的描写和总结，而且还努力从理论上对修辞诸现象产生的心理机制、修辞现象背后所蕴含的文化内涵等作出深层次的理论阐释，要说明修辞诸现象得以生成的"所以然"，从而建构出一个新的修辞学科学体系。如果我们将20世纪80年代前和目前修辞学界意在描写修辞现象的主流倾向派称作描写修辞学派或说是旧派的话，那么，上述力图突破旧格局的一派则可以称为阐释修辞学派或曰新派。

　　说到中国新派修辞学和新派修辞学的建构，我们不能不特别地提到吴礼权博士。礼权博士是复旦大学老校长、著名语言学家和修辞学家、中国现代修辞学的奠基人陈望道先生的再传弟子，他虽才过而立之年，但在中国修辞学界却是众所周知的学术成果累累的新秀了。关于这一点，著名修辞学家、复旦大学博士生导师宗廷虎教授在为礼权博士与童山东先生合著的《阐释修辞论》一书所作的序中有过简要而中肯的总体评价：

　　礼权是20世纪60年代中期出生的、80年代进大学的新生代学者。这一代青年学者生逢好时光，所受教育比较系统，知识结构合理，外语基础好，思维活跃，最易吸收新知并具创造性，是大有作为的一代。而礼权可谓是这一代青年学者中尤为出类拔萃者，他的治学经历和特点颇有与复旦大学老校长、著名修辞学家和语言学家陈望道先生相似之处，受其影响颇大。众所周知，修辞学是语言学的一个分支，属于语言学，但它又是一个具有鲜明特色的多边性学科，研究它必须具备深厚的多学科理论修养和学术背景作依托。陈望道先生之所以在修辞学研究方面成就卓越，写出了被学术界公认为中国现代修辞学第一座里程碑、被国际知名学者郑子瑜教授誉为"千古不朽的巨著"的《修辞学发凡》，是因为他在美学、心理学、语法学、逻辑学、文艺学等多学科领域都有很深的造诣，有深厚的学术背景和根底，且各有独到建树的专著出版。礼权研究修辞学之所以卓有成就，那也是因为他有较深厚的多学科理论修养和学术背景作依托。他曾师从著名语言学家、复旦大学濮之珍教授攻读中国语言学史，语言学理论修养和古汉语研究根底较深，曾发表了不少有价值的关于语言学和中国古代语言学史方面的学术论文，并在台湾商务印书馆出版了一部具有开拓性的《中国语言哲学史》专著，填补了我国此一研究领域的空白；研究生毕业后在著名学者、中国古典小说研究家、复旦大学古籍研究所所长章培恒教授主持的古籍研究所工作四年，得到了章培恒教授在古典文学研究方面的指授，因此在中国古典文学特别是古典小说研究方面颇有成就，曾发表了多篇研究中国古典小说的学术论文和几部小说史专著，深受海内外学者关注；1993 年由复旦大学古籍研究所调入复旦语言文学研究所修辞研究室专门从事修辞学研究后，由于先前奠定的语言学、古典文学以及大学时代所学的心理学等学科较深厚的学养基础，加之从大学时代就已开始的修辞学学习和研究的经历，所以礼权的修辞学研究从一开始就建立在高且坚实的基础之上，在五六年间就在修辞学界崭露头角，并呈后来居上之势。除了 1993 年前发表的一批修辞学论文和专著《言辩的智慧》外，1995 年在台湾商务印书馆出版的《中国修辞哲学史》和即将出版的《中国现代修辞学通论》、《中国修辞学通史·当代卷》（第一作者）、《修辞心理学》（复旦大学·日本笹川良一基金项目）、《委婉修辞研究》（博士论文）等著作，都充分显示了礼权在修辞学研究方面的突出成就与深厚实力。特别是他的《中国修辞哲学史》一书的出版，在海内外学术界产生了相当广泛的影响，国际知名学者、日本早稻田大学教授、香港中文大学高级研究员郑子瑜教授在为该书所写的序言中指出："陈望道的再传弟子吴礼权先生的《中国修辞哲学史》，是可备一说的。"著名修辞学家、河北大学李济中教授撰文《修辞学园地中一朵夺目的奇葩——评吴礼权〈中国修辞哲学史〉》评论说："吴礼权撰著的《中国修辞哲学史》首次发凡起例，对此课题进行了深入、系统的研究，撰著成书，此举颇具开拓性，填补了我国这一研究领域的空白，成为我国修辞学园地中一朵灿烂夺目的奇葩，对我国修辞学事业的繁荣与发展必将起到积极的影响。"礼权迄今在海内外各大学术刊物上发表的近百篇学术论文和海内外出版的近十部学术专著，不论是修辞学方面的，还是语言学、中国古典小说史方面的，都广受学术界重视。论文被国内权威刊物转载的频率相当高，如中国人民大学《语言文字学》甚至在同一期有限的篇幅内同时转载他的两篇论文。两部学术专著在海内外再版。从国外来华的外国汉学家和从国外回来的中国学者，每每见到我或熟悉礼权的学者，都要谈到礼权这些在海内外有广泛影响的著作。我作为他的导师，内心确实感到十分的高兴和自豪。

宗廷虎先生作为礼权博士的导师，对礼权的学术成长道路和学术成就可谓是知之深且知之多，但对礼权的上述评价则绝非溢美之词。其实，就我对礼权博士的了解，他迄今所发表的 100 余篇学术论文和已出版的 10 部学术著作，每一篇、每一部都是富有创造性的。他的中国古典小说专论《情·鬼·侠小说与中国大众文化心理》1994 年曾获"第一届全国青年优秀社会科学成果奖"优秀论文奖，语言学论文《〈经传释词〉之"因声求义"初探》1998年获上海市哲学社会科学优秀成果奖；《中国修辞哲学史》、《中国语言哲学史》、《中国现代修辞学通论》、《中国笔记小说史》、《中国言情小说史》等许多学术专著在海内外学术界引起广泛影响与称赞，就是最好的实证。礼权博士的研究成就是多方面的，而在修辞学研究领域，我认为他对中国新派修辞学体系的建构，可谓是用力多，贡献也大，特别值得称道。

二

中国修辞学界的同仁们都很清楚，长期以来，汉语修辞学的研究多是局限于总结归纳汉语中的辞格和对这些辞格进行描写分析说明的层面上，可以名之曰"描写的研究"。我们认为"描写的研究"也是一种科学的研究，描写修辞学与描写语言学一样有它的科学性，也有它的科学价值和历史贡献，这是不可否认的。中国修辞学界在 20 世纪以来一直致力的辞格研究，即是一种描写修辞学，当然也是有它的科学价值和历史贡献的，同样不可否认。但是，我们也应该清醒地认识到：任何学科都不能总是停留在描写说明"是什么"或"怎么样"的问题上，而应该努力回答"为什么"的问题，追索事物的本源底蕴，阐明事物发生发展的深层根由。也就是说，科学是需要有阐释力的，越是有阐释力的理论学说就越具有科学价值。如果一种理论学说没有阐释力，不能解释事物产生发展的本源，那么它的科学性和价值就要大打折扣了，甚至其存在的意义也是令人怀疑的。可以说，这一观点目前已成了学术界有见地的学者的共识。在中国修辞学界也不例外，现在体认到中国修辞学研究需要从旧有的只专注于辞格归纳说明的描写修辞学的境地走出来而奔向以全面阐释修辞诸现象之所以生成的内在心理机制等深层问题为研究目标的阐释修辞学的康庄大道的学者越来越多了。如著名修辞学家宗廷虎教授就曾深刻地指出："西方有些学者主张把科学分为描写性科学和解释性科学。……西方现代语言学中，由于研究目的与方法的不同，的确曾出现了描写语言学与解释语言学之别。例如美国结构主义学派的布龙菲尔德（L. Bloomfield）主张对语言现象进行纯客观的描写，因而又称描写学派。后来乔姆斯基（N. Chomsky）主张语言学不能仅仅停留在描写和分类上，对人类特有的语言能力应作出解释，并公开提出'存在描写语言学和解释语言学这两种不同的科学。语言理论的强弱决定于解释能力的强弱'（陈平《描写与解释：论西方现代语言研究的目的与方法》，《外语教学与研究》1987 年第 1 期）。以后的功能主义学派也主张对人类语言的普遍现象进行解释，于是便出现了把解释作为语言研究主要目的的转移。"认为"修辞学科也是如此。描写修辞学是就修辞本体进行描写，如修辞系统、修辞手法、修辞规律等的观察与概括。这方面的研究当然是相当重要的。但它只能使人知其然，还不能使人知其所以然。因为它只说明修辞是'什么'和'怎么样'的问题。我国修辞学虽然在描写方面已取得很大成绩（也有分散、片断的阐释研究），但仅仅停留在这个阶段还令人不能满足。社会的前进、修辞学自身的发展都迫切需要在描写的基础上进一步阐释这些修辞系统、手段、规律等生成的缘由、动力机制、文化底蕴等等，以使人知其所以然"。并强调指出："'究其所以然'是修辞学深入发展的必然，是修辞学向高层次攀登的标志。"① 我们认为宗廷虎教授对中国修辞学需要由描写修辞学走向阐释修辞学的意义之论述是充分而科学的。我个人认为，从学术与时代的关系以及学术自身发展的规律来看，实现中国修辞学研究从描写修辞学向阐释修辞学的转变，也是十分必要的。关于这一点，我在所著的《语言美学论稿》和所主编的《现代语言学理论》二书中，从当今世界语言学和修辞学发展的现状出发，由语言学和修辞学近年来所发生的转向的视角，谈到了中国修辞学研究应该改变旧有模式的问题，② 亦与宗廷虎教授的见解相通。其实，修辞学研究要与时俱进的思想，在 20 世纪 30 年代，陈望道先生就在其巨著《修辞学发凡》中提到了。陈先生在该书的"结语"中明确宣称："我又以为一切科学都不能不是时代的，至少也要受时代所要求所注重，及所鄙视所忽视的影响。"③ 既然现在世界语言学和修辞学已经发展到了由描写转向阐释的新阶段，而我们原有的研究模式又在理论与教学实践中时时呈现出捉襟见肘的窘态，我们常常会面对学生们追根究底的提问而难以用现有的修辞学理论加以解释回答，那么，如何走出中国修辞学时下的窘境呢？我们认为：必须加强对阐释修辞学的研究，建构阐释修辞学的学科体系，实现中国修辞学研究从描写修辞学向阐释修辞学的转变。礼权博士很明显对此有清醒而深刻的认识，所以他近些年来一直矢志不渝地在此方面努力开拓。他不仅在《新世纪中国修辞学的发展和我们

---

① 宗廷虎：《阐释修辞论·序》，首都师范大学出版社 1998 年版，第 2～3 页。
② 参见骆小所：《语言美学论稿》，云南人民出版社 1996 年版，第 3～16 页、第 234～272 页；骆小所主编：《现代语言学理论》，云南人民出版社 1998 年版，第 7～11 页。
③ 陈望道：《修辞学发凡》，上海教育出版社 1997 年版，第 283 页。

的历史使命》（《复旦学报》1997 年第 1 期）、《论中国修辞学研究今后所应依循的三个基本方向》（《修辞学习》1997 年第 2 期，中国人民大学《语言文字学》1997 年第 6 期转载）、《二十世纪中国现代修辞学发展的省思》（《社会科学》1998 年第 5 期）等论文中从宏观理论上充分阐发中国修辞学研究实现从描写修辞学向阐释修辞学的转向之意义，而且还以一篇篇扎扎实实的论文和一部部厚重而富创造性的专著来实践自己的理论呼唤，为中国修辞学研究的转向和阐释修辞学体系的建构作出了实实在在的贡献。如《修辞结构的层次性与修辞解构的层次性》（《延边大学学报》1995 年第 4 期，中国人民大学《语言文字学》1996 年第 4 期转载）、《论委婉修辞生成与发展的历史文化缘由》（《河北大学学报》1997 年第 1 期）、《论夸张表达的独特效应与夸张建构的心理机制》[《扬州大学学报》（人文社会科学版）1997 年第 4 期]、《论委婉修辞生成的心理机制》（《修辞学习》1998 年第 2 期）、《修辞心理学论略》（《复旦学报》1998 年第 5 期）等论文，都是以一个个具体的修辞现象作解构对象进行的具体而微的研究，建立了一个个阐释修辞学研究的范本。他以具体扎实的成果向学术界昭示了阐释修辞学的科学价值以及中国修辞学研究实现描写修辞学向阐释修辞学转变的意义，充分展示了新派修辞学不同于旧派修辞学的独特魅力。特别值得提起的是，礼权博士已经出版和即将出版的三部修辞学专著——《阐释修辞论》（与童山东合著）、《委婉修辞研究》（博士学位论文）和《修辞心理学》，在阐释修辞学的研究和中国新派修辞学体系的创建方面的成就尤为突出。在《阐释修辞论》（首都师范大学出版社，1998 年 7 月）一书中，礼权博士首次提出了"修辞文本"的全新概念，指出："所谓修辞文本（rhetorical text），是指那些运用某种特定表达手段而形成的具有某种特殊表达效果的言语作品。不过，应该指出的是，言语作品是有大小之别的。最小的言语作品可以是由一个词或几个词构成的一句话，稍大些的言语作品可以是由两句或两句以上的几个句子构成的语句群，最大的言语作品可以是完整的一个篇什。""总之，'修辞文本'是个有特定含义的概念。它是专指那些运用特定的表达手段而构成的具有特定的表达效果的言语作品，这个言语作品可以是特定语境中的一个词或几个词构成的一个句子，也可以是由两个或两个以上的几个句子构成的语句群，还可以是只表达某一特定主旨的篇什。'修辞文本'可以是口说的言语作品，也可以是笔写的言语作品。"众所周知，在描写修辞学派的修辞学著作中，只有诸如"比喻"、"借代"、"夸张"等辞格名称的提法，对于包含诸辞格的言语作品从未有人给定一个严格科学的上位概念，更未有人对其内部结构进行过严密科学的分析界定，这明显是旧派修辞学的一大缺陷。而礼权博士的"修辞文本"学说的提出，则从根本上廓清了前此修辞学研究中出现的诸多概念不清或含混的弊端，解决了修辞学研究的对象特别是阐释修辞学所要阐释的对象问题，使修辞学研究中所要涉及的分析阐释对象有了一个科学、严密、清楚的上位概念，从而使其所欲建构的阐释修辞学即新派修辞学从一开始就建立在科学严密的学术规范区域之内，"转而不出其类"。这是对中国现代修辞学理论的一个重大贡献，也是礼权博士在建构中国阐释修辞学体系的征途中所立下的第一功。然而，礼权博士的可贵之处在于其并不仅仅满足于提出"修辞文本"的新学说，还在所提出的理论学说的基础上具体阐释了"修辞文本结构的层次性"问题（亦即表达者在"修辞文本"接受中理解分析思维活动的层次性问题），从而建构了一个从"修辞文本"概念到"修辞文本"阐释的完整体系。很明显，这一体系的建立对礼权博士所欲建构的整个阐释修辞学体系是有着特别重要的意义的，也是中国新派修辞学切切实实开拓与发展并取得突出成就的显著表现。总之，《阐释修辞论》是一部"大胆假设，小心求证"，既注重理论创新，又努力以实证分析来支撑其理论学说的阐释修辞学的开创之作，是中国新派修辞学初步建立的标志性著作。

礼权博士在努力建构中国阐释修辞学体系的过程中所表现出来的既有"一种追求真理而勇于开拓的创造精神"，又有一种"重实证不蹈空的严谨学风和科学态度"，[①] 这在他的另一部著作《委婉修辞研究》中表现得更加突出。该作选取汉语修辞中最有典型意义且最有表现力的修辞模式作为研究对象，选题小而研究深，是一种"开口小，挖掘深"的学术专著。全书通过大量地占有古今汉语委婉修辞的材料并作深入细致的分析论证，提出了"汉语委婉修辞是一种系统性很强的语言现象，有一定的规律可以揭示出来"的观点。其认为在表现形态上，汉语委婉修辞可以分为"典型表现形态"与"非典型表现形态"两大类，"典型表现形态"一般来说包括"用典"、"讳饰"、"藏词"、"析字"、"双关"、"讽喻"、"留白"、"设彀"、"倒反"、"绝语"、"起兴"、"歇后"、"回避"、"折绕"等十四种常见形式；"非典型表现形态"一般说来在"比喻"、"借代"、"设问"、"同语"、"镶嵌"、"移就"、"比拟"、"映衬"、"层递"、"异语"、"夸张"、"引经"等十二种修辞格中都有所反映。这样就以统一标准——表达上有含蓄蕴藉、婉约深沉效果——将汉语修辞中一切"不将所要表达的意思直白地说写出来，而是曲折委婉地暗示

---

① 宗廷虎：《阐释修辞论·序》，首都师范大学出版社 1998 年版，第 4 页。

出来，使人思而得之"的语言现象统摄在"委婉修辞"这一大的形态范畴之内，这是一种全新的提法，是前此的修辞学著作未曾有过的新学说。但是，由于礼权博士这一部分做得特别扎实，以前人从未发现和提到的大量新材料作凭借，以十分充足而有力的论据言之凿凿地论证了自己的观点，使其所提出的卓尔不群的学术论点成为真正意义上的持之有故、言之成理的"一家之言"，具有鲜明的创造性和严密的科学性。除此之外，全书还对汉语委婉修辞在表现层级上的范围作出了科学区分，对委婉修辞在程度级差上的不同表现进行了具体论述，对委婉修辞在诸文体中的分布情况作了较系统的概括总结，对委婉修辞生成的原因进行了深入的根究。如果要将全书明确地分为两大部分，上述这几个方面可以说是属于前一部分，它以十分具体细密的分析论证为特色，属于"小心求证"一类。而全书的后一部分，主要论述的是"委婉修辞生成的心理机制"、"委婉修辞与中国文化"等问题，属于理论色彩很浓的阐释部分。在这一部分，我们可以再次见出礼权博士在建构阐释修辞学体系上的努力倾向。关于"委婉修辞生成的心理机制"问题，礼权博士指出："汉语委婉修辞生成的基本心理机制是基于人类的一种'距离美学'心理。表达者将所要表达的思想或情感不直接表达出来，而是用曲折、含蓄的方法说出来，让接受者经过一番思考之后才能领会，这样就在心理上起了一个缓冲的作用，同时在接受上还有一种回味无穷的艺术魅力。"至于"委婉修辞与中国文化"的关系问题，礼权博士认为："汉语委婉修辞之所以在中国有深厚的文化根基与悠久的历史，这是与中国传统文化心理分不开的。大致说来，汉语委婉修辞生成与发展的文化根由主要有这样一些方面：一是政治环境特别是中国古代长期的封建专制政体与儒家思想的禁锢所形成的思想言论不自由的政治环境的制约；二是汉民族人由于实践理性影响而对思想与情感的展露经常采取克制、引导、自我调节的方针所形成的崇尚含蓄蕴藉的民族心理的导引；三是中国历代崇尚'不著一字，尽得风流'的文学传统的推崇。而这三个方面的原因，归根结底又与中国传统思维方式的影响密不可分。"这种对汉语委婉修辞现象生成原因及其与中国传统文化心理之间关系的理论阐释，是前此的任何修辞学家的修辞学著作中都从未有过的，是礼权博士多年来对此问题进行深刻思辨而结下的硕果，具有深刻的理论穿透力，这也是他对中国修辞学理论研究的一个重要贡献。而这一理论贡献又为礼权博士所欲努力建构的阐释修辞学体系奠定了不可或缺的坚固基础，使他在其新派修辞学体系的建构历程中又向前迈进了一大步。

三

至于《修辞心理学》一书，则是礼权博士为多年来意欲建构的中国新派修辞学——阐释修辞学体系而进行不懈努力所结下的最丰硕的学术成果。它是在礼权博士上述诸多有关阐释修辞学研究的基础上融入他近年来对此课题进行深入探讨的最新体会著成的，较为全面地体现了他建构中国新派修辞学体系的学术思想，建构了一个较为完整严密的阐释修辞学—修辞心理学——的学科体系，标志着中国新派修辞学（阐释修辞学）体系基本建立起来。全书共分六章，第一章"绪论"，阐明了修辞心理学的基本内涵、修辞心理学的研究对象、修辞心理学的基本任务、修辞心理学研究的方法以及修辞心理学建构的意义等基本理论问题；第二章"修辞的主体"，严格界定了"修辞主体"的概念，系统地论述了"修辞主体的层次及其心理"、"修辞主体与修辞接受主体之间的适应关系"等问题；第三章"修辞文本的基本模式及其建构的基本原则"，除了进一步严密界定和申述前此提出的"修辞文本"的概念外，还较为系统地论述了"修辞文本的基本模式"和"修辞文本建构的基本原则"等问题；第四章和第五章"修辞文本建构的心理机制"，较为全面系统地阐述了"修辞文本建构与想象联想"、"修辞文本建构与注意强化"、"修辞文本建构与移情作用"、"修辞文本建构与平衡原则"、"修辞文本建构与心理距离"、"修辞文本建构与通感联觉"等问题，是对修辞诸现象从心理学上作出具体而微的理论阐释；第六章"个案实验分析：语言借贷中的修辞心理现象"，以汉语外来词音译的特点来分析透视汉语修辞的民族文化心理。前三章是对基本理论问题的论述，后三章是以实证分析的形式来论证其理论模式和理论内核的合理性。这样，全书既在宏观上进行了全新的学科理论模式和框架的建构，又在微观上进行了细密的个案实证分析，使理论体系建构与修辞文本实证分析相结合，充分体现了礼权博士一向所服膺的胡适博士所倡导的"大胆假设，小心求证"的学术研究作风，鲜明地凸显出礼权博士作为新生代学者和中国新派修辞学代表人物的学术研究风格与学术著述模式。

纵观全书，礼权博士不论是在理论模式和框架的建构方面，还是在具体修辞文本的心理学理论阐释方面，都具有独创性贡献。在理论模式建构方面，礼权博士提出的许多见解都是令人耳目一新且具科学性和说服力的。如关于修辞文本建构的基本原则问题，礼权博士指出："修辞文本的建构，都是为了适应特定的言语交际情境以追求特定的交际目标。所谓特定的交际目标，也就是言语交际取得尽可能好的效果。只有有了尽可能好的表达效果，才算是达到了交际者特定的交际目标。那么，怎样才能取得尽可能好的交际效果呢？这就需要修辞者适应不同的交际情境建构起能够企及特定交际目标的修辞文本。而要企及特定的言语交际目标，就必须遵守修辞文本建构的两大基本原则，这就是'恰切性原则'和'有效性原则'。"并强调说："所谓'恰切性原则'，就是修辞者所建构的修辞文本要对修辞接受者有较强的针对性，即与修辞接受者所能接受或理解的知识层面、心理状态、情感情绪等方面的情况大致相符合。所谓'有效性原则'，就是修辞者所建构的修辞文本要使修辞接受者能够理解且乐于接受，不可使接受者有晦涩不可理解之感或有情感抵触而不愿接受的情况发生。也就是说，前者是要求修辞者所建构的修辞文本具有一定的艺术性，后者则要求修辞者所建构的修辞文本具有可解读性、可接受性。两者是互为因果的，只有有了'恰切性'，才会有'有效性'；凡是'有效的'，总是'恰切的'。……因此，修辞文本的建构要同时遵守'恰切性'和'有效性'两大原则。"这一见解不仅充分显示了礼权博士卓越的学识，而且具有深刻的理论穿透力，是对现有修辞学理论的重大突破，值得我们修辞学界特别重视。至于微观实证阐释方面，礼权博士通过对诸如"比喻"、"夸张"、"映衬"等几十种修辞文本模式的建构与解构进行心理学学理上的阐释，将前此的描写修辞学家和旧派修辞学著作无法回答的许多理论问题都作了较为圆满的解答，令人知其然，更知其所以然。比如说，关于夸张修辞文本建构的心理机制问题，在旧派修辞学著作中是根本不可能讨论到的，也是无法以已有的理论加以阐释的。而礼权博士则以情绪心理学和注意强化的心理学理论加以阐发，指出："修辞者建构夸张的修辞文本来表情达意是在'深切感动'之时。也就是说，修辞者在运用夸张的手法来表情达意时是处于一种情绪和情感的强势状态，亦即激情状态。……在激情状态下，人们常常在伴随着上述这些生理变化和明显的外部行为表现的同时，言语上也有一些超常的表现，如语言表达多与逻辑事理相悖，经不起理智的分析与推敲。……王维《老将行》一诗所写的老将少年时'一剑曾当百万师'之勇，项羽《垓下歌》所说自己'力拔山兮气盖世'的气概等，都是悖于事理与逻辑的，是激情状态下'意识狭窄'、认识范围缩小、理智分析能力受到抑制、自我思维控制能力减弱的结果。"同时，又指出人们在建构夸张修辞文本来抒情达意时违背逻辑与事理的做法不是无意识的，而是"有意以此作精神宣泄来求得心理能量的释放，从而获得心理的自发调整而达到身心的畅快。这就如同人在极度悲哀时的号啕大哭、捶胸顿足，在极度快乐时的放声大笑、手舞足蹈而不介意别人的评价与感受一样，是一种'忘我'的表现，是一种只求本能满足的行为"。还认为："表达者除了用夸张的言语来满足'本我'的自然需要外，有时还想要言语交际的另一方（听者或读者）分享他的快乐与忧愁、愤怒与爱憎等情感，与他一起哭，一起笑，一起忧，一起喜，达成思想的共鸣。"在此基础上，礼权博士还进一步从注意强化的心理学学理层面阐释了夸张修辞文本建构之所以能使接受者产生情感或思想的共鸣，是因为："夸张修辞文本都是一种有违客观事理或逻辑的言语作品。修辞接受者（听者或读者）在解读、接受修辞文本时，必然因文本的不合客观事理或正常逻辑而生发困惑，从而唤起好奇心，产生一种探究根由底蕴的情感冲动。……我们知道：刺激物的新异性是引起'不随意注意'的重要原因。有违客观事理或正常逻辑的夸张修辞文本，对于注意主体（修辞文本接受者）来说是一个较之符合客观事理或正常逻辑的普通言语文本有着较大新异性的刺激物，因而也就易于引起注意主体（修辞接受者）的'不随意注意'，从而在好奇心的驱使下唤起对当前的新异刺激物进行深入探究的情感冲动。这样，就自然而然地强化了注意主体（接受者）对当前新异刺激物——夸张修辞文本——的注意，加深了对表达者所建构的夸张修辞文本的理解，从而达成与表达者思想或情感的共鸣和沟通。"礼权博士这番对夸张修辞文本建构的心理机制以及夸张修辞文本在表达与接受上的独特效果的达成原因的阐释，是十分深刻独到的，解释力极强，是前此的描写修辞学家们所无法企及的。于此，我们清楚地看到了礼权博士深厚的学术功力和他所提出的理论学说的科学性，也看到了新派修辞学的独特魅力和旺盛的学术生命力及发展前景。可以毫不夸张地说，礼权博士的这部《修辞心理学》不仅标志着中国新派修辞学体系的基本建立，而且事实上已将整个中国现代修辞学的研究推到了一个崭新的阶段。

骆小所
1999 年 12 月写于昆明

（作者简介：骆小所，教授，华中师范大学博士生导师，原云南师范大学校长，中国修辞学会副会长。）

目　录

序　/ 001

第一章　绪论　/ 001

一、何为修辞心理学　/ 001

（一）修辞　/ 001

（二）修辞心理　/ 002

（三）修辞心理学　/ 003

二、修辞心理学的研究对象　/ 004

（一）修辞个体心理　/ 004

1. 修辞动机　/ 004

2. 修辞心理过程　/ 005

3. 修辞心理特性　/ 007

（二）修辞社会心理　/ 008

三、修辞心理学的基本任务　/ 008

四、修辞心理学研究的方法　/ 010

（一）归纳法　/ 011

（二）问卷法　/ 011

五、修辞心理学建构的意义　/ 012

六、目前研究的进展情况　/ 013

第二章　修辞的主体　/ 017

一、修辞主体的概念　/ 017

二、修辞主体的层次及其心理　/ 017

三、修辞主体与修辞受体之间的适应关系　/ 019

第三章　修辞文本的基本模式及其建构的基本原则　/024
一、修辞文本的概念　/024
二、修辞文本的基本模式　/026
三、修辞文本建构的基本原则　/029

第四章　修辞文本建构的心理机制（一）　/033
一、修辞文本建构与联想想象　/033
（一）联想和想象　/033
（二）基于联想想象的修辞文本模式　/038
1. 比喻与类似联想　/039
2. 列锦与接近联想　/043
3. 映衬与对比联想　/049
4. 借代、拈连与关系联想　/054
5. 示现与想象　/066
二、修辞文本建构与注意强化　/70
（一）注意的概念　/070
1. 注意　/070
2. 注意的生理机制　/070
3. 注意的分类　/071
（二）基于注意强化的修辞文本模式　/077
1. 夸张与注意强化　/077
2. 设问与注意强化　/083
3. 复叠与注意强化　/086
4. 转类与注意强化　/088
5. 反复与注意强化　/091
6. 倒装与注意强化　/093
7. 旁逸与注意强化　/096
8. 别解与注意强化　/100
9. 同异与注意强化　/103
10. 歧疑与注意强化　/106
11. 错综与注意强化　/109
12. 精细与注意强化　/113

　　　13. 异语与注意强化　/ 117

　　　14. 仿拟与注意强化　/ 120

　三、修辞文本建构与移情作用　/ 124

　　（一）移情作用　/ 124

　　（二）基于移情作用的修辞文本模式　/ 128

　　　1. 比拟与移情作用　/ 128

　　　2. 移就与移情作用　/ 134

第五章　修辞文本建构的心理机制（二）　/ 139

　一、修辞文本建构与平衡原则　/ 139

　　（一）平衡原则　/ 139

　　（二）基于平衡原则的修辞文本模式　/ 143

　　　1. 对偶与平衡原则　/ 143

　　　2. 回环与平衡原则　/ 152

　　　3. 排比与平衡原则　/ 157

　二、修辞文本建构与心理距离　/ 161

　　（一）心理距离　/ 161

　　（二）基于心理距离的修辞文本模式　/ 163

　　　1. 用典与心理距离　/ 164

　　　2. 讳饰与心理距离　/ 167

　　　3. 藏词与心理距离　/ 169

　　　4. 析字与心理距离　/ 173

　　　5. 双关与心理距离　/ 175

　　　6. 讽喻与心理距离　/ 177

　　　7. 留白与心理距离　/ 181

　　　8. 倒反与心理距离　/ 183

　　　9. 推避与心理距离　/ 186

　　　10. 折绕与心理距离　/ 189

　三、修辞文本建构与通感联觉　/ 193

　　（一）通感联觉　/ 193

　　（二）基于通感联觉的修辞文本模式　/ 195

第六章　个案实验分析：语言借贷中的修辞心理现象
　　　　——从汉语外来词音译特点看汉语修辞的民族文化心理　/ 201
　　一、语言借贷　/ 201
　　二、汉语外来词音译修辞的几种特殊类型　/ 202
　　　　（一）音义密合型　/ 203
　　　　（二）形象联想型　/ 209
　　　　（三）广告口彩型　/ 211
　　　　（四）幽默诙谐型　/ 215
　　三、汉语外来词音译修辞行为背后所蕴含的民族文化心理　/ 216
　　　　（一）"音义密合"型音译词与汉民族人的"天朝心态"　/ 216
　　　　（二）"形象联想"型音译词与汉民族人的思维方式　/ 223
　　　　（三）"广告口彩"型音译词与汉民族人趋吉避凶的讳饰心理　/ 226
　　　　（四）"幽默诙谐"型音译词与汉民族人的幽默心性　/ 228

参考文献　/ 231

后记　/ 234

又记　/ 238

修订版后记　/ 241

吴礼权主要学术论著一览　/ 245

第一章 绪 论

一、何为修辞心理学

由于目前尚未见有修辞心理学论著的发表或出版，因此对于这一新兴学科所要涉及的有关专门术语，我们有必要先行加以界定。因为孔子早就说过：

名不正，则言不顺；言不顺，则事不成；事不成，则礼乐不兴；礼乐不兴，则刑罚不中；刑罚不中，则民无所措手足。故君子名之必可言也，言之必可行也。君子于其言，无所苟而已矣。[①]

孔子"正名"的目的在于"兴礼乐"、"安天下"的大理想，我们这里对修辞心理学"正名"虽不像孔圣人所为那样意重大，但"正名"的必要性还是有的。特别是对一门新兴学科来说，其必要性更是毋庸置疑的。既如此，下面我们就先依次讲清如下几个概念。

（一）修辞

所谓"修辞"，就是一种力求使达意传情尽可能适切、圆满的语言调配活动。

众所周知，语言和所有的语言材料都是没有优劣高下之分的。但是，同样的一种语言，同样的语言材料，不同的调配方式则能产生出大不相同的表达效果。比方说，在汉语中，一般中国人的个人语汇库中都会有"发展"、"发达"、"落后"、"不"、"欠"、"中"、"国家"等常用词。假设让我们用以上所给定的七个词来评价一个国家，有些人可能会调配出诸如"不发达国家"、"欠发达国家"、"落后国家"等词组，也有些人可能会调配出诸如"发展中国家"这样的词组。这些词组，前三个是有贬义色彩的，假设以之来评价欲与我们发展友好关系的国家，那表达效果肯定不好，它会伤害对方感情，有碍两国交好，甚至会导致外交失利。若我们用"发展中国家"这一词组来评价对方国家，则对方是乐于接受的。虽然"发展中国家"与前三个词组所表达的意思，实质上没有什么差别，

---

① 《论语·子路》。

但这一词组给人的感觉是友好的，是带有褒义的，是说对方国家目前虽算不上发达，但是前途是光明的，是有发展潜力的，言语中包含了友好的祝愿，自然就会具有良好的表达效果，在外交活动中就会赢得胜利。

客观地说，上列七个词语单独看是没有优劣高下之分的，只是在被调配使用的过程中才显出了表意的差异，因而也就有了表达效果的圆满与拙劣之别。应该说，语言和语言材料对所有使用这种语言的人都是公平的。不能说某人的语言表达效果好是由于他所使用的语言或语言材料好，而只能说某人善于调配语词。这就好比同样的一块布料，不同技艺的服装师会做出大不相同的式样、大不相同的质量的服装来。做出的服装是有款式、质量上的差异的，是有客观上的优劣高下之别的，但这绝不是布料优劣的缘故。语言运用中语词的调配如此，句式的调配亦如此。是长句好，还是短句好；是单句好，还是复句好；是主谓句好，还是非主谓句好；是常式句好，还是倒装句好？我们都不能一概而论，而应该看其是否切合了具体的语言使用情境与题旨。切合了情境与题旨，就有好的表达效果；反之，则没有好的表达效果。

因此，我们可以说，"修辞"实际上就是一种在说写过程中为了某一特定交际目的而对语言进行调配的有意识的活动。这里，应该指出的是，所谓的"对语言进行调配"，是指对某一语言中各种形、音、义的语词与各式句法结构等的调遣、配置，让各种语言材料在特定的题旨情境中适得其所，从而使说写者所欲表达的"情"与"意"能够被听读者接受，并作出积极的回应或行动。若此，说写者的"修辞"目的也就达到了。另外，还要强调的一点是，"修辞"是一种有意识的语言活动，不管说写者"达意传情"圆满、适切的程度如何，只要其是有意识地朝着提高语言表达效果的方向努力，便都是"修辞"。

（二）修辞心理

普通心理学告诉我们，所谓"心理"，就是"脑对客观世界的积极反映，以及在此基础上对行为的自我调节。是在有机体演化的一定水平上出现的。最初出现的心理现象是简单的感觉。在外界环境的影响下，随着动物神经系统的发展，感觉逐渐分化和复杂化，并由此出现了知觉、记忆、思维的萌芽等。人的心理是心理发展的最高阶段，是在劳动和语言的影响下产生和发展起来的。它是人类社会实践的产物，与动物心理有质的区别，具有自觉的能动性，并受社会历史规律的制约"[1]。前文我们说过，修辞是一种语言活动。而心理学告诉我们，语言是在人类心理发展到最高级阶段时才产生的。"人对客观世界的认识开始于感觉与

---

[1] 《辞海》，上海辞书出版社 1990 年版，第 1796 页。

知觉。感觉反映事物的个别属性和特性，如颜色、明暗、声调、香臭、粗细、软硬等；而知觉反映事物的整体及其联系与关系，如一面红旗、一间明亮的房间、一阵嘈杂的人声、一件轻柔的毛衣等。知觉是在感觉的基础上产生的，但不是感觉的简单相加。在知觉中，人的知识经验起着重要的作用。""人们通过感知觉所获得的知识经验，在刺激物停止作用后，并没有马上消失，它保留在人们的头脑中，并在需要时能再现出来。如几年前我们游过峨眉山，现在想起来，那飞瀑流泉、群峦叠嶂，仍历历在目。这种积累和保存个体经验的心理过程，就叫记忆。"在此基础上，人们"运用头脑中已有的知识经验去间接、概括地认识事物，揭示事物的本质及其内在的联系和规律，这就是思维。例如，人们对原子的内部结构的认识，对生物进化规律的认识，人们通过对古代化石的研究，进而推知远古时代动物和人类生活的情景，都是凭借思维活动来实现的"。踵此，人们则能"利用语言把自己思维活动的结果、认识活动的成果与别人进行交流，接受别人的经验，这就是言语活动"①。

人类社会发展的历史亦昭示我们：人类社会的发展之所以越来越快，人类社会之所以一代更比一代进步，其根本原因就在于人们能不断接受前人的经验。而经验之所以得以传承，靠的就是语言。可见，语言确是人类心理发展到高级阶段的产物，是心理发展过程中的重要环节。而修辞因是一种对语言进行创造性运用以求达意传情尽可能圆满的语言活动，自然比一般的语言活动更高一筹。

由此，我们可以这样给"修辞心理"下定义：修辞心理是人脑对客观世界（主要是指说写所关涉的事物、事件等）的积极反映，以及在此基础上根据交际目的充分利用语言（包括语言的记录符号体系——文字）的一切可能性对语言进行有意识的、创造性的自我调节。它是人类心理发展与语言发展达到一定水平的产物，具有自觉的能动性，但要受到社会历史规律的制约。因为修辞的凭借——语言——是一种社会现象，它是随着社会的发展而发展变化的，自然要受社会历史规律的制约。

（三）修辞心理学

讲清了"修辞"、"修辞心理"两个概念，"修辞心理学"的定义就好界定了。

所谓"修辞心理学"，就是研究修辞心理现象和规律的科学。它以自己特有的研究对象与其他学科区别开来。因为修辞是人类运用语言的创造性活动，所以修辞心理学研究的只是人的语言运用心理，即修辞心理，不像一般心理学那样要

---

① 彭聃龄主编：《普通心理学》，北京师范大学出版社 1988 年版，第 2～3 页。

关涉到动物心理。也就是说，它专以人的修辞心理，特别是人的修辞心理现象为主要研究对象。

二、修辞心理学的研究对象

上面我们说过，修辞心理学是以修辞心理现象和规律为主要研究对象的。具体说来，它应包括如下两个方面：

（一）修辞个体心理

众所周知，人是作为个体而存在的，修辞是人运用语言的一种活动，任何一种修辞活动都是个体的，而不可能是集体的，因为说写都不能是两人一起的。虽然一篇讲演稿、一篇文章可以事先由不止一人进行修辞营作，但在说、写时总得由一个人去说、去写。因此，严格地说，任何的修辞都是具有个体性的。

修辞者在进行修辞活动时所具有的心理现象称为修辞个体心理。它是一个异常复杂的系统。概括起来，修辞个体心理可以分为修辞动机、修辞心理过程和修辞心理特性三个方面。

1. 修辞动机

所谓"修辞动机"，就是修辞的目的。普通心理学告诉我们，人的一切活动，无论是简单的还是复杂的，精神的还是肉体的，都是在某种内部动力的推动下进行的。这种推动人的活动，并使活动朝向某一目标的内部动力，就是人活动的动机。[①] 任何的修辞活动都是人的一种有意识的语言创造活动，它的目的性是很强、很明显的。说写的某种特定目的，是人进行说写的内部动力，也就是修辞动机。

那么，修辞动机又是怎样产生的呢？普通心理学告诉我们，人类的各种需要，即个体在生理和心理上的某种不平衡，是人类动机产生的基础。人的需要是多种多样的，有生理的需要，如饥则觅食、渴则择饮等；也有社会的需要，如人际交往的需要、自尊的需要、成就的需要等；有物质的需要，如对食物、衣着、住房的需求等；也有精神的需要，如认识的需要、美的享受的需要等。[②] 由此，我们可知，修辞动机的产生是出于修辞主体（即说写者）的生理和心理的需要，而后者是主要原因。例如唐代大诗人李白有一首写庐山瀑布的诗云："日照香炉生紫烟，遥看瀑布挂前川。飞流直下三千尺，疑是银河落九天。"[③] 李白为什么

---

①② 均见彭聃龄主编：《普通心理学》，北京师范大学出版社 1988 年版，第 2 页。
③ （唐）李白：《望庐山瀑布二首之二》。

要写这首诗？为什么要用"飞流直下三千尺，疑是银河落九天"这样夸张的语句来写？因为李白热爱大自然，热爱祖国的名山大川，他见到庐山瀑布的壮观，内心就有一种深切的感动，不抒发则于心不快。而一般客观、冷静的描写都不足以表现他内心的那种激动，所以他选择了夸张的修辞手法。这里，我们可以见出，李白之所以写这首诗，之所以用夸张的修辞手法，是出于他情感宣泄的需要。对李白而言，这种对大自然奇观的深切感动不用夸张的语词抒发出来，是不能平息其内心的激动的。因此，李白用夸张的修辞手法写庐山瀑布的动机很明显，是为了暗示他对大自然的热爱，是想通过情感宣泄以求身心畅快的生理特别是心理上的需要。

2. 修辞心理过程

　　所谓"修辞心理过程"，是指修辞者（即说写者）以不同的形式（认识、情感、意志）能动地反映客观世界的事物及其关系（说写的对象与内容）的过程。它与一般的心理过程一样，包括认识、情感、意志三个基本过程。认识过程是指人们获得知识的过程，这是人的最基本的心理过程，它包括感觉、知觉、记忆、想象、思维和语言等。关于这一点，前文我们已作了说明。情感过程是指"人在认识客观世界的时候，不仅反映事物的属性、特性及其关系，还产生了对事物的态度，引起满意、不满意、喜爱、厌恶、憎恨等主观体验，这就是情绪或情感"。"情感在认识的基础上产生。'知之深，爱之切'，深厚、真挚的情感来源于对人、对事真切、深刻的了解，而情感又对认识产生着巨大的影响。"[①] 意志过程是指人在认识过程、情感过程完成的基础上"自觉地确定目的，并为实现目的而自觉支配和调节行为的心理过程"[②]。因此，"修辞心理过程"，简单地说，就是修辞者（说写者）先对所要说写的对象或内容有所认识，并在此基础上产生肯定或否定的情绪或情感，最后根据交际的特定目的调节其语言行为，即以适切的措辞将自己的思想或情感表达出来，以实现修辞者的意志。下面我们不妨举个例子来说明一下。《战国策·赵策四》曾记有一则触龙[③]说赵太后的故事，可以十分恰切地说明这一问题。这一故事云：

　　赵太后新用事，秦急攻之。赵氏求救于齐。齐曰："必以长安君为质，兵乃出。"太后不肯，大臣强谏。太后明谓左右："有复言令长安君为质者，老妇必

---

　　①② 分别参见彭聃龄主编：《普通心理学》，北京师范大学出版社1988年版，第3页、第4页。
　　③ 历代文献中均写为"触詟"，实则有误，当作"触龙"。长沙马王堆三号汉墓出土的《战国策》残本及《史记·赵世家》记此事时均作"触龙言"。"詟"当是"龙言"因古书竖排而误合所致。

唾其面！"

左师触龙言愿见太后，太后盛气而胥之。入而徐趋，至而自谢，曰："老臣病足，曾不能疾走，不得见久矣。窃自恕。而恐太后玉体之有所郄也，故愿望见太后。"太后曰："老妇恃辇而行。"曰："日食饮得无衰乎？"曰："恃粥耳。"曰："老臣今者殊不欲食，乃自强步，日三四里，少益耆食，和于身也。"太后曰："老妇不能。"太后之色少解。

左师公曰："老臣贱息舒祺，最少，不肖。而臣衰，窃爱怜之，愿令得补黑衣之数，以卫王宫。没死以闻。"太后曰："敬诺。年几何矣？"对曰："十五岁矣。虽少，愿及未填沟壑而托之。"太后曰："丈夫亦爱怜其少子乎？"对曰："甚于妇人。"太后笑曰："妇人异甚。"对曰："老臣窃以为媪之爱燕后贤于长安君。"曰："君过矣，不若长安君之甚。"左师公曰："父母之爱子，则为之计深远。媪之送燕后也，持其踵，为之泣，念悲其远也，亦哀之矣。已行，非弗思也，祭祀必祝之，祝曰：'必勿使反。'岂非计久长，有子孙相继为王也哉？"太后曰："然。"

左师公曰："今三世以前，至于赵之为赵，赵王之子孙侯者，其继有在者乎？"曰："无有。"曰："微独赵，诸侯有在者乎？"曰："老妇不闻也。""此其近者祸及身，远者及其子孙。岂人主之子孙则必不善哉？位尊而无功，奉厚而无劳，而挟重器多也。今媪尊长安君之位，而封之以膏腴之地，多予之重器，而不及今令有功于国。一旦山陵崩，长安君何以自托于赵？老臣以媪为长安君计短也，故以为其爱不若燕后。"太后曰："诺，恣君之所使之。"

于是，为长安君约车百乘，质于齐，齐兵乃出。

触龙说服赵太后的故事是一个十分典型、成功的修辞范例文本。从这一修辞文本中，我们可以清楚地看出修辞者触龙的修辞心理过程：首先，触龙对需要说服赵太后同意派长安君出质于齐的重要性有足够的认识。这一点，从上述的历史记载中我们可以清楚地看出：素有虎狼之心的秦国趁赵惠文王刚死、赵太后与赵成王孤儿寡母还没有治国安邦的经验之时，以大兵压境，欲一口吞并赵国。赵太后无奈，只好向齐国请求救援。而齐国为了日后能确保得到赵国许诺的回报，执意要长安君（即后来的赵成王）为人质才肯出兵相救。而赵太后因为爱子情深，坚决不肯。所以事情就闹僵了。赵国的大臣都深知此事的利害关系，所以都不顾个人的荣辱得失而向赵太后强谏。结果，赵太后很是愤怒，十分明白地向臣下们作出了宣示："有复言令长安君为质者，老妇必唾其面！"在这种情势下，触龙还要见赵太后，当然是在对说服赵太后的必要性有深刻认识之后才作出的决定。既然是决然而然地要见"盛气而胥之"的赵太后，自然触龙是在深刻认识的基础上对赵太后拒谏行为产生了否定情绪或情感。但是，结果，我们却没有看到触龙直抒胸臆、慷慨激昂的强谏行为，他先是和颜悦色地与赵太后拉家常、谈儿女，然后才由爱儿女的话题自然地切入正题，最终说服了赵太后。① 这就说明触龙采用这种劝谏的方法，是经过了一番自觉的心理调节与控制语言行为的过程的。这一过程，就是我们上面说到的修辞心理过程中的"意志过程"。由此，我们便可清楚地看出修辞者触龙完成说服赵太后修辞任务时由"认识"到"情感"再到"意志"的修辞心理全过程。

3. 修辞心理特性

所谓"修辞心理特性"，是指修辞者在通过认识、情感和意志反映客观世界，亦即运用语言表达自己对所反映的客观世界（说写的对象与内容）的看法或情感态度时所形成的人与人之间的心理差异。由于人们的生活环境与生活经历（包括文化知识背景）等方面存在很多、很大的差异，所以各人在长期的语言活动中会形成不尽相同的某些稳固且经常出现的心理特性，这种特性就是修辞个性心理特性，它是修辞心理学研究对象的一个重要方面。个体心理特性主要包括能力、气质和性格。普通心理学告诉我们，个体心理特性的三要素（能力、气质、性格）的形成，既有先天的原因，也有后天的原因，如上面提到的生活环境与生活经历等的影响。修辞的个体心理特性亦如此。比方说，唐代大诗人李白的作品很多，而且他的大多数诗作都喜欢运用夸张、拟人等修辞手法，从而形成了其特有的豪放飘逸的诗歌风格，与同时代另一个大诗人杜甫"沉郁顿挫"② 的风格大不相同，这与李白所特有的浪漫而敏锐的文学感悟能力、豪放任侠的洒脱气质和性格是有密切关系的。而他的这些个性心理特性，则又与他所处的时代生活环境及其个人生活经历有因果关系。又如现代大文豪鲁迅，其散文特别是杂文在中国文学史上是以冷嘲热讽、尖刻深沉而著称于世的。这一风格的形成，是他在行文中经常运用委婉的修辞手法的缘故，是与他个人对社会现象敏锐而深刻的洞察能力、好学深思而又内向深沉的个人气质和性格分不开的。而这种个性心理特性的形成，与他所处的中国 20 世纪上半叶的时代社会环境和他个人出身于旧式没落家庭及其所受的家学熏陶是有因果联系的。由此可见，对修辞者个性心理特性的研究是修辞心理学研究中很重要的一个方面内容。

值得指出的是，"修辞动机"、"修辞心理过程"和"修辞心理特性"是修辞

---

① 详尽分析请参见吴礼权：《言辞的智慧》，浙江人民出版社1991年版，第24～28页；台湾国际村文库书店1993年版。

② 参见游国恩等：《中国文学史》（第2册），人民文学出版社1982年版，第98页。

个体心理现象的三个重要方面，是修辞心理学的主要研究对象。但这三个方面是互相联系的、互相依存的，是不可割裂的。因为人没有无缘无故的认识、情感和意志，他们的修辞心理过程总是在某种修辞动机的推动下进行的。修辞心理特性是在修辞心理过程中形成的。没有认识、情感和意志过程，就不会产生修辞者在认识、情感和意志过程中的修辞个性特点。同时，修辞个体心理特性又调节着修辞心理过程的进行，并赋予修辞过程以个体的特色。

（二）修辞社会心理

前面我们说过，修辞动机、修辞心理过程和修辞心理特性，是存在于修辞个体身上的心理现象，我们将之称为修辞个体心理。修辞心理学研究人的修辞心理现象，主要是研究修辞个体心理。

但是，我们都知道，修辞的主体是人，而人是社会的实体，是社会的人。因此，他总是生活在各种社会团体中，并与其他人结成各种各样的关系，如上下关系、亲属关系、师生关系、国家关系、民族关系等。社会团体的客观存在产生了团体心理或社会心理。修辞的社会心理，就是不同社会阶层、民族、国家等社会团体中的人在语言运用方面的某些带有共同性、普遍性的心理。不同社会团体中的人则有不同的修辞心理。如中国人大体说来可分为南北两大社会团体，南方人在语言上喜欢委婉其辞，而北方人相对来说则更爱直抒胸臆。又如汉民族人与欧美民族人相比，从整体上看，欧美人说话比较直白，而汉民族人则倾向于含蓄地表情达意，这是他们各自隶属于不同的社会团体的缘故。再如知识分子阶层的语言特点明显与劳动大众有很大差别，这是因为他们是分属于不同文化层次的社会团体。

修辞社会心理与修辞个体心理之间的关系，是共性与个性的关系。修辞的社会心理或团体心理是在某一社会或团体的共同生活条件和环境中产生的，它是该社会或团体内修辞个体心理特征的典型表现，而不是个体修辞心理特征的简单相加。修辞的社会心理或团体心理不能离开个体心理，但它对个体来说，又是一种重要的社会现实，直接影响个体修辞心理的形成与发展。如崇尚含蓄委婉是汉民族人共有的修辞心理特征，这一心理特征便是汉民族人的修辞社会心理。它是汉民族人在数千年的共同生活条件和环境中形成的，与汉民族人内向深沉的民族心理结构及崇尚含蓄蕴藉的悠久文化传统有着密不可分的联系。关于这一点，后文将有大量的篇幅专门论述。因此，我们说，修辞社会心理及其与修辞个体心理的关系，亦是修辞心理学研究的对象。

三、修辞心理学的基本任务

修辞心理学既然是研究修辞心理现象和规律的科学，那么它的基本任务就是揭示修辞心理现象的规律，并应用这些规律为人类的语言实践服务。

运用语言来表情达意是人类最基本的活动，是任何人都须臾不可或缺的。一般来说，只要是正常的、有正常语言能力的人，他都能用语言来表达感情、传达思想。但是，用语言来表情达意，还有个效果好坏的问题。毋庸置疑，不管是什么人，只要他开口说话、动笔写作，他总是希望他所表达的思想或情感能被接受者深刻领会，并产生情感共鸣或接受其思想，从而达到其说写的目的。然而，这个目的并不是所有的说写者都能达到的。有时，即使是很有才情的大文豪亦不能企及。如唐代大诗人孟浩然，是个才华横溢的主儿，连诗仙李白也称许说："吾爱孟夫子，风流天下闻。"然而，就是这位才子，却因一次言语失误而导致一生潦倒、郁郁不得志而终。《新唐书·孟浩然传》记载云：

> （王）维私邀入内署。俄而玄宗至，浩然匿床下。维以实对，帝喜曰："朕闻其人而未见也，何惧而匿？"诏浩然出。帝问其诗，浩然再拜，自诵所为。至"不才明主弃"之句，帝曰："卿不求仕，而朕未尝弃卿，奈何诬我？"因放还。

虽然孟浩然的诗才很好，对玄宗也很敬重，称之为"明主"，自己也很谦虚，自称"不才"，然而，玄宗认为"不才明主弃"的诗句是对自己这个"明主"的诬蔑，是冤枉了他，所以他不乐意了，遂将孟浩然给"放还"了。这样，孟浩然从此也就失去了仕进的机会。假设孟浩然当时不是以"不才明主弃"的诗句相对，而是以他的另一首诗的两句"欲济无舟楫，端居耻圣明"① 来对答，毫无疑问，他肯定当场就会被唐玄宗加官晋爵，一生风光无限、前程似锦。因为"欲济无舟楫，端居耻圣明"两句，就说者而言，尽管实质上是要求个一官半职，却是打着不辱圣明帝王的旗号，同时还吹捧了对方是圣明的君主。这等巧妙的措辞不能打动对方之心，那是不可能的。而就听者来说，虽然明知对方是在求仕，但因其表达十分婉转、巧妙，言语之间透着才学，且又称自己是圣明之君，这对于唐玄宗这样的颇事风雅且自以为圣明的主子来说，是再中听不过的了。而"不才明主弃"的诗句，则没有这样独特的效果。这句诗，就说者来言，实质上亦是在求官，其意是说自己由于无才而至今尚未仕进，难以一展才华为国效力、为君王尽忠。应该说，这种表情达意的方法也很不错，也有才情。但是，就听者来言，很容易觉得这话是在发牢骚，在埋怨自己。因为听者认为对方所说"不才"是中国人的谦逊之言，因而"不才明主弃"的实质含义是说像他这样有才的人君王却至今未能任用。这样，听者自然而然地由此推导出对方的实质话语核

---

① （唐）孟浩然：《临洞庭湖赠张丞相》。

心是骂自己不圣明，是昏君。其实，唐玄宗之所以说孟浩然"诬"他，正是因为他是按照我们上面所分析的思路来理解的。尽管我们都知道孟浩然没有这样的意思，但事实上却给唐玄宗造成了这样的误解，所以应该归咎于孟浩然的言语修辞失误。因为言语交际的初衷是要接受者最终能接受说写者的思想或情感，从而达到自己的交际目的。如果达不到目的，则只能归咎于说写者，而不应归咎于听读者。与孟浩然相反，西汉时代的邹阳却能因一封书信起死回生，且成为梁王的座上宾。史载，邹阳为西汉初期齐人，最初在吴王刘濞手下任职，以文辞著称。后吴王谋反，邹阳谏而不听，于是他便改投至梁孝王门下。邹阳很有智谋才略，但慷慨不苟合，因而遭人谗忌。梁孝王不明就里，听信了谗言，并准备杀死邹阳。于是，便有了邹阳狱中所写的《上梁王书》。在这封《上梁王书》中，邹阳委婉动人地将自己对梁王的一片赤胆忠心尽情叙写出来，但对梁王听信谗言而误解忠良的愚昧却只字不提，而只是说自己此次受屈含冤完全是由于"左右不明"所引起的，丝毫没有让梁王看出有一丝一毫的埋怨之情。最后梁孝王深受感动，不仅释放了他，而且还从此视他为上宾。假设邹阳的这篇上书措辞有一丝一毫的不妥，让梁孝王从字里行间看出了哪怕一点点的怨气，那么他的小命也是难保的，甚至还有累及全家全族之虞。由上述一反一正两个例子，我们不仅可以看出修辞的重要性，而且可以看出修辞之难。那么，难在何处呢？就是要懂得修辞心理，出言措辞必须准确把握交际对方的心理，将话说到对方的心坎上。只有这样，修辞者（说写者）才有可能圆满地达成自己的交际目的。修辞心理学的基本任务就是要观察、分析人们的修辞心理现象，并总结出一定的规律，以指导人们的修辞实践（有效的语言运用），使他们能自觉地运用修辞心理规律，在语言活动中永远立于不败之地，游刃有余并尽可能完美地完成特定的交际任务。

四、修辞心理学研究的方法

修辞心理学与其他任何学科一样，重视研究方法对它的发展是十分重要的。俄国著名科学家巴甫洛夫曾经说过："科学随着方法论上所获得的成就而不断地跃进着。方法论每前进一步，我们便仿佛上升了一级阶梯。于是，我们就展开更广阔的眼界，看见从未见过的事物。"[①] 事实上，自然科学发展的整个历史进程也清楚地证明：人类对自然奥秘的认识，是随着研究方法的进步而越来越深入的。而伴随着认识的深入，科学也愈益发达，人类社会也愈益进步。可见，进行科学研究必须特别重视研究方法。修辞心理学是一门科学，因此我们进行修辞心

---

① 《巴甫洛夫文集》（俄文版）（第2卷第2册），第22页。引自彭聃龄主编：《普通心理学》，北京师范大学出版社1988年版，第15页。

理学的研究是不能不首先强调研究方法的。

科学研究的方法是多种多样的，但由于各门学科所研究的对象有所不同，所以其所采用或适用的方法也必然有所不同。由于修辞心理学以人们的修辞心理现象为主要研究对象，所以它所适用的研究方法，我们认为最有效的是归纳法和问卷法。

（一）归纳法

归纳法是许多学科经常使用的最一般的研究方法，也是较为有效的科学方法，它对修辞心理学的研究同样适用。

归纳法是一种由特殊到一般的推理方法，它包括完全归纳法和不完全归纳法两种。由于修辞的主体是人，而人有民族、地域、职业、性别、年龄、文化水平及其所生活的社会环境等的千差万别，所以不同人的修辞个体心理自然亦千差万别。前面我们说过，修辞心理学的主要研究对象是修辞个体心理。而修辞个体心理的不可穷尽决定了我们在修辞心理学的研究中是难以运用完全归纳法的。但是只要我们观察、分析的修辞心理现象有一定的广度和代表性，那么我们是可以得出比较科学的普遍规律的。比方说，我们通过分析中国古今一些修辞者说写时运用夸张手法的例证，可以得出这样的结论：但凡人们说写时运用夸张手法来表情达意，则总是处于一种激情状态，是基于一种情绪宣泄而求身心平衡或是为了打动人心而博取听读者共鸣的心理（关于这一点，后文有专门论述）。如果我们以西方人的修辞活动为分析的对象，会得出完全相同的结论（关于这一点，很多西方修辞学著作都曾提到过）。这就说明，不完全归纳法在修辞心理学研究中是可行的、有效的。只要注意选择一定数量、具有一定代表性的分析对象，是不会影响其结论的科学性的。

因此，我们主张在修辞心理学的研究中广泛运用归纳法，充分揭示人们的修辞心理规律，以使人们的语言活动更有效、表情达意更圆满。不过，在运用这一方法时，一定要注意所分析对象的适量性、代表性，绝不可用简单枚举的形式来进行。因为这样会减弱结论的可靠性，这在科学研究中是不可取的。

（二）问卷法

问卷法是心理学、社会学经常使用的一种研究方法，它是通过设置一定的调查要项要被调查者口头或书面如实回答，从而获取第一手的研究材料，为特定的研究目标提供分析、归纳的依据。

我们认为，在修辞心理学的研究中，问卷法亦是可行且有效的研究方法。如果我们将之与归纳法配合使用，将会使我们用归纳法得出的结论得到切实有效的检验，保证得出的结论更具权威性和科学性。具体来说，修辞心理学研究运用问卷法，可以就某一修辞者经常使用某一种或某几种修辞手法的现象，对修辞者进行调查，请他回答自己运用某一修辞手法时的动机与目的。当然，有些人的修辞动机与目的，我们能够根据自己的经验或推理得出。但是如果我们让修辞者本人"夫子自道"，可能会得到更真实可靠的结论，因为人的心理是非常复杂的，特别是思想深邃的或有很深厚文化知识背景的人，他在运用修辞时的心理活动更是令人难以捉摸。如果我们仅从其说写的语词上去推测，有时是得不到其真实的修辞心理信息的，我们从修辞者提供的修辞文本的分析中所得出的也许是修辞者的假性心理。相反，如果我们运用问卷法，只要被调查者（修辞者）说的是真话，那么他所说的自己在运用某种修辞手法进行修辞活动时所具有的某种心理应是最真实的、最可靠的，毕竟是自己的心理自己更清楚。如果我们以问卷法得出的结论与我们从修辞文本分析中得出的结论相吻合，那么我们也就得到了有关某种修辞心理最可靠的规律。以此，我们便可推导出人类运用某种修辞手法的普遍心理，从而对修辞者与修辞接受者的言语交际产生积极的指导作用。如果我们用问卷法对更多的修辞者进行修辞心理调查，则可以进一步了解某一阶层、某一社会团体、某一民族的人群特定的、带有群体性质的共性修辞心理规律。这样，对各个不同阶层、各个不同社会团体、各个不同民族的人们之间进行有效的语言交际就会产生直接的指导作用。

另外，问卷法还可以运用于对修辞接受者的调查。因为修辞者的修辞动机与目的是要适切地表情达意，是要交际对方接受，从而实现自己的交际意图，因此，修辞效果的好坏对修辞者是至关重要的。而修辞效果的好坏，修辞接受者最有发言权。如果我们通过问卷法了解到哪些修辞手法最乐于被哪些阶层、社会团体、民族的人们所接受，亦即对他们最能产生交际效果，那么我们在修辞时就有了一个明确的目标，可以因人设辞，从而使我们的表情达意更加圆满。因此，我们认为问卷法是修辞心理学研究中最为有效、适用的方法，我们应该广泛采用。

我们主张修辞心理学的研究采用归纳法和问卷法，并不是说修辞心理学的研究中不能采用其他方法。事实上，在修辞心理学的研究中，观察法、比较法、演绎法等方法，有时也是必需的。只是由于研究对象具有独特性，因此相对来说归纳法和问卷法更适切于修辞心理学的研究。

五、修辞心理学建构的意义

现代修辞学的发展在中国已有近百年的历史了，对于许多汉语修辞现象，不少修辞学著作都进行了揭示，并总结出了一些规律，这对我们学习修辞、提高语言表达能力是大有助益的。

但是，由于修辞学只归纳、分析语言运用中哪些手法有哪些表达效果，为使用哪些修辞手法可以提高语言表达效果，提供一些前人运用语言的成功经验，而对人们为什么要运用某些修辞手法、某种修辞手法为什么有较好的表达效果等深层次的问题则没有阐释，使人感到只知其然而不知其所以然。很明显，这对人们提高修辞的自觉性，深刻地把握修辞规律是不利的。而修辞心理学则不然，它的主要任务就是要阐释人们为什么要运用某些修辞手法、为什么某些修辞手法有较好的表达效果等深层次的问题，即从心理原因入手，建立一套阐释理论，说明修辞现象得以产生的心理机制，解决修辞学不能解决的"所以然"问题。比方说，我们在修辞学的教学过程中，讲到诸如"力拔山兮气盖世"（项羽《垓下歌》）、"白发三千丈，缘愁似个长"（李白《秋浦歌》）等夸张修辞手法时，学生们常常情不自禁地要问：项羽、李白抒发感情为什么要用这等脱离现实可能性的语词，人们能相信吗？为什么明明是夸大其词，是经不起推敲的谎言，人们还要千古传诵呢？这样的问题确是目前任何修辞学著作或修辞学教科书都没有也不可能作出回答的，因为修辞学还没有深入到研究人们的修辞心理的地步。而修辞心理现象又必须得到解释，否则修辞学习者知其然而不知其所以然，是不能提高修辞的自觉性与修辞能力（语言运用的技巧）的。那么，我们的修辞教学目标也就难以达到了。但是，如果我们有了修辞心理学，用修辞心理学的有关理论来解释这些问题，那么将如庖丁解牛一般游刃有余。比方说上述的那两个问题，就很容易解释清楚：项羽、李白之所以要用脱离现实可能性的语词来抒发他们的感情，是因为他们说写的当时正处于一种"激情状态"，即心理学上所说的心理与生理失衡阶段，心理与生理上有一种冲动，必须宣泄出来以求平衡。这时，说写者就会在"激情状态"下只求情感宣泄的畅快而不顾生活的真实与事理逻辑了。所以，突破理性逻辑的夸张手法就应运而生了。尽管听读者（接受者）明明知道这种夸大其词是不合现实的，但他们在接受或欣赏时却能"宽容"说写者言过其实的"不合理性"，理解他们为了情感抒发的畅快、为了消解心中的"块垒"而"不择手段"的"苦衷"。他们认为这是艺术的铺张，不同于生活中的"撒谎"，是为了增强艺术感染力的一种语言手段，它能凸显说写者的某种强烈感情或突出所要塑造的人物形象。如果讲到了这一步，则学生们自然就能够"心领神会"了。不仅能够知其"所以然"，加深对所解读的修辞文本的理解，而且会增强修辞的自觉性，提高自己的修辞能力，使其思想情感表达更趋圆满。由此，我们足可以见出修辞心理学建构的意义。

六、目前研究的进展情况

虽然修辞心理学的系统研究专著和完整的学科体系建构至今未有，但对修辞心理问题的探讨，则无论在西方还是在中国，都是很早就已开始。

在西方，早在古希腊时代，西方修辞学之父亚里士多德就在其《修辞学》中提出了听众心理分析法，并着重用这一方法研究了各类听众的心理因素和道德观。从此以后，注重对听读者心理的分析遂成了西方古典修辞学的传统和特点。到了18世纪以后，西方修辞学研究心理问题则不再把注意力集中于听众身上了，而是开始研究所有人的大脑，认为所有人的大脑从根本上说都是相同的。这种研究方法和思路与普通心理学相同，"从不同物全都相同这一意义而论，这种方法反映了民主平等的思想，它有利于交流理论的发展。因此，反映在这一世纪修辞学教科书和著作中的心理学研究，其对象是大脑而不是公众论坛"①。到了19世纪末，由于弗洛伊德（Sigmund Freud）精神分析理论的影响，心理学发生了根本性的变化。西方修辞学著作对修辞心理现象的分析亦受之影响，开始注重对修辞格形成的基础作出一些解释，即开始对修辞现象生成的心理机制进行探讨。这在19世纪末20世纪初的许多修辞学著作中都是有所体现的。

在中国，早在东汉时代的王充就对夸张心理作过论述，认为语言中之所以有言过其实的夸张之词出现，是因为"夫为言不益，则美不足称；为文不渥，则事不足褒"②。指出世人"著文垂辞，辞出溢其真，称美过其善，进恶没其罪"的原因是"俗人好奇，不奇，言不用也。故誉人不增其美，则闻者不快其意；毁人不益其恶，则听者不惬于心"③。尽管说得很简单，但实质上已将夸张修辞是基于满足听读者好奇心的心理根源揭示出来了，这是相当可贵的。后来，清人汪中也曾说过"辞不过其意则不鬯，是以有形容焉"④的话，其意是说，夸张（汪氏名之为"形容"）是由于说写者不夸大其词则不足以表现其说写时的某种激动心情。这层意思实际上与我们前面所说的夸张是某种"激情状态的心理表现"的观点相近。这在当时也是很难得的。

可惜的是，在中国古代诸如王充、汪中这样能对修辞心理作出阐释的学者实在太少。到了20世纪初期以后，由于受西方及日本现代修辞学的影响，中国的不少现代修辞学家遂开始重视对修辞心理现象的研究。如唐钺的《修辞格》（商务印书馆，1923年）、何爵三的《中国修辞学上的几个根本问题》（《努力学报》创刊号，1929年9月）、陈望道的《修辞学发凡》（上海大江书铺，1932年）、宫廷璋的《修辞学举例·风格篇》（北平中国学院，1933年）、陈介白的《新著修辞学》（世界书局，1936年）等论著，都不同程度地强调了修辞心理研究的重

---

① 胡曙中：《英汉修辞比较研究》，上海外语教育出版社1993年版，第113页。
② （汉）王充：《论衡·儒增篇》。
③ （汉）王充：《论衡·艺增篇》。
④ （清）汪中：《述学·释三九》。

要性，并对一些辞格产生的心理基础作了可贵的探讨。如陈望道的《修辞学发凡》对夸张、比拟、婉转等辞格的心理基础的论述就相当深刻，远比王充、汪中等人的论述要科学。20 世纪中期以后，台湾学者徐芹庭的《修辞学发微》（台湾中华书局，1971 年）、黄庆萱的《修辞学》（台湾三民书局，1975 年）、沈谦的《文心雕龙与现代修辞学》（台湾益智书局，1990 年）和《修辞学》（台湾空中大学，1991 年），大陆学者王希杰的《汉语修辞学》（北京出版社，1983 年）、宗廷虎等的《修辞新论》（上海教育出版社，1988 年）、吴礼权的《言辩的智慧》（浙江人民出版社，1991 年；台湾国际村文库书店，1993 年）、骆小所的《语言美学论稿》（云南人民出版社，1996 年）、童山东和吴礼权的《阐释修辞论》（首都师范大学出版社，1998 年）等著作，都在不同程度上对修辞心理特别是一些辞格产生的心理基础问题作了有益的探讨。除此，20 世纪 60 年代以后，还先后出现了一批专门探讨某一种或某几种辞格形成的心理基础的论文，如郑文贞和余纲的《修辞格的客观基础》（《厦门大学学报》，1963 年第 3 期）、秦旭卿的《论通感——兼论修辞格的心理基础》（《湖南师院学报》，1983 年第 2 期）、王光武的《浅谈比喻的心理基础》（《修辞学习》，1984 年第 1 期）、杜彦的《修辞方式的心理学问题初探》（《佛山师专学报》，1984 年第 1 期）、于其化的《"换算"的心理基础》（《修辞学习》，1984 年第 4 期）、吴继光的《论修辞格的心理基础》（《徐州师院学报》，1985 年第 1 期）、张乃立的《借代辞格心理基础初探》（《上海大学学报》，1985 年第 1 期）、骆小所的《略论使用修辞格时心理的非自觉性》（《云南教育学院学报》，1985 年第 4 期）、马瑞超的《对偶的心理基础》（《承德师专学报》，1987 年第 1 期）、黄达利的《小议比喻的心理机制》（《安徽教育学院学报》，1987 年第 3 期）、张乃立的《比喻辞格的心理活跃点试寻——"同体比喻"小议》（《修辞学习》，1987 年第 4 期）、吴礼权的《试论汉语委婉辞格的历史文化背景》（《修辞学习》，1987 年第 6 期）、骆小所的《使用修辞格时的情感冲动》（《修辞学习》，1988 年第 1 期）、吴礼权的《试论汉语修辞的美学心理基础》（《修辞学习》，1989 年第 1 期）、骆小所的《略论使用修辞格时的变态心理》（《昆明师专学报》，1989 年第 1 期）、赵艳芳的《隐喻的认知基础》（《解放军外语学院学报》，1994 年第 2 期）、吴礼权的《汉语外来词音译的特点及其文化心态探究》（《复旦学报》，1994 年第 3 期）、吴礼权的《论委婉修辞生成与发展的历史文化缘由》（《河北大学学报》，1997 年第 1 期）等，都是其类。

　　目前，这方面的研究成果还不多，而且专深的程度也很欠缺，如著作中涉及修辞心理问题的论述，往往是"随文释义"式的，即在分析辞例时顺带指出某一辞例反映了某种修辞心理，对修辞心理进行有意识的专门探讨的目的不明显。

至于专题论文，虽然研究目的很明确，但普遍显得深度不够，有浅尝辄止之通病。这主要是因为研究者对心理学没有作系统的研究，对修辞心理现象缺乏系统的细密梳理与宏观的科学分析，因而不可能看出修辞心理现象存在的普遍性并总结出修辞心理的普遍规律，这就是修辞心理学至今没有建立起来的原因所在。尽管如此，这些前期的研究成果，其价值还是不容置疑的。因为它们毕竟对我们进一步的研究是有启发作用的，它们可以成为我们建立修辞心理学的坚实基础。笔者现在之所以要写这部《修辞心理学》，正是受前此的研究思路的影响所致。而且这部《修辞心理学》不仅会充分吸收笔者个人以前的研究成果，也会有选择地吸纳其他学者有益的见解。不过，由于本书旨在建立一个比较科学、独立的修辞心理学体系，有一套自己的研究方法与思路，因而与前此的研究模式可能会大异其趣，带有个人色彩的观点会更多，继承性的东西会更少。尽管会有很多缺失出现，但是既然要开拓新领域，也就不必顾忌太多了。

第二章　修辞的主体

一、修辞主体的概念

所谓"修辞的主体"，就是"修辞者"。说得更明白浅显些，就是说写者。但是，应该指出的是，"修辞者"与"说写者"严格说来是有区别的。因为并不是所有的"说写者"都是或都能成为"修辞者"的。前面我们说过，所谓"修辞"，就是一种力图使达意传情尽可能圆满的语言调配活动。很明显，既然"修辞"是一种有意识的语言活动，它的目的是要使达意传情尽可能地圆满，而要达到这一目标，则需要说写者作出一番语言调配的努力，并不是任何人不作任何努力都能使达意传情得以圆满的。因此，我们说，只有那些为使自己的达意传情尽可能圆满而努力的人，才能算是"修辞者"，也就是"修辞的主体"。至于那些生理上或精神上有残障、没有正常思维与语言能力的人，是不能成为"修辞者"的；而在有正常思维与语言能力的人之中，如果他在说写的当时，没有力图使自己的达意传情尽可能圆满的意愿，尽管他是有语言能力的人，此时他亦算不得是"修辞者"，即"修辞的主体"。

因此，严格地说，所谓"修辞的主体"，是指那些有正常语言能力、在说写时有使自己的达意传情尽可能圆满的意向且朝着这一目标作出努力的人。修辞心理学研究的修辞心理，即是这种"修辞主体"的心理现象与规律。

二、修辞主体的层次及其心理

我们知道，修辞的主体是人，而人有民族、国家、阶层、职业等的差别，还有所受的文化教育程度以及所处的社会环境等的差异。因此，作为修辞主体的人，实际上就存在着不同层次的差异。这种层次的差异主要是指文化上的差异。比方说，知识分子与工农大众，由于文化水平与知识背景大不一样，因而在语言运用方面必然表现出雅与俗、含蓄与直白等风格上的迥然相异。不仅两个不同阶层的人们之间由于在语言运用能力与水平上的差异会表现出很不相同的语言风格，使两者之间形成泾渭分明的不同修辞主体层次；就是在同一阶层内部，也会因知识背景与知识结构的差异而表现出不同的层次。如深谙传统文化、有很深国学根底的知识分子与没有国学基础的知识分子之间，有西方学术文化背景的知识分子与没有出过国门且不懂外语的知识分子之间，研究人文社会科学的知识分子与从事自然科学研究工作的知识分子之间，也会在语言运用上表现出很不相同的风格与个体特色。有深厚国学根底的学者，他的说写中可能有更多的用典、委婉、藏词等中国传统修辞手法的运用；而有西方学术文化背景的学者，则可能更倾向于在说写中夹杂外文词，喜欢用西方式的幽默。研究人文社会科学的学者，在说写中一般爱用比喻、夸张、示现、摹状等修辞手法，追求生动形象的积极修辞的效果；而从事自然科学研究的学者，则会力求用简洁、准确的语言来表述，追求的是一种"意义明确"、"伦次通顺"、"词句平匀"、"安排稳密"[1] 的消极修辞的效果。

由于修辞主体的层次是由文化背景所决定的，所以不同层次的修辞主体在修辞心理结构上亦会有所差异，因为不同的文化背景会使不同层次的修辞主体有着各不相同的修辞价值观，从而产生修辞心理上的差异。比方说，比喻作为一种修辞手法，是任何层次的人们都会也都喜欢运用的一种修辞手法。因为它有一种最突出的效用，这就是能将未知化为可知。当我们向别人叙说一样新事物而不能使对方明白时，常常会很自然地给对方打个比方，将之与对方现时所熟知的事物作比，马上就会使对方知个大概了。这是一般人特别是文化水准较低者经常采用的方式，因为他的修辞价值观很明确，只要让对方明白就行。然而，也有学养很深者，他的修辞价值观是要使听读者感到生动，使其印象深刻，因此他往往不用人们都熟知的事物作喻体，而是用比较新鲜陌生的事物作比。如钱钟书的小说《围城》中有一个比喻说：

方鸿渐还想到昨晚那个中国馆子吃午饭，鲍小姐定要吃西菜，说不愿碰见同船的熟人，便找到一家门面还像样的西菜馆。谁知从冷盘到咖啡，没有一样东西可口：上来的汤是凉的，冰淇淋倒是热的；鱼像海军陆战队，已登陆了好几天；肉像潜水艇士兵，会长时期伏在水里。

这里，用来作比的事物"海军陆战队"、"潜水艇"在作者写作的年代，对大多数的中国人来说都是相当陌生的。然而作者因为留学欧洲对新事物见多见惯的缘故，有了较深厚的西方学术文化底蕴，从而产生了不同于传统中国人的比喻价值观，修辞心理趋向于使语言表达新颖生动、耐人寻味，而不是使人明白易知。我们还知道，比喻除了化未知为可知的表达效果外，还有一个突出的效果，这就是化抽象为具体。一般人运用比喻往往也是要追求这一效果的。然而，我们

----

[1]　陈望道：《修辞学发凡》，上海教育出版社 1982 年版，第 54 页。

在钱钟书的小说《围城》中却见到了与此相反的修辞追求效果。如小说写到唐小姐时有一个比喻说：

> 她眼睛并不顶大，可是灵活温柔，反衬得许多女人的大眼睛只像政治家讲的大话，大而无当。

这里，作者用作喻体的"政治家讲的大话"是个抽象概念，用作本体的"女人的大眼睛"则是具体的。这种化具体为抽象的比喻，虽然不合常规，但它确是新颖别致的。于比喻女人眼睛的当儿尖锐地讽刺了那些只会说大话的官僚政客，真可谓一箭双雕！这一比喻，既显示了作者的比喻水平，更凸显了作者趋向于追求新颖、生动的修辞心理，与一般人倾向于使人明白易知的修辞心理不同。

由此可见，不同修辞文本的创造与不同修辞主体的修辞心理是有密切关系的，而不同修辞心理的形成则又与修辞主体的层次（主要是由文化水准决定）密切相关。因此，我们研究修辞心理应特别重视对修辞主体的层次及其心理进行透视。

三、修辞主体与修辞受体之间的适应关系

我们都知道，修辞的目的是使达意传情尽可能地圆满。而所"达"之"意"、所"传"之"情"，都是针对修辞接受者（简称"修辞受体"）而言的。没有修辞接受者，我们"修辞"的目的也就无从实现。即使有了修辞接受者，如果我们传达的方式不得体，那么我们所欲传达的"情"或"意"还是不能为接受者接受，我们的修辞目的也还是达不到。为此，我们就必须研究修辞主体与修辞受体之间的适应关系。作为修辞主体来说，他所进行的修辞活动，其根本目的就是使交际对方（即修辞受体）接受自己所传达的"情"或"意"，引起思想或情感的共鸣，从而实现自己的修辞意图。如汉人司马迁《史记·范雎蔡泽列传》曾载有一段王稽说范雎的文字，云：

> 范雎既相，王稽谓范雎曰："事有不可知者三，有不可奈何者亦三：宫车一日晏驾，是事之不可知者一也；君卒然捐馆舍，是事之不可知者二也；使臣卒然填沟壑，是事之不可知者三也。宫车一日晏驾，君虽恨于臣，无可奈何；君卒然捐馆舍，君虽恨于臣，亦无可奈何；使臣卒然填沟壑，君虽恨于臣，亦无可奈何。"范雎不怿，乃入言于王曰："非王稽之忠，莫能内臣于函谷关；非大王之贤圣，莫能贵臣。今臣官至于相，爵在列侯，王稽之官尚止于谒者，非其内臣之意也。"昭王召王稽，拜为河东守，三岁不上计。

范雎当初游说魏国，被魏相魏齐屈打几死。当其时，恰逢王稽奉秦昭王之命出使魏国，慧眼识得范雎奇才，秘密将其带回秦国，并巧妙地避过了当时排挤客卿的秦相穰侯的边关检查，最终使范雎得到了秦昭王的重用，任之为秦相。而王稽本人则默默无闻，还只是个谒者。最后，王稽晋升无门，只好去求范雎来保荐自己了。王稽的上述一番话，其意是说：大王、您和我可能都会因意想不到的原因而突然死去。假设大王突然死了，那时您觉得对我有什么抱憾之处，也是无可奈何了；假设您突然死去，您觉得有对不起我的地方，那也无可奈何了；假设我突然死了，那时您觉得没有报答我对您当初的举荐之恩而感到遗憾的话，那也是无可奈何的了。这话尽管说得相当迂回曲折，但是意思还是不难明白的。范雎能够做堂堂大秦国的国相，自然是个绝顶聪明的人，所以他很快破译了王稽的话外音：现在正是大王宠信您的时候，也是您有权有势有能力报答我的时候。如果错过了时机，以后就难有机遇了。所以，听完了王稽的话，范雎马上去找秦昭王保荐了王稽。结果，王稽不仅被封为河东守，还拥有了三年不向朝廷汇报政治、经济等情况的特权。很明显，王稽和范雎的修辞都是成功的。那么，原因何在？仔细分析一下，我们不难发现这是因为修辞主体在言说时，与修辞受体保持了一种恰切的适应关系。在王稽说范雎时，王稽是修辞者，即修辞主体，范雎是修辞接受者，即修辞受体。王稽虽是范雎的知遇恩人，但是在眼下他却只是个职位低微的谒者，而范雎则是"一人之下，万人之上"的国相。因此，王稽就从适应修辞受体范雎的角度出发，以朋友兼属下的身份和口气，选择了"以情动人"的表达策略，将自己所要求托的意思婉约曲折地表达出来。范雎为王稽当初对自己的知遇之恩情和其当下不得志的苦情所感动，马上去找秦昭王保荐王稽，遂使王稽得以实现愿望。在范雎说秦昭王时，范雎是修辞者，即修辞主体，秦昭王是修辞接受者，即修辞受体。但是，范雎没有像王稽那样说话拐弯抹角，而是直接上题，从自己受重任的由来说明王稽的才具识见，认为王稽是忠心为国的大才，理应受到重任。很明显，范雎的这种说法属于摆事实、讲道理，从逻辑上"以理夺人"的表达策略。那么，范雎何以不像王稽说服他自己那样用"以情动人"的表达策略说服秦昭王呢？因为范雎深知秦昭王是明主，爱惜人才，任人唯贤，一切以治理好国家为要务。秦昭王能够重任他这个客卿为相，正是突出的表现。所以，范雎就直接从人才的角度说起，明言没有王稽当初的识才和秦昭王贤圣而重才就没有他范雎的今天，以逻辑的力量说明了"若是大王认为用我得当的话，那么就理应重任发现我的王稽，不能让他久居谒者的低位而埋没了人才"这样一个道理。范雎的这种"以理夺人"的表达策略不仅显得言之凿凿，而且还使秦昭王觉得范雎心胸坦荡，推荐王稽完全是一心为了国家而不是徇个人之私情。不难看出，范雎言说的成功是因为适应了修辞受体秦昭王的缘故。相反，假设王稽游说范雎时采用"以理夺人"的表达策略，对范雎说："你现在做了秦相却没想到报答我，要不是当初我发现了你并冒死把你带到秦国，哪有你今天的富贵？"尽管王稽要是这样说也是句句在理的，范雎也不能否定，但是若王稽真的这样对他说，范雎肯定是不高兴的，那么王稽最后就不可能得范雎之力荐而遂其心愿。同样，如果范雎向秦昭王荐王稽时采用"以情动人"的表达策略，对秦昭王说："大王，您看我承蒙您信任做了秦相，可发现我的王稽还是个谒者，我看他怪委屈的，是否请大王施恩提拔他一次？"尽管这话语气十分柔婉，但依秦昭王的个性肯定是不会听从范雎的，反而会认为范雎不为他的江山社稷着想，而在徇自己的私情。这样，不仅不能使王稽得以提拔，而且还会引起秦昭王对自己的反感而使自己的地位动摇。可见，言语交际时修辞主体适应修辞受体是非常重要的，它是修辞成功的关键。

说到"以情动人"和"以理夺人"的表达策略，不禁使我们想起了晋人郭澄之《郭子》中所记的许允之妇教其夫表达策略的故事：

许允为吏部郎，多用其乡里。命造虎贲收允。妇出阁戒允曰："明主可以理夺，难以情求。"允至，明帝核之，允答曰："'举尔所知'，臣之乡人，臣所知也，愿陛下检校为称职与否？若不称职，臣宜受其罪。"既检校，皆官得其人，于是乃释允。旧服败坏，诏赐新衣。初被收，举家号哭，允新妇自云："无忧，寻还。"作粟粥待之，须臾允至。

许允之所以最终没被魏明帝治罪而诏赐新衣归家，是因为他听从了其妻的教诲，对魏明帝的质问，用"以理夺人"的表达策略来回敬。魏明帝认为许允用人不该全用其乡人，犯了任人唯亲的过错，理应治罪。按照常规，任何被质问的臣下都只能叩头谢罪，请求皇帝宽恕。但是，许允深知魏明帝是个明主，是不会宽恕任人唯亲、结党营私之臣的，若以情求，只能使魏明帝认为自己是个任人唯亲、结党营私之徒。若此，自己就难逃被惩罚的命运了。因此，他记住了妻子之言，采用了"以理夺人"的表达策略，用魏明帝"举尔所知"的话作推论的前提，说自己的同乡是自己最了解的人，符合皇帝任人的要求。认为任人只要称其职即可，并不在于是不是自己的同乡，并主动要求魏明帝检校他所任的人是否称职。魏明帝是个明白人，知道许允所说句句在理，且检校之后发现其所用之人皆称职，最后当然是放了许允，而且还赐了许允新衣，以示褒扬。很明显，许允说服魏明帝的成功，也是许允作为修辞主体在言说修辞时适应了修辞受体魏明帝的结果。

口语交际时，修辞主体（说话人）的修辞要适应修辞受体（听话人），修辞才能成功，言语交际的目标才能得以实现，上面二例都清楚地昭示了这一点。那么，书面语交际时，修辞主体（写作人）的修辞是否也要适应修辞受体（阅读者）呢？回答应该是肯定的。我们大家都知道唐人王勃有篇千古名作《秋日登洪府滕王阁饯别序》，其中有段文字云：

> 所赖君子见机，达人知命。老当益壮，宁移白首之心；穷且益坚，不坠青云之志。酌贪泉而觉爽，处涸辙以犹欢。北海虽赊，扶摇可接；东隅已逝，桑榆非晚。

王勃所说的这段话究竟是什么意思呢？这里我们必须首先破解其中所用的四个典故。"酌贪泉"典出于《晋书·吴隐之传》，其传有云："未至州（广州）二十里，地名石门，有水曰贪泉，饮者怀无厌之欲。隐之至泉所，酌而饮之，赋诗曰：'古人云此水，一歃怀千金。试使夷齐（伯夷、叔齐）饮，终当不易心。'情操愈厉。""处涸辙"出自于《庄子·外物》，其文有云："（庄）周昨来，有中道而呼者，顾视车辙中有鲋鱼焉。周问之曰：'鲋鱼来，子何为者耶？'对曰：'我东海之波臣也。君岂有斗升之水而活我哉？'周曰：'诺！我且南游吴越之王，激西江之水而迎子，可乎？'鲋鱼忿然作色曰：'吾失我常与，我无所处，吾得斗升之水然活耳。君乃言此，曾不如早索我于枯鱼之肆。'""北海虽赊，扶摇可接"，源出于《庄子·逍遥游》。其文有云："北冥有鱼，其名为鲲；……化而为鸟，其名为鹏；……鹏之徙于南冥也，水击三千里，抟扶摇而上者九万里。""东隅已逝，桑榆非晚"，典出于《后汉书·冯异传》，其传有云："始虽垂翅回溪，终能奋飞渑池；可谓失之东隅，收之桑榆。"王勃用此四典，第一典是说自己品行高洁，第二典是说自己处世超然达观，第三典是说自己志向远大，第四典是说自己有锐意进取、矢志不移的意志。破解了这四典，整个一段话的意思就一目了然了。若要一语道破天机的话，就是这样的一个意思："我虽然现在怀才不遇，仕进无门，但我有高洁的品行，达观的人生态度，有远大的志向与过人的才能，希望仰仗诸位名士显要的推介，大展宏图。"如果再联系这段话前文所说的贾谊、李广等人的遭遇与后文所说的杨得意荐司马相如、伯牙遇钟子期的典故，这层意思就再明白不过了。然而，修辞主体（写作者）王勃何以不直白地将其意思表达出来，而是用典故烘托出来呢？这是因为修辞主体王勃要适应修辞受体（阅读者）——参加九月九日滕王阁盛会的诸位达官名士，希望以出众的文采才华博得与会者的赏识，进而达到自己为世所用、施展才华的目的。关于王勃写作此文，五代人王定保《唐摭言》记载云，王勃自小聪明过人。14岁时，往南方省父，归途溯江西上。至南昌时，正值九月九日重阳节，洪州都督阎公（张逊业校正《王勃集》序说是阎伯屿）重修了唐初高祖之子滕王元婴任洪州都督时所建之滕王阁，并在此阁大宴达官贵人、名士骚客。王勃闻知此事，不请自到。据说阎公此次滕王阁盛会，其意是夸耀其乘龙快婿孟学士（名未详，待考）的才学。故在宴会开始之前，阎公已令孟学士作好了《滕王阁序》，到时让他临客即席献之，以博得风雅八斗之名。但是，阎公为了应酬场面，还是虚意邀请高朋宾客赐作。各位应邀宾客都是文章高手，但是大都深知都督之意，皆谦虚谢绝。唯独王勃不知就里，不懂世故，立时援笔即下。阎公见此自然心中不悦，遂拂袖而去。可是，他又放心不下，王勃每写一句，他都要差人禀报一次。王勃先是写下"南昌故郡，洪都新府"两句，阎公一听，轻蔑地一笑道："亦是老生常谈。"王勃接着又写了两句："星分翼轸，地接衡庐。"差人立时又报上，阎公一听，开始正襟危坐。后来差人报上"落霞与孤鹜齐飞，秋水共长天一色"两句时，阎公再也坐不住了，乃拍案而起，脱口赞道："此真天才，当垂不朽矣！"其后，《新唐书·文艺传》不加分辨，将此记载误入正史。后来，李昉等的《太平广记》、计有功的《唐诗纪事》、辛文房的《唐才子传》又据此辗转抄袭，以讹传讹，直至成为"江神风送滕王阁"的神话。也许王定保的记载有失实之处，至于"江神风送王勃滕王阁成名"的神话，当然更不可信。但是，王勃写作此文是想博取众人的赏识，表现出的积极进取入世之心态是十分明显的。也就是说，修辞主体王勃在写作修辞时之所以不直白地表达自己的心声与希望，而是用典故烘托说出，这一方面是为了保持修辞主体王勃作为文人特有的矜持，同时也是在借机向修辞受体（参加宴会者）显露自己不同凡响的才学。尽管王勃最终并没有得以仕而腾达，但王勃的文名千古传诵则与此文写作的成功有着密切关系。而此文的成功，又与修辞主体王勃写作修辞时适应了写作时特定的修辞受体有关。

第三章　修辞文本的基本模式及其建构的基本原则

一、修辞文本的概念

所谓修辞文本（rhetorical text），是指那些运用某种特定表达手段而形成的、具有某种特殊表达效果的言语作品。不过，应该指出的是，言语作品是有大小之别的。最小的言语作品可以是由一个词或几个词构成的一句话，稍大些的言语作品可以是由两句或两句以上的几个句子构成的语句群，最大的言语作品可以是完整的一个篇什。但是，只要运用了特定的表达手段，表达时有特殊效果，则不论这一言语作品是大是小，都可称为修辞文本。如明人冯梦龙《古今谭概·巧言》中记有这样一个故事：

> 一士人家贫，与其友上寿，无从得酒，乃持水一瓶称觞曰："君子之交淡如。"友应声曰："醉翁之意不在。"

这里那位贫士所说的"君子之交淡如"和其友人所说的"醉翁之意不在"两句话各是一个修辞文本。贫士的话是由《庄子·山木》篇中"君子之交淡如水"通过藏词的表达手段而成，它委婉地道出了贫士心中那段难以向朋友明说出口的心曲：虽然我家贫买不起酒为你祝寿，但我们是君子之交，所以我以水代酒，同样表达了我的诚意。士人之友的回答是由宋人欧阳修《醉翁亭记》一文中的"醉翁之意不在酒"藏词而来，它含蓄地向那位贫士传达了这样的信息：祝寿并不在于酒，关键在于一份情谊。虽然你送的是水不是酒，但是你对我的真挚情谊却是一样的。由于二人的对话皆引用前人名句来表达，同时又以藏词的表达手段省去了"水"和"酒"二字，所以除二人之外谁也不知道士人送的是水，朋友喝的不是酒。这样，既避免了士人的尴尬，又真切地表达了朋友间深厚的情谊，真可谓是耐人寻味，妙不可言。如果那位贫士对他的朋友说："我没钱买酒，就送一瓶水来表表我的心意吧！"如果贫士的朋友说："送酒送水都一样，只要表达了朋友间的一份真情就够了。"那么，这两人的言语作品都算不得是修辞文本，因为他们的话中没有运用特定的表达手段，表达上也无特殊的效果。

又如南宋著名的女词人李清照有一首令人难忘的词作《凤凰台上忆吹箫·香冷金猊》，上阕有云：

> 香冷金猊，被翻红浪，起来慵自梳头。任宝奁尘满，日上帘钩。生怕离怀别苦，多少事、欲说还休。新来瘦，非干病酒，不是悲秋。

这首词是写作者与其丈夫赵明诚的离别之苦的。其中，"新来瘦，非干病酒，不是悲秋"三句构成了一个修辞文本。它是运用折绕的表达手段来抒发词人对其丈夫的刻骨思念之情的，但表达得十分婉转、巧妙。作者没有直白地说："老公啊，我想你想得好苦啊，真个是'人比黄花瘦'了。"而是说："新来瘦，既不是病酒的缘故，也不是悲秋所致。"那么，到底是什么原因呢？这得要解读者用排除法进行逻辑推理，才能明了词人的本意是说："是相思害得我消瘦。"作者之所以不直白地说，而是用折绕的表达手段婉转地表达，一方面是由于中国传统女性羞于言此，另一方面也是为了给词作增添一些婉约美的韵味，提高作品的艺术感染力。因为作者上述的三句话运用了折绕的表达手段，表达上有含蓄婉约之美的效果，所以是修辞文本。若作者直白地以"我最近消瘦皆因对你相思所致"来表述，则就不可视为修辞文本了，因为这种表述的言语作品没有运用特定的表达手段，表达上也没有特殊的效果，只是简单地表达了意思而已。

再如清人吴趼人的讽刺小品集《俏皮话》中有这样一则：

> 獭入水求食，遇一金鱼，即张口啖之，囫囵咽下，殊不足以解馋。复前行，遇一鳖，见鳖裙腻然，喜曰："此足以供我大嚼矣。"向前噬之，牙触鳖甲，骤不得咽。獭不觉大疑曰："适间吃的那东西，文采斑斓，仪表不俗，看看好像一个读书种子，却是没有骨的。倒不如这个臭王八，还像有点骨气。"

这则小品是由整个篇幅构成一个修辞文本，它运用的是讽喻的表达手段，辛辣地讽刺了清末文人失去了中国传统文人士大夫固有的特立独行的人格而变得毫无骨气可言。但是，作者在表达这一层意思时却因运用了讽喻的表达手段，而使所要表达的意思显得相当婉转且幽默诙谐。所以，这则小品是个修辞文本。如果作者只以"现在的中国文人都没有一个有骨气的了"来表达，就算不得是修辞文本了。因为这种直白的表达，没有运用特定的表达手段，在表达效果上也无特殊之处——没有任何艺术性可言。

总之，"修辞文本"是一个有特定含义的概念。它是专指那些运用特定的表达手段构成的、具有特定的表达效果的言语作品，这个言语作品可以是特定语境中的一个词或几个词构成的一个句子，也可以是由两个或两个以上的几个句子构成的语句群，还可以是只表达某一特定主旨的篇什。"修辞文本"可以是口说的言语作品，也可以是笔写的言语作品，上述的例证皆已清楚地昭示了这一点。

二、修辞文本的基本模式

上面我们说过，修辞文本是指那些运用特定的表达手段构成的、具有特定表达效果的言语作品。也就是说，语言运用中某种特定的表达效果与某种特定的表达手段之间是有一定的关联性的。正因为如此，人们在长期的语言实践中便逐渐发现和总结出某种表达手段与某种表达效果之间对应关系的规律，并在自己的语言实践中自觉地加以运用，由此便逐渐形成了某些固定的语言表达模式或曰格式，我们不妨将之称为修辞文本模式（传统修辞学习惯上称之为辞格）。

所谓模式，就是有具体可鉴的特定格式，人们在语言运用时根据所要表达的思想感情和所要达到的某种特定的表达效果，直接套用这一格式即可达到特定的交际目标。比方说，比喻是一种利用乙事物来说明与其本质根本不同而在某种意义上又有某种相似之处的甲事物的修辞文本模式。一般来说，它有三种基本格式。

其一是本体、喻体都出现，且喻词用"像"、"如"、"若"、"犹"、"仿佛"、"似"等的"明喻"，如"君子之交淡如水，小人之交甘如醴"（《庄子·山木》）。其中，"君子之交"、"小人之交"是本体，"水"、"醴"是喻体，"如"是喻词，将本体与喻体绾合在一起，起着桥梁的作用。其二是本体和喻体都出现，但喻词则是"是"、"成了"、"变成"、"等于"、"无异于"等，或是干脆不用任何喻词的"暗喻"（或称"隐喻"），如"无端地空耗别人的时间，其实是无异于谋财害命的"（鲁迅《门外杂谈》）。其中，"无端地空耗别人的时间"是本体，"谋财害命"是喻体，"是"和"无异于"都是喻词。又如"君子之德，风也；小人之德，草也"（《孟子·滕文公上》）。其中，"君子之德"、"小人之德"是本体，"风"、"草"是喻体，喻词则略而不出。其三是本体和喻词隐而不现，而只以喻体代替本体而说出的"借喻"（或称"喻代"）。如："陈涉少时，尝与人佣耕，辍耕之垄上，怅恨久之，曰：'苟富贵，无相忘！'庸者笑而应曰：'若为庸耕，何富贵也！'陈涉太息曰：'嗟乎，燕雀安知鸿鹄之志哉！'"（《史记·陈涉世家》）这里陈涉所说的这句话，是个省去了本体"你们这些目光短浅之辈怎知我的远大志向"和喻词"像"的借喻，形象生动而又委婉含蓄地表达了自己的远大抱负不为同伴所了解的痛苦以及对同伴怒其不争的心情。如果要将其意思完整地说出，应该是"你们这些目光短浅之人不知我的远大抱负，就像渺小低窜的燕雀不知高飞远征的鸿鹄之志一样"。除此之外，比喻的变体类型还有很多，如"博喻"（或称"莎士比亚式比喻"、"连比"）、"较喻"、"缩喻"、"对喻"（或称"引喻"、"扩喻"、"类比"）、"反喻"、"互喻"、"回喻"、"同位喻"、"提喻"、"补喻"、"逆喻"、"递喻"、"环喻"、"套喻"、"例喻"等等。[①] 尽管表现形式不尽相同，但其表达效果一般来说是相同的，主要有以下几种：①将未知的事物变成已知。[②] 如唐代大诗人杜甫的《观公孙大娘弟子舞剑器行》一诗有云：

> 昔有佳人公孙氏，一舞剑器动四方。
> 观者如山色沮丧，天地为之久低昂。
> 㸌如羿射九日落，矫如群帝骖龙翔。
> 来如雷霆收震怒，罢如江海凝清光。

公孙大娘舞剑的"㸌"、"矫"、"来"、"罢"等武术动作招式，若仅以"㸌"、"矫"、"来"、"罢"等来说明，读者是不得其详的。而诗人分别用"羿射九日落"、"群帝骖龙翔"、"雷霆收震怒"、"江海凝清光"等人们熟知的事象来比喻，读者就可借助想象而得知其具体情状了，这就是比喻将未知事物变成已知的表达效果。

②把抽象的事物说得具体。[③] 如清人刘鹗的小说《老残游记》第二回写王小玉唱书儿有段极精彩的文字：

> 王小玉……唱了几句书儿，声音初不甚大。……唱了十数句之后，渐渐地越唱越高。忽然拔了一个尖儿，像一线钢丝抛入天际，不禁暗暗叫绝。哪知他于那极高的地方，尚能回环转折。几转之后，又高一层。接连有三四叠，节节高起。恍如由傲来峰西面攀登泰山的景象：初看傲来峰峭壁千仞，以为上与天通；及至翻到傲来峰顶，才见扇子崖更在傲来峰之上；及至翻到扇子崖，又见南天门更在扇子崖上，愈翻愈险，愈险愈奇。那王小玉唱到极高的三四叠后，陡然一落，又极力骋其千回百折的精神，如一条飞蛇在黄山三十六峰半中腰里盘旋穿插，顷刻之间周匝数遍。

王小玉唱书儿声音的高低变化，是个很抽象的概念，一般来说是很难加以描

写的。但作者用"一线钢丝抛入天际"、"由傲来峰西面攀登泰山的景象"、"飞蛇在黄山三十六峰半中腰里盘旋穿插"等具体事象来比喻，王小玉唱书儿声音变化的妙处也就令人可知可感了。这就是比喻化抽象为具体的表达效果。

③将深奥的道理说得浅显。① 如秦代大政治家李斯的《谏逐客书》有云：

太山不让土壤，故能成其大；河海不择细流，故能就其深；王者不却众庶，故能明其德。

李斯拜为秦国客卿之时，恰值韩人郑国来秦为间谍。秦王在秦宗室大臣的鼓噪下发布了驱逐客卿的命令，李斯也在被逐之列。遂上书秦王，力叙客卿有功于秦，力叙逐客之失。这几句是其文的一部分，主要是讲王者要有容纳人才的雅量才能昌明其德，使国家兴盛。如果直白地讲出此番大道理，秦王未必听得进去。但李斯通过引喻的修辞手段，以太（泰）山不让土壤而成其大、河海不择细流而就其深为喻，很自然地讲清了为君之道，且听来浅显易知。这就是比喻将深奥的道理说得浅显的表达效果。

④把平淡的事物说得生动。② 如钱钟书的小说《围城》中有这样的一段文字描写：

在大学同学的时候，她眼里未必有方鸿渐这小子，那时候苏小姐把自己的爱情看得太名贵，不肯随便施与。现在呢，宛如做了好衣服，舍不得穿，锁在箱里。过一两年忽然发现这衣服的样子和花色都不时髦了，有些自怅自悔。

苏文纨因是出身名门，又颇有些才情，所以一向心高气傲，目中无人。然而，当她留法取得博士学位回来后，才知青春已去，原来看不上眼的假博士方鸿渐也要她反过来去追求了。如果作家不用比喻的手段而是用平常的语言来描写，仅说"苏小姐现在后悔当初没有趁青春年少找个好男人嫁了"，那么读者也就不能对苏小姐的后悔之情留下深刻印象，作品也就没有使读者特别感动的艺术魅力。而当作家通过比喻，将苏文纨的老而不嫁比作是做了好衣服没穿而让其式样和花色白白过时之后，原本平淡无奇的叙事便平添了不少趣味，苏文纨的后悔之情也就活脱脱地尽显无遗了。这就是比喻化平淡为生动的表达效果和艺术魅力。

众所周知，汉语是一种历史非常悠久的语言，汉民族人自来具有一种锐意创新的语言天分和推崇美文妙辞的传统，所以中国的美辞与中国的美食一样有名，

---

①②　分别参见胡裕树主编：《现代汉语》（增订本），上海教育出版社 1982 年版，第 96 页、第 97 页。

在世界上堪称两绝。① 故而汉语中修辞文本的模式也就自然丰富多彩了。据最新的统计资料显示，迄今被中国修辞学家们总结归纳出的修辞文本模式（或曰辞格）竟达231种之多。② 不过，最基本的修辞文本模式还是有限的。一般说来，主要有比喻、比拟、摹状、示现、列锦、飞白、对偶、排比、互文、回文、错综、同异、顶真、夸张、反复、奇问、绝语、层递、用典、讳饰、藏词、析字、双关、讽喻、留白、设彀、例反、起兴、歇后、推避、折绕等三十余种。像上述我们所论及的"比喻"一样，凡是能够成为一种修辞文本模式的，大多有其特定的格式和与其相对应的表达效果。下文我们会具体论述，并讨论其建构的心理机制。

三、修辞文本建构的基本原则

修辞文本的建构，是为了适应特定的言语交际情境以追求特定的交际目标。所谓特定的交际目标，也就是言语交际取得尽可能好的效果。只有有了尽可能好的表达效果，才算是达到了交际者特定的交际目标。那么，怎样才能取得尽可能好的交际效果呢？这就需要修辞者适应不同的交际情境建构起能够企及特定交际目标的修辞文本。而要企及特定的言语交际目标，就必须遵循修辞文本建构的两大基本原则，这就是"恰切性原则"和"有效性原则"。

所谓"恰切性原则"，就是修辞主体所建构的修辞文本要对修辞受体有较强的针对性，即与修辞接受者所能接受或理解的知识层面、心理状态、情感情绪等方面的情况大致相符合。所谓"有效性原则"，就是修辞者所建构的修辞文本要使修辞受体能够理解且乐于接受，不可使接受者有晦涩不可理解之感或有情感抵触而不愿接受的情况发生。也就是说，前者是要求修辞主体所建构的修辞文本具有一定的艺术性，后者则要求修辞主体所建构的修辞文本具有可解读性、可接受性。两者是互为因果的，只有有了"恰切性"，才会有"有效性"；凡是"有效的"，总是"恰切的"。如果修辞主体所建构的修辞文本自认为或在某一些接受者看来极有艺术性或是极为"恰切的"，但是却不为这一修辞文本建构的特定修辞受体所理解、所接受，那么这个修辞文本的"恰切性"也就不复存在，因为它没有"有效性"，不能达到修辞主体建构这一修辞文本的交际目标。反之，如果修辞主体所建构的修辞文本使修辞受体很易理解，但因表达上"艺术性"欠缺，使修辞受体理解了却不愿接受，与修辞主体故意进行言语交际的对抗与不合作，那么，修辞主体所建构的修辞文本同样是不具备"有效性"的。因此，修

① 参见沈谦：《修辞学·自序》，台湾空中大学1996年版，第1页。
② 参见汪国胜等编：《汉语辞格大全·前言》，广西教育出版社1993年版，第1页。

辞文本的建构要同时遵循"恰切性"和"有效性"两大原则。修辞主体所建构的修辞文本只有具有"恰切性"，才有可能具有"有效性"，"恰切性"是"有效性"的前提和基础；而"有效性"则是"恰切性"所追求的终极目标，如果修辞主体所建构的修辞文本不具有"有效性"，那么"恰切性"也是谈不上的。

可以说，凡是好的修辞文本一定是同时符合"恰切性原则"和"有效性原则"的。如唐代诗人朱庆余有一首《近试上张水部》的诗，诗云：

洞房昨夜停红烛，待晓堂前拜舅姑。
妆罢低声问夫婿，画眉深浅入时无？

这首诗表面是写一位新婚的女子洞房花烛夜之后，第二天早上要拜见公婆，担心公婆不喜欢自己而问丈夫自己的眉毛画得是否入时的故事。实际上，作者并不是要通过这首诗塑造一个新婚女子形象或叙述一件新婚的故事，而是别有寄托。据《全唐诗话》记载，朱庆余遇水部郎中张籍，甚为张赏识。张是当时有名的诗人，经张的推介，朱氏诗作亦颇为人传诵。但在考期临近时，朱氏却很担心自己的文章未必就符合主考官的要求，于是就写了这首诗去征求张籍的意见。全诗运用了象征的修辞手法，诗人将自己比作新娘，将张籍比作丈夫，将主考官比作公婆，把自己所作的诗文比作新娘的梳妆画眉，这样就把自己临考前那种忐忑不安的复杂心情婉约地表达出来了。张籍看到这首诗后，就写了一首《酬朱庆余》的诗，云："越女新妆出镜心，自知明艳更沉吟。齐纨未是人间贵，一曲菱歌抵万金。"张氏也是运用了象征的修辞手法，暗示自己对朱氏诗文的意见。如果一语道破天机的话，朱氏的诗说的是这样一个意思："张大人，您看我的诗文是否符合主考官的要求？"张氏诗的意思是说："庆余，你不必担心，你的诗文是会受到主考官的赏识的。"如果朱氏和张氏直白地将意思表达出来，而不是以上述的诗作来表现，那么中国文学史上也就没有了这段佳话，他们的诗作也就不会这样千古传诵了。可见，朱氏和张氏所建构的修辞文本是成功的。而他们所建构的修辞文本之所以是成功的，是因为他们遵循了修辞文本建构的"恰切性原则"和"有效性原则"。修辞主体朱庆余所建构的修辞文本（《近试上张水部》诗）对修辞受体张籍是有针对性的，即与修辞受体张籍所能理解和接受的知识层面、心理状态、情感情绪等情况大致符合。因为张氏是当时著名的诗人，又是赏识朱氏的朝廷显要，朱氏用象征的修辞手法将自己比作新婚的女子，将张氏比作丈夫，将主考官比作公婆，将自己的诗文比作新娘的梳妆画眉，委婉地征询张氏对自己诗文的意见，这是很恰切的。张氏作为一个著名的诗人，对朱氏的这一修辞手法是很熟悉的，在其知识面所及的范围之内。朱氏通过这一修辞手法所建构起来的修辞文本的内涵，张氏也是能够理解的；朱氏以象征手法委婉地表情达意符合中国文人推崇含蓄蕴藉的心理状态，张氏是乐于接受的；朱氏将张氏比作丈夫，张氏在情感情绪上是愉快的，是会乐于接受的。正因为如此，我们说朱氏所建构的这一修辞文本是符合修辞文本建构的"恰切性原则"的。又因为张氏是著名诗人，理解朱氏修辞文本的内涵没有困难，而且在情感上又没有任何令张氏不愉快的接受障碍，因此朱氏所建构的修辞文本对于修辞受体张氏来说是具有可解读性和可接受性的。也就是说，朱氏所建构的修辞文本是符合修辞文本建构的"有效性原则"的。张氏所建构的修辞文本（《酬朱庆余》诗），是根据朱氏的修辞文本而作的回复，是为朱氏"度身定做"的，具有更强的针对性，自然符合修辞文本建构的"恰切性原则"；同时，朱氏也是一个很好的诗人，对张氏的修辞文本的内涵自然能够解读；张氏的修辞文本用象征的修辞手法来委婉地褒扬朱氏，朱氏在感情上自然是乐于接受的。所以，张氏的修辞文本是符合修辞文本建构的"有效性原则"的。

好的修辞文本并非只有知识水平较高的文化人群体才能够建构，在知识水平较低的下层民众群体中也有善于建构合乎"恰切性原则"和"有效性原则"的好修辞文本者。如清人石成金的笔记小品《笑得好》记有这样一则故事：

> 客人雇船往杭州，清早打米煮饭，梢婆背着客人，将淘过湿米偷起一大碗，放在灶头里。客人瞧见，不便明言，坐在官舱内连声高叫曰："在家千日难，出外一时好。"梢婆曰："客人说错了，在家千日好，出外一时难，因何反说呢?"客人曰："你既晓得我难，把那灶头里一碗米，求你放在锅里罢。"

客人对于梢婆偷米的行为不便明言，以免对方难堪。但是，又不能不说。故而客人就运用了设彀的修辞手段，故意错说俗语以引起梢婆的纠正，最后顺势说出要表达的意思，显得委婉而又自然。很明显，这里客人运用设彀的修辞手段所建构的修辞文本（前后关联的两句话）是成功的。因为修辞主体客人所引用的俗语是修辞受体梢婆知识层面所及的，梢婆能纠正客人的误说也正说明了这一点。梢婆偷了客人的米，心理和情感都比较脆弱，客人不宜太过直白地说出真相。因此，客人先故意错说俗语作为引子是恰切的。同时，客人的后半截话是顺着梢婆的话而说，将自己所要表达的意思表达出来了，但又显得比较自然而委婉，对梢婆的心理和情感的刺激就相对减弱了。这样，既使梢婆能够明白客人的话，又使其在感情上比较易于接受。因此，从整体上看，修辞主体客人所建构的修辞文本是符合修辞文本建构的"恰切性原则"和"有效性原则"的，是个较好的修辞文本。也就是说，客人的表达是成功的。相反，如果客人像上述朱庆余那样用象征的修辞手段，用诗歌的形式来婉曲地表达，那么梢婆是不能明白的，自然也就无法接受了。因为修辞主体所建构的修辞文本对修辞受体没有针对性，也就是不具有"恰切性"，而没有"恰切性"的修辞文本肯定是不具有"有效性"的，而不具有"恰切性"和"有效性"的修辞文本，是不能算成功的修辞文本的，那么修辞文本的建构者的言语交际也就失败了。

中国古人善于循着"恰切性原则"和"有效性原则"建构好的修辞文本，使自己的言语交际取得成功。中国现代的人们对此更是心得颇多，建构的好文本更是层出不穷。如梁实秋的《年龄》一文曾记有现代著名学者齐如山所创造的一个颇为精妙的修辞文本：

> 人到了迟暮，如石火风灯，命在须臾，但是仍不喜欢别人预言他的大限。……胡适之先生素来善于言词，有时也不免说溜了嘴。他六十八岁时来台湾，在一次欢宴中遇到长他十几岁的齐如山先生，没话找话的说："齐先生，我看你活到九十岁决无问题。"齐先生愣了一下说："我倒有个故事，有一位矍铄老叟，人家恭维他可以活到一百岁，怂然作色曰：'我又不吃你的饭，你为什么限制我的寿数？'"胡先生急忙道歉："我说错了话。"

胡适出于友好之意，恭维齐如山能活到90岁。齐如山是个很希望长寿的人，他对寿数有很高的期望值，所以对胡适说他能活90岁的话不满。但是，齐如山没有直话直说，而是运用了讽喻的修辞手段，建构了上述的那个修辞文本（实为齐氏临时编造的故事），委婉地表达了自己对胡适限制他寿数的话的不满情绪。很明显，齐如山所建构的修辞文本是成功的。因为修辞者齐如山所建构的这个修辞文本对修辞接受者胡适具有极强的针对性，即与胡适的知识层面、心理状态、情感情绪等方面的情况相符合。胡适是个大学者，对于齐如山故意编造故事的用意是能理解的；作为一个学者，胡适是不会喜欢别人直白地批评自己的，而对委婉含蓄的表达在情感情绪上较易接受，也乐意接受。事实上，胡适听了齐如山的故事，马上就向齐氏道歉，说明胡氏听明白了齐氏话的内在含义，而且诚恳地接受了齐氏不直接明白的批评。因此，我们说齐如山所建构的修辞文本是符合修辞文本建构的"恰切性原则"和"有效性原则"的，是成功精妙的修辞文本。

总之，任何修辞者如果想使自己的言语交际取得成功，也就是说要想建构出好的修辞文本，就必须同时遵循修辞文本建构的两大基本原则，即"恰切性原则"和"有效性原则"。否则，他的言语交际就不可能成功。

第四章　修辞文本建构的心理机制（一）

一、修辞文本建构与联想想象

（一）联想和想象

联想是记忆的基础，从生理学观点看，"联想是暂时神经联系"①。巴甫洛夫指出："暂时神经联系是动物界以及人类自己的最普遍的生理现象，同时也是心理现象，就是心理学家称为联想的东西，这种联想把各种各样的活动、印象或字母、词和观念联系了起来。"② 普通心理学的一般原理告诉我们："人们感知的东西，并不消失得无影无踪，会在大脑皮层上留下兴奋的痕迹。在引起兴奋的刺激物离开以后，这些痕迹也能产生兴奋。据此，人们就能识记和保持并能随后再现已消失的对象的映像，或再现过去掌握的知识。"③也就是说，"像知觉一样，记忆也是反映过程，但它不仅反映当前直接作用的东西，而且反映过去作用的东西"④。由于记忆的存在与作用，当我们在现实中遇到某一对象时，我们就会在现实对象刺激物的激发下由此及彼地将当前事物与同当前事物相关的另一事物搭挂联系起来，从而形成对客观事物新的认识和体悟。这种在记忆时由一事物想起另一事物的心理过程，就是心理学上所说的"联想"，它是现实事物之间的某种联系在人脑中的反映。

联想是一种普遍的心理现象，也是一种较为复杂的心理现象，根据不同的角度与标准，它可以分为各种不同的类型。其中，最普遍也是最传统的分类，是按联想所反映的事物之间的关系，将之分为接近联想、相似联想、对比联想、关系联想四类。

所谓"接近联想"，是指"由一种事物的经验联想到另一种在空间或时间上与它相接近的事物"⑤ 的联想类型。它是"由于当前刺激物同记忆中事物之间在

---

① 〔苏〕B. B. 波果斯洛夫斯基等主编，魏庆安等译：《普通心理学》，人民教育出版社1982年版，第225页。

②③④ 均见〔苏〕B. B. 波果斯洛夫斯基等主编，魏庆安等译：《普通心理学》，人民教育出版社1982年版，第224页。

⑤ 《辞海》，上海辞书出版社1990年版，第793页。

空间或时间上相互毗邻、接近，使人在经验上将之联结起来，由一事物联想到其他与之相邻近的事物"①。如我们学历史时，在背熟了中国历史沿革表以后，当人说到"夏商周"时，就会自然而然地想到"秦两汉三国两晋南北朝隋唐五代十国宋元明清"等诸朝代名称，这就是"接近联想"。又如在我们读过小说《三国演义》之后，当人谈起曹操的奸诈时，就会情不自禁地想起关羽的忠义、张飞的勇猛、孔明的智慧等等，这也是"接近联想"。因为曹操、关羽、张飞、孔明等人是小说家在同一时空范畴（同一作品）内塑造的一组相辅相成、相映生辉的人物形象。再如宋人志南的《绝句》中"沾衣欲湿杏花雨，吹面不寒杨柳风"的诗句，写到"杏花"，就连及了"杨柳"；说到"雨"，就对上了"风"。这种写法也是"接近联想"。因为"杏花"与"杨柳"，都是春天这一时间范畴内的标示性花木。由"杏花"想到"杨柳"，明显是"接近联想"。"雨"和"风"，是同一时空范畴内同时存在和发生的天气现象，由"雨"说到"风"，自然也是"接近联想"。

所谓"相似联想"，是指"由一种事物的经验联想到另一种在性质上和它相似的事物"② 的联想类型。它是"由于当前感知到的事物与记忆中的事物在性质或形态上有共同性、相似性，在大脑中形成了特定的联系，因而通过类比、类推，引起回忆、联想"③。如我们谈中国历史时，说到秦始皇，就少不了要想起汉武帝、唐太宗、宋太祖、成吉思汗等帝王，这就是"相似联想"。因为这些帝王在人们的印象中有一个最大的相似点，就是他们都是以武力而臣服天下的，都是为中国封建王朝开疆拓土的"一代天骄"。又如我们读中国文学，读到唐人白居易的史诗《长恨歌》，就会想起唐人陈鸿的小说《长恨歌传》，想到元人白朴的杂剧《梧桐雨》，这也是"相似联想"。因为这三部作品都是叙写唐明皇与杨贵妃爱情悲剧的，内容和情节上是相似的。再如我们说到唐人王勃的名句"落霞与孤鹜齐飞，秋水共长天一色"（《滕王阁序》），就会想到南朝梁人庾信《马射赋》中"落花与芝盖齐飞，杨柳共春旗一色"的句子；说到王勃的名句"海内存知己，天涯若比邻"（《送杜少府之任蜀川》），就会忆起三国时代"才高八斗"的曹植的《赠白马王彪》诗中的"丈夫志四海，万里犹比邻"的句子。这也是"相似联想"。因为王勃的这两个名句，分别化用自庾信和曹植的诗句，与原句有结构和内涵上的相似处。

所谓"对比联想"，是指"事物之间在性质、形态上的相异、相反所唤起的

①③　分别参见邱明正：《审美心理学》，复旦大学出版社 1993 年版，第 179 页、第 180 页。

②　《辞海》，上海辞书出版社 1990 年版，第 2171 页。

联想"①。它是"由于在经验中和观念上把握了以往经验过的事物和当前感知事物的差异性、对立性而产生的联想。它有两种形式。一是反映事物性质、形态相对立、相背反关系的联想，我们把它称做'反向对比联想'。人们见丑思美，见假思真，遇恶怀善就是这种联想。另一种我们把它称做'正向对比联想'，是事物之间在性质、形态上既有共同性又有差异性所唤起的联想，反映了事物审美特性之间或主体审美感受之间数量、程度的差异，体现了美与更美之间或丑与更丑之间的对比。……事物的大与更大，高与更高等等，都可以引起这种联想"②。如我们学地理时，由森林地带的特点想起沙漠地区的特点，就是"对比联想"中的"反向对比联想"。又如唐人白居易《长恨歌》中有"上穷碧落下黄泉，两处茫茫皆不见"的诗句，说到"碧落"（天空）就连及"黄泉"（地下），也是"对比联想"中的"反向对比联想"。又如唐代大诗人李白的《赠汪伦》诗云："桃花潭水深千尺，不及汪伦送我情"，将深千尺的潭水与汪伦的深情作对比，以突出汪伦对自己的深情厚谊，这是"对比联想"中的"正向对比联想"。再如唐代另一位大诗人李商隐有诗《无题四首》，其中有一首云："刘郎已恨蓬山远，更隔蓬山一万重"，以虚无缥缈的仙山"蓬山"的遥不可及与"更隔蓬山一万重"的更遥远的地方相对比，以突出主人公思念所爱的人而不得见的极度痛苦。这也是"对比联想"，且属于"正向对比联想"。

所谓"关系联想"，是指"反映事物之间的种与属，部分与整体，主体与宾体，原因与结果等关系的联想"③类型。大致说来，"关系联想"可以分为四类：反映事物种与属之间相互依存关系的联想，叫"种属联想"；反映事物主体与宾体之间相互关系的联想，叫"主宾联想"或"主从联想"；反映事物部分与整体之间相互关系的联想，叫"偏全联想"；反映事物之间因果关系的联想，叫"因果联想"。如我们看了黄梅戏《天仙配》，就会想到越剧、沪剧、吕剧、河北梆子、陕西秦腔等许多中国地方戏曲各自的唱腔特点和发展的历史等等，这就是"种属联想"。又如我们在时装商店看到新颖的时装，就会想到衣着光艳、入时的时髦女郎甚或巴黎名模，这就是"主宾联想"（或叫"主从联想"）。又如学历史的学者，看到西安的大雁塔，就会情不自禁地想起唐代京师长安的恢宏建筑和城市整体布局的阔大景象，这就是"偏全联想"。再如唐代诗人孟浩然有一首名诗《春晓》云："春眠不觉晓，处处闻啼鸟。夜来风雨声，花落知多少。"诗人由夜晚的风雨之声，想到清晨地上的无数落花，这是"因果联想"。因为花落与风雨之吹打有因果联系。

想象也是一种重要而常见的心理现象，它是"利用原有的表象形成新形象的

---

①②③　均见邱明正：《审美心理学》，复旦大学出版社1993年版，第180页。

心理过程。在外界刺激物的影响下，在人脑中对过去存储的若干表象进行加工改造而成。人不仅能回忆起过去感知过的事物的形象（即表象），而且还能想象出当前和过去从未感知过的事物的形象。但想象的内容总是来源于客观现实"[1]。想象之所以存在，是因为它有其生成的生理机制。想象生成的生理机制很复杂，但大致可以这样说："大脑半球皮层的主要功能是形成记录过去经验的暂时联系系统，这种经验包含在人关于世界的表象和知识中。暂时联系系统是动力的，它变化、补充和改造着。分析过程中被分出的复合刺激物的部分和特征（这些刺激物是对象或当前情境）被联系或综合成新的组合。因此就建立起新的形象或新形象的系统，在这些形象中，人以被改造了的外形和内容来反映实际的现实。"[2]

根据想象的独立性、新颖性和创造性的程度，想象可分为再造性想象和创造性想象两类。所谓"再造性想象"，就是"根据他人语言、文字描述或图样、符号的示意，经过自己的加工、再造而再现出相应事物形象的想象。这实际上就是对信息符号的译码，从语言信息转换为形象信息。如听故事、读小说、看图表时在头脑中再现出真实、细微的形象。这种想象主要是再现别人描述的，同自己的记忆表象相适应，而自己未必直接经验过的形象。所以它的功能主要在于再现、复现，其中包含联想、整理、判断、理解，而不是另外创造出新的形象。但是在这种想象过程中，又融入了自己的经验、知识、情感，并对感知对象进行了或多或少的加工、改造，所以它虽受特定对象的制约，却又在一定程度上发挥了能动性，具有了一定的创新性"[3]。如唐代诗人王之涣有一首很有名的诗作《登鹳雀楼》，云："白日依山尽，黄河入海流。欲穷千里目，更上一层楼。"读者一读此诗，便会马上在眼前浮现出这样的一幅图画：一轮红日依山而落，残阳如血。山下黄河奔流不息，河水一泻千里，向着大海而去。一位诗人正攀向更高一层的塔楼，远眺黄昏时分的这一幕。那么，这幅图画（形象）是怎样建构出来的呢？这就是由解读者根据诗人所写的诗句文字，将自己记忆中平日看夕阳西下、大河奔流、登高远眺等情景与经验结合起来而复现出来的。这种经由文字而得出上述情景图画（形象）的心理过程，就是我们上面所说的"再造性想象"。尽管这种再造性想象还只是一个将语言信息转换成形象信息的简单想象，但内中仍包含了解读者的联想以及对诗句文字内容的整理、判断、理解等复杂的心理活动，也发挥了解读者的思维能动性，其所复现的形象还是具有一定的创新性。因为上述图

---

① 《辞海》，上海辞书出版社 1990 年版，第 1840 页。

② ［苏］B. B. 波果斯洛夫斯基等主编，魏庆安等译：《普通心理学》，人民教育出版社 1982 年版，第 277 页。

③ 邱明正：《审美心理学》，复旦大学出版社 1993 年版，第 204 页。

画（形象）中的诗人到底是在凝眉沉思，还是正神采飞扬、心旷神怡，解读者不同，诗人的神情也就各不相同了，这里就有更多形象复现创新性的广阔空间了。

　　所谓"创造性想象"，是指"在特定事物刺激下既不依赖现成描绘，又不囿于反射当前事物，而是根据自己的经验、目的，将当前感知对象与各种记忆材料加以组合、改造，从而独立创造新形象的想象活动。它不仅可以创造自己没有直接感知过的形象，而且可以超前性地创造出现实生活中尚未有而又可能有的事物；甚至还可以创造出生活中不可能有的事物"①。如技术专家所发明的新机器、新设备的结构形象，是他将当前所要设计的新机器、新设备与他记忆中曾经所见过的各种机器、设备的结构的旧有形象或经验加以组合、改造而成的。这新机器、新设备的结构形象中有旧机器、旧设备的某些结构形象的影子，又有前此旧有机器、设备结构形象中所没有的部分。技术专家设计、发明的新机器、新设备的结构形象，就是创造性想象的结果。人类技术之所以能不断进步，原因就在于人类有创造性想象的能力。又如西方童话中的美人鱼形象，也是创造性想象的典型例子。美人鱼是现实中不曾有的，但是"美女"和"鱼"是世上人人可见的。童话作家之所以能创造出美人鱼的形象，是因为他在创作构思作品时，受当前事物"美女"或"鱼"的刺激，将记忆中各种美女与鱼的形象混合一体，从而突发奇想，将两者合而为一，加工、改造出一个美人头身而鱼尾的新形象。童话作家创造美人鱼形象的心路历程，就是创造性想象的心理过程。由于他所创造的形象是现实中不可能有的，所以他的想象是创造性想象的特殊一类，叫作"幻想"。再如俄国大作家列夫·托尔斯泰在其巨著《战争与和平》中所塑造的娜塔莎·罗斯托娃形象，是大家都很熟悉的文学形象。据托尔斯泰说，娜塔莎·罗斯托娃的形象，是他基于深刻分析了他所熟悉的两个人的性格和特点而塑造的，这两个人是他的妻子索菲亚·安得烈也芙娜和她的姐妹达吉娅娜。但是小说中的娜塔莎·罗斯托娃和现实中的索菲亚·安得烈也芙娜或达吉娅娜都是不同的，而是一个人们生活中常见而又不完全熟悉的女性，也就是文学评论中常说的"熟悉的陌生人"。那么，为什么娜塔莎·罗斯托娃会成为读者们"熟悉的陌生人"呢？这是因为这一文学形象融入了作家的创造性想象，是作家写作时对所感知的当前形象与记忆中索菲亚·安得烈也芙娜和达吉娅娜两人的性格与特点进行了组合、加工、改造而成的。正因为如此，娜塔莎·罗斯托娃才能成为来源于生活而又高于生活的光彩照人的艺术形象。像娜塔莎·罗斯托娃形象一样，所有文学作品中成功的文学形象，都是作家创造性想象的成果。

---

① 邱明正：《审美心理学》，复旦大学出版社1993年版，第204页。

再造性想象和创造性想象作为想象的两种形式，在人的思维、认识、情感乃至人类社会的发展中都有着各自不同的重要意义。人类因为有了再造性想象，才有可能阅读（理解）技术方案，继承人类历史上所记载的一切优秀的科学成果，造出新设备和复制出历史上曾有过的发明创造物以为己用。如机器制造者可以根据机器设计者的图纸造出新机器；建筑施工者可以根据建筑设计者所绘的图纸造出新的建筑物；现代科学家可以根据中国史书记载，复制出东汉张衡发明的地震仪。也因为人类有了再造性想象，我们才有可能阅读和理解中外文学艺术作品，在大脑中浮现出作品所描绘的异时异地的五彩缤纷的世界和各具声口的人物形象来。如我们根据唐人杜牧的《阿房宫赋》的描写，可以大致了解秦始皇所造的阿房宫到底是什么样子和气派；根据罗贯中的历史小说《三国演义》的描写，可以以电影或电视的形式生动地再现出小说家所勾勒的三国时代三雄纷争的时代风云，创造出曹操、刘备、孙权、孔明、关羽、张飞、周瑜、大乔和小乔等一系列鲜活的人物来；根据 19 世纪法国著名的自然主义作家左拉（Emile Zola，1840—1902）的长篇小说《三个城市》中的有关描写，可以大致见出 19 世纪欧洲卢尔德、罗马、巴黎三大城市的建筑面貌和各自的风土人情概况；也可以根据 19 世纪法国著名画家马奈（Edouard Manet，1832—1883）的名画《酒吧间》、《饮酒者》，初步了解到 19 世纪法国社会酒吧和饮酒者的风格与形态。人类因为有了创造性想象，才有可能发明新机器、新技术，促进人类社会的发展和进步。如飞机的制造、卫星的发射、通信设备的现代化等，都是人类有创造性想象的结果。人类因为有了创造性想象，世界各国的文学家、艺术家才会创造出无数美妙动人的文学艺术作品，人类的精神和情感世界才得以丰富、充实。这一点，是人所尽知的，毋庸赘述。

但是，应该指出的是，尽管想象可以按照其独立性、新颖性和创造性的程度分为再造性想象和创造性想象两大类，但是这两类并不是相互独立、相互隔绝的，而是密切不可割裂的。两者是"相辅相成的，它们都是以形象感知为基础，都是对感知、记忆材料的组合、加工、改造。在再造性想象中包含着创造的成分，在创造性想象中也包含着再造性想象所积累的经验和材料"①。

（二）基于联想想象的修辞文本模式

根据上述对联想与想象心理的概念的介绍，我们就不难发现：人们在修辞活动中运用语言进行修辞文本的建构时，很多时候是基于联想与想象这两种心理的。特别是比喻、映衬、仿拟、借代、拈连、列锦、示现等修辞文本的建构，一

---

① 邱明正：《审美心理学》，复旦大学出版社 1993 年版，第 205 页。

般来说都是典型的基于联想与想象心理的。下面我们就其中几种分而述之。

1. 比喻与类似联想

比喻是人们语言运用中一种最为普遍常见的修辞文本模式。陈望道先生指出："思想的对象同另外的事物有了类似点，说话和写文章时就用那另外的事物来比拟这思想的对象的，名叫譬喻。现在一般称为比喻。"① 也就是说，人们之所以在说话和写文章时"用那另外的事物来比拟这思想的对象"，就是因为说写者运用了联想的心理在"这思想的对象"与"那另外的事物"之间找到了两者在某一性质或特征上的"类似点"，从而将本不相干或相距较远的两种事物或现象有机地联系搭挂起来，以此丰富所叙写对象内容的生动性、形象性、新颖性和拓延性，有利于接受者（听读者）对表达者（说写者）所叙写对象内容的实质和深刻内涵的把握。同时，接受者通过对表达者所建构的比喻修辞文本的解读、译码，通过再造性想象的心理机制，就可以在脑海中复原出表达者所要传达的信息，从而获得一种解读的快慰与审美情趣。如南朝齐梁间人丘迟的《与陈伯之书》中有这样一段文字：

北虏僭盗中原，多历年所，恶积祸盈，理至燋烂。况伪孽昏狡，自相夷戮；部落携离，酋豪猜贰。方当系颈蛮邸，悬首藁街，而将军鱼游于沸鼎之中，燕巢于飞幕之上，不亦惑乎？

丘迟的这封给陈伯之的书信，是劝陈伯之投降归顺梁朝。陈伯之原为梁朝江州刺史，后于梁武帝天监元年叛梁而降北魏，官至北魏持节散骑常侍，都督淮南诸军事。梁天监四年，梁武帝命临川王萧宏率军北伐。陈伯之领北魏军与之对抗。当时，丘迟为临川王萧宏幕下记室，临川王乃命丘迟修书与陈伯之，劝其弃暗投明，重回梁朝为国效力。由于丘迟书信写得极其巧妙，信中以陈氏的前途为出发点，并以乡国之情来打动陈的心灵，行文情理并至，极富感染力，陈氏接书后，读之深受感动，遂从寿阳率众归顺了梁朝。由此，在中国历史和文学史上留下了一段佳话。

上引的一段文字，是全文中的一小节。其意是说：北魏政权是伪政权，作恶多端，其统治者很快就要被梁朝缚之于京师砍头示众了，而将军您的处境更是危险，就像是游于沸鼎中的鱼儿和筑巢于飞动摇荡的帐篷之上的燕子，朝不保夕，命在须臾之间。这里，丘迟说陈伯之的处境时用了两个比喻。"陈伯之的处境"

_____
① 陈望道：《修辞学发凡》，上海教育出版社1982年版，第72页。

是表达者（作者）所要表达的"这思想的对象"，即比喻的本体；"鱼游于沸鼎之中"和"燕巢于飞幕之上"是用来"比拟这思想的对象"的"那另外的事物"，即比喻的喻体。这一本体与两个喻体之间在性质上有一个共同的类似点，这就是"危险性极大"。那么，这一类似点是怎么找到的呢？这就是表达者丘迟在建构这一比喻修辞文本时，通过联想这一心理机制找到的。由于表达者丘迟将陈伯之的处境与"鱼游于沸鼎之中"、"燕巢于飞幕之上"相联系搭挂，从而在最大程度上丰富了其所叙写对象内容的生动性、形象性、新颖性和拓延性，让接受者陈伯之在最大程度上体认到表达者所叙写内容的深刻内涵，深刻了解到自己处境的危险性，在思想和灵魂深处产生极大的震撼。如果表达者丘迟不以上述比喻文本来表达其思想，而是直接说："您的处境十分危险，朝不保夕。"那么，这样的表达就明显失去了上述表达的生动性、形象性，同时也失去了上述表达的新颖性和拓延性，不能给接受者以任何想象与回味的空间，语言显得乏味、抽象、干瘪，表达效果自然不好。同时，从接受者的角度看，直接的表达还会因为语言刺激度过强而导致接受者陈伯之语言接受的负效应，即逆反心态，最终与表达者所要达到的交际目标背道而驰，酿成交际的失败。事实上丘迟所建构的比喻修辞文本，除了在表达上有丰富其叙写对象内容的生动性、形象性、新颖性和拓延性的效果外，还能使接受者陈伯之深刻体认到其话语的内涵或曰弦外之音，从接受效果上看也是非常好的。因为接受者陈伯之可以经由自己对表达者的语言文字的解读、译码，以再造性想象形象地复原出表达者所要传递的真实信息，从而会于心、惬于意，在获得文本解读的快慰与审美情趣的同时，自然而愉快地接受表达者所传递的信息。

又如唐人刘禹锡《望洞庭》一诗，其中有云：

遥望洞庭山水翠，白银盘里一青螺。

这两句诗是写洞庭湖山水风光的美妙，也是一个比喻（暗喻）修辞文本。这一比喻的本体是"洞庭山水"，即作者"这思想的对象"；"白银盘里一青螺"是喻体，即用来"比拟这思想的对象"的"那另外的事物"。那么，"这思想的对象"——"洞庭山水"怎么与"那另外的事物"——"白银盘里一青螺"联系搭挂上呢？这也是表达者刘禹锡运用心理联想所致。因为"洞庭山水"与"白银盘里一青螺"两者之间有类似点：洞庭湖的水是白的，洞庭湖周围的山是青翠的，山与水是青白相映的；白银盘是白的，青螺是青的，盘与螺也是青白相映的。由于表达者（诗人）的这一修辞文本运用了联想心理，将洞庭山水与盘中青螺联系搭挂，遂使作者（诗人）所描写的洞庭风光大大增强了其生动性、形象性、新颖性和拓延性。无生命的山水由于有生命的青螺而活了起来，作者笔下的洞庭山水图画更生动形象了。

同时，由于"白银盘里一青螺"所建构的意象，又使作者笔下的洞庭山水风光的审美空间进一步拓延了，画面的新颖性也大大加强了。另外，从接受的角度看，作者所建构的这一比喻修辞文本还增加了接受者（解读者）的审美情趣。因为每一个解读者不仅可以根据表达者（诗人）所给定的语言文字进行正确的解读和译码，以再造性想象复原出表达者所描绘的洞庭风光，从而得到一种美的享受；而且由于每一个接受者（解读者）都有着不同的经验，因而在再造性想象中还会复现出各不相同的或比表达者原造的形象更加丰富生动的形象来，进而大大提升了修辞文本的审美情趣和审美价值。如果表达者只是直接、客观、理性地写出"遥望洞庭山水翠"，那么表达者传递给接受者的信息也就仅限于表达者语言文字上所呈现的有限内容了。从表达的角度看，修辞文本没有了生动性、形象性，也就没有了新颖性和拓延性。从接受的角度看，接受者因无法直接由表达者给定的语言文字的解读、译码中进行再造性想象，故而无法得到解读的快慰与审美的情趣。

说到比喻，很多人都会情不自禁地想到当代著名学者钱钟书和他的小说《围城》。《围城》中所建构的比喻修辞文本不仅非常丰富，而且非常高妙，有的让人为之叹绝。如小说写到主人公方鸿渐对文凭的心态时，有这样一段文字：

> 方鸿渐受到两面夹攻，才知道留学文凭的重要。一张文凭，仿佛有亚当、夏娃下身那片树叶的功用，可以遮羞包丑；小小一方纸能把一个人的空疏、寡陋、愚笨都掩起来。

方鸿渐因受岳丈周经理的资助而留学欧洲，所以在他即将回国之前，他的父亲和岳丈都为了面子而要方鸿渐拿一张博士文凭回来光耀光耀。而方鸿渐在欧洲几年并未好好学习，也未拿得博士学位，所以感到压力很大，事到临头才知道文凭的重要性。表达者（作者）在叙述这一情节时，建构了上述这样一个比喻修辞文本，将"文凭"比作是"亚当、夏娃下身那片树叶"。那么，表达者何以将"文凭"与"亚当、夏娃下身那片树叶"联系到一起呢？这是基于心理上的类似联想。因为"文凭"与"亚当、夏娃下身那片树叶"两者之间在性质上有类同点，即都有"遮羞包丑"的作用。由于表达者运用了类似联想将"文凭"与"亚当、夏娃下身那片树叶"联系搭挂在一起，建构了上述的这样一个比喻修辞文本，而在这一比喻修辞文本中喻体"亚当、夏娃下身那片树叶"具有特定的内涵，遂使接受者在解读这一修辞文本时不仅由于再造性想象而在脑海中浮现出喻体所建构的特定形象，顿使本来平淡的叙事别添了一种表达上的生动性、形象性、新颖性；同时还由于喻体中所提到的亚当和夏娃两位神话人物，而使接受者想到《圣经》中上帝造人以及亚当、夏娃在伊甸园犯禁诸事，从而使表达者所建构的修辞文本所表达的内容大大丰富了，使修辞文本有了拓延性的特点，增加了修辞文本的审美价值，也提高了接受者文本解读的快慰和审美情趣。相反，如果表达者不以比喻修辞文本来表达，而只以客观、理性的文字叙述说"这一张文凭可以遮羞包丑"，那么从表达的角度看，语言明显没了上述比喻修辞文本的生动性、形象性、新颖性和拓延性，不能使接受者留下什么深刻的印象，表达效果当然大打折扣了；同时，从接受的角度看，由于叙述是客观、理性的文字，接受者在对文本进行解读、译码时，不会激活再造性想象，因而也就没有了解读文本的阻障以及克服阻障后的快慰，即无法获取文本解读的审美情趣。

对于比喻修辞文本的建构，旅德华人女作家龙应台也颇有特色。如她的散文《一本书的背后》（《文汇报》1998年3月18日第8版）中有这样一段话：

> 德国人性格里的认真，在我看来，简直就像豹皮上金黄的斑点，走到哪亮到哪；是摆脱不掉的胎记。

龙氏的这段话，是由一明一暗的两个比喻构成的修辞文本。其中的本体是"德国人性格里的认真"，喻体是"豹皮上金黄的斑点"和"摆脱不掉的胎记"。那么，"德国人性格里的认真"怎么与"豹皮上金黄的斑点"和"摆脱不掉的胎记"搅和到一起了呢？这是表达者（作者）在建构这一修辞文本时运用了类似心理联想的结果。因为上述修辞文本中"这思想的对象"——"德国人性格里的认真"与"比拟这思想的对象"的"那另外的事物"——"豹皮上金黄的斑点"、"（人的）摆脱不掉的胎记"之间，有性质上的类同点，即"与生俱来，无法磨灭"。由于表达者在表达思想时运用了类似心理联想，将"德国人性格里的认真"与性质上有类同点的"豹皮上金黄的斑点"和"摆脱不掉的胎记"两者有机地牵连搭挂起来，不仅为其语言表达增添了生动性、形象性，而且还因两个喻体本身所具有的意象和特质而使其思想表达突破了语言本身的制约，具有更大的张力，即语义和意象的生成别添了新颖性和拓延性的特点，从而加强了语言表达的效果，给接受者（读者）留下深刻的印象。同时，从接受的角度看，由于表达者的修辞文本是运用了类似心理联想而建构的比喻修辞文本，而构成比喻的喻体本身所特有的意象则在解读者解读文本时便激活了其再造性想象，从而使解读者在对表达者所建构的修辞文本进行解读、译码时产生一种解读成功的快慰，这就在客观上提高了修辞文本的审美价值与解读者在解读时的审美情趣。反之，如果表达者（作者）不运用类似心理联想建构成上述的比喻修辞文本，而只是客观、理性地说："德国人性格里的认真是其最突出的特点，是与生俱来的。"那么，接受者（解读者）在解读这一文本时，也就不会激活再造性想象，因而也就必然得不到解读文本的快慰和文本解读中的审美情趣。同时，从表达上看，客观、理性的叙写，在语言表达上是难有生动性、形象性、新颖性、拓延性的，那么表达者思想感情表达的效果也必然不会太佳。

2. 列锦与接近联想

列锦是一种"以名词或以名词为中心的定名词组，组合成一种多列项的特殊的非主谓句，用来写景抒情，叙事述怀"① 的修辞文本模式。修辞文本建构者之所以会将一组名词或名词性词组堆叠起来写景抒情、叙事述怀，是基于一种接近联想的心理机制。一般来说，构成列锦修辞文本的各名词或名词性词组，它们所表示的都是在时空上相互接近、毗邻的事物。由于修辞者（表达者）当前刺激物同记忆中事物之间在空间或时间上相互毗邻、接近，便在经验上将之联结起来，由一种事物联想到其他与之相邻近的事物。这样，便有了堆叠一组表示在时空上相互毗邻、接近的事物的名词或名词性词组而成的列锦修辞文本。这种修辞文本，由于突破了常规的汉语句法结构模式，各名词或名词性词组之间的语法或逻辑联系都没有明显地标示出来，因而从表达的角度看，就增加了语言表达的张力，使表达者所建构的修辞文本更具丰富性、形象性、深邃性；从接受的角度看，由于修辞文本隐去了各名词或名词性词组之间的语法或逻辑联系标识，这就给接受者解读文本增加了难度，但同时也由于表达者在语言文字上没有明确限死各语言组成成分之间的关系，给接受者在解读文本时以更大、更多的自由想象或联想的空间，从而让接受者获得更大、更多的文本解读的快慰与审美情趣。如唐代诗人温庭筠有一首十分有名的诗作《商山早行》，文学批评家和修辞学家都常常提到此诗。② 诗云：

晨起动征铎，客行悲故乡。
鸡声茅店月，人迹板桥霜。
槲叶落山路，枳花明驿墙。
因思杜陵梦，凫雁满回塘。

① 谭永祥：《汉语修辞美学》，北京语言学院出版社1992年版，第224页。
② 此例引见于谭永祥：《汉语修辞美学》，北京语言学院出版社1992年版，第230页。

　　其中三、四两句"鸡声茅店月，人迹板桥霜"是一个典型的列锦修辞文本模式，它写尽了旅人的辛苦，千古为人传诵。构成这一修辞文本的是"鸡声"、"茅店"、"月"、"人迹"、"板桥"、"霜"等六个名词或名词性词组，没有任何别的词。那么，这六个名词或名词性词组是怎么被表达者（修辞者）组织到一处的呢？这就与我们上面所说到的"接近联想"的心理机制有关了。因为"鸡声"、"茅店"、"月"、"人迹"、"板桥"、"霜"等名词或名词性词组所表示的事物意象都是在相接近、毗邻的时间与空间里存在的。"鸡声"与"茅店"在空间上接近，因为没有"茅店"也就没有"鸡声"，由"鸡声"必然令人联想到有"茅店"；"鸡声"与"月"在时间上接近，有"鸡声"，说明天未明，而天未明，天空才会还有"月"。"人迹"与"板桥"在空间上接近，由"人迹"自然令人想到路或"桥"；有"板桥"，自然会有"人迹"；"人迹"与"霜"在时间上接近，因为"人迹"能被看见，自然令人联想到霜、雪、雨等；而"霜"能被看见，也必然令人联想到天还未明，太阳未出，不然就见不到"霜"。修辞者（表达者）建构这一修辞文本，是为了凸显旅人山中早行的辛苦。由于这一修辞文本是修辞者以堆叠表示时空上相互毗邻、接近的一组名词或名词性词组而成的列锦修辞文本，各名词或名词性词组所表示的语意内涵或意象形态都很抽象、模糊，如"茅店"，是一间独立溪头、旁有青松翠竹环绕的雅舍，还是三两间孤处荒山野坳之中的倾颓欲倒的破屋；"月"是明是暗，是斜挂于树梢，还是将落于西山等等，表达者在字面上都没有给我们作清楚明白的描写。其他各名词或名词性词组所表示的语意内涵或意象形态也是如此。另外，各名词或名词性词组之间的语法或逻辑上的关系因没有必要的词语加以明确的标示，各名词或名词性词组所表示的事物的方位处所等关系也就显得比较抽象、模糊，"月"在"茅店"何方，"桥"在"茅店"何处，我们也不能从诗句本身得知。这样，从表达的角度看，对于两个诗句所表达的语意或意象世界，接受者就会因自身的不同经验而对每句的三个名词或名词性词组所表示的意象进行不同的复现，并对各名词或名词性词组所表示的意象进行不同形式的组合，就像电影中"蒙太奇"手法一般，这就大大增加了修辞文本语言表达的丰富性、形象性。值得注意的是，修辞者温庭筠所建构的这一修辞文本除了要勾勒出一幅丰富、形象的山中晨景图外，更重要的是要凸显"旅人山行的早和苦"这一语意内涵。但是，由于修辞者的这一语意内涵没有以明确的语言文字来表达，而是透过各名词或名词性词组所表示的意象的组合来暗示，因而表意就显得相当含蓄，遂使修辞文本的语言表达别具了一种深邃性，达到了中国传统诗歌所追求的"不著一字，尽得风流"①的崇高境

---

①　（唐）司空徒：《诗品·含蓄》。

界。从接受的角度看，由于修辞者（表达者）是以堆叠一组名词或名词性词组的形式来叙事述怀、写景抒情的，突破了汉语常规的语法和逻辑结构模式，这就给接受者的文本解读、译码带来了困难，但也因此而给接受者的解读、译码留下了更为自由广阔的空间，接受者可以根据各自不同的经验，运用再造性想象或创造性想象对表达者所建构的修辞文本作出不同的解读，从而获得一种大大丰富于表达者原文本内涵意象的文本解读的快慰与特殊的审美情趣。由此，在客观上也使表达者所建构的原修辞文本的审美价值得以提高和扩充；接受者从表达者所建构的上述修辞文本中，不仅可以了知表达者要极写旅人山行的早和苦的意旨，还可因表达者所提供文本的语言文字这一当前刺激物的作用，经由自己的不同经验和再造性或创造性想象而复现出一幅美丽的山中晨景图，从中得到一种美的享受。

说到唐人温庭筠的名作，又使我们想到了南宋著名诗人陆游的爱国诗篇《书愤》①，诗云：

早岁那知世事艰，中原北望气如山。
楼船夜雪瓜洲渡，铁马秋风大散关。
塞上长城空自许，镜中衰鬓已先斑。
出师一表真名世，千载谁堪伯仲间。

此诗是诗人于宋孝宗淳熙十三年（1186）春所作，追述壮年时代往事，自伤迟暮，慨叹报国壮志未酬、小人误国、恢复中原无望的痛切心情。其中三、四两句"楼船夜雪瓜洲渡，铁马秋风大散关"也是典型的列锦修辞文本模式，它生动地再现了宋高宗绍兴三十一年（1161）十一月宋将刘锜、虞允文等人瓜洲渡大败金主完颜亮和宋孝宗乾道八年（1172）作者与王炎进兵长安、强渡渭水，在大散关与金兵大战的壮烈场面与恢宏气势。修辞者（作者）所写虽然是南宋时期最重要的两大战役，但没有使用多少文字，而只用了两句十四个字，六个名词或名词性词组"楼船"、"夜雪"、"瓜洲渡"、"铁马"、"秋风"、"大散关"。

那么，这六个名词或名词性词组又何以能堆叠到一起且能表现出作者想要表现的那壮怀激烈的战争场面呢？这也与上面我们所说的"接近联想"的心理机制有关。"楼船"，是瓜洲渡战役南宋将士抗击金兵的主要工具；"夜雪"，是此次战役的时间环境；"瓜洲渡"，是此次战役的地点。三个名词或名词性词组所表示的事物、时地都统一于瓜洲渡战役这同一时空之下。在时间和空间上互相接

① 此例引见于谭永祥：《汉语修辞美学》，北京语言学院出版社1992年版，第226页。

近、毗邻，说到"楼船"必然想到"夜雪"（战争的时间环境）和"瓜洲渡"（作战的地点）。"铁马"，是大散关战役南宋将士所用作战工具；"秋风"，是该战役的时间和环境；"大散关"，是该战役的地点。三个名词或名词性词组所表示的事物、时地都统一于大散关战役这同一时空之中。说到"铁马"必然想到"秋风"（战争的时间环境）和"大散关"（战争的地点）。修辞者（诗人）在建构这一修辞文本时，正是基于"接近联想"这一心理机制的。从表述方式上看，这一修辞文本没有用表示语法或逻辑联系的标志性词语将各名词或名词性词组相勾连，同时各名词或名词性词组所表示的事物概念也比较抽象。究竟有多少"楼船"、多少匹"铁马"；"楼船"如何构造，如何坚固；"铁马"如何勇猛厉害，如何使金人丧胆；"瓜洲渡"的地理环境与水域港口情况如何，"大散关"的关塞如何坚固、险恶；瓜洲渡战役时"夜雪"的厚度如何，温度的高低如何，大散关战役时"秋风"是如何的肃杀、悲凉，诗句在字面皆无任何提示，这些似乎给接受者（读者）解读文本带来了一些困难。但是，从表达的角度看，它却提高了修辞文本语言表达的张力，使修辞文本更具形象性、丰富性、深邃性。因为接受者在解读上述修辞文本时，由于表达者（诗人）只提供了六个名词或名词性词组，且对这六个名词或名词性词组之间的语法或逻辑联系也未予以明确界定，这样这六个名词或名词性词组所具体体现的意象世界如何，所要表达的语意如何，都完全任由接受者在解读文本时经由自己的经验和再造性想象或创造性想象而复现出各不相同、形态万千的意象世界来，并从这意象世界的图画中体悟出表达者修辞文本建构的深刻内涵。从接受的角度看，正是由于表达者所建构的修辞文本是以一组名词或名词性词组的堆叠来表现的，这就给接受者解读文本留下了充足的自由发挥想象和补充原修辞文本内涵与意象世界的最大空间，从而获得最大限度的文本解读的快慰与审美情趣，在脑海中复现出比原文本所勾勒的还要壮阔恢宏的战争场面，从中得到一种壮烈宏伟的美感，体味出表达者那种志在报国、死而无憾的切切之情。

　　古代诗词中列锦文本的建构司空见惯，到了现代情况则又有所变化。不仅诗歌中仍有列锦文本的建构，甚至小说中也有列锦文本的出现。如现代小说家穆时英的小说《夜总会里的五个人》中就有这样的列锦文本：

　　红的街，绿的街，蓝的街，紫的街……强烈的色调化妆着的都市啊！霓虹灯跳跃着——五色的光潮，变化着的光潮，没有色的光潮——泛滥着光潮的天空，天空中有了酒，有了烟，有了高跟儿鞋，也有了钟……
　　请喝白马牌威士忌酒……吉士烟不伤吸者咽喉……
　　亚力山大鞋店，约翰生酒铺，拉萨罗烟商，德茜音乐铺，朱古力糖果铺，国泰大戏院，汉密而登旅社……

　　回旋着，永远回旋着的霓虹灯——

　　忽然霓虹灯固定了：

　　"皇后夜总会"。

　　这是小说开头的一段文字，描写的是 20 世纪 30 年代旧上海"皇后夜总会"及其周边街市的霓虹灯夜景。在这短短的几行文字中，就有两处列锦文本的建构，都是小说家在小说创作时运用"接近联想"的结果。小说的开头四句："红的街，绿的街，蓝的街，紫的街"，是四个偏正式名词短语的连续铺排。从句法结构上看，这四个名词短语都各自成句，属于典型的"列锦"修辞文本。"它通过'红'、'绿'、'蓝'、'紫'四种颜色的变化写旧时上海滩夜景中的街道影像。虽然造句极为简洁简单，却经由颜色的丰富多彩，如电影'蒙太奇'（montage）的镜头组合一样，呈现出旧上海灯红酒绿的夜生活图画，让人不禁遐思万千，情不自禁地随着作者的文字而作充分的联想想象，仿佛走入时光隧道，进入昔日殖民地时代的'十里洋场'。""至于紧随其后的另一段文字，则更将昔日'十里洋场'的繁华景象尽显眼前：'亚力山大鞋店，约翰生酒铺，拉萨罗烟商，德茜音乐铺，朱古力糖果铺，国泰大戏院，汉密而登旅社……'这七个句子，每个句子都是一个偏正结构的名词短语，表示的都是一家商店或商铺的名称，也是典型的'列锦'修辞文本模式。由于每个句子都是一个名词短语的形式，表示的都是一家商铺的名称，这就使所描写的诸多商铺形象显得比较抽象或模糊。但是，正是这种抽象或模糊，恰恰给读者解读文本留下了更多的想象空间。每个商铺是什么样子，卖的是什么，店铺装潢如何，客流如何等等，都可以由读者凭借自己的日常生活经验，通过再造性想象或创造性想象予以补充发挥，从而在脑海中复显出一种新的影像。如此，作品自然能够达到'一千个读者有一千种解读'的接受效果，作品的审美价值就会大大提升。上述作者一气铺排七家店铺而不以正常汉语句子予以详细描写的意图，正在此矣。七家店铺（其实是更多，省略号的添加便是此意）以七个名词短语表示，而且是以七个并列句的形式出现，让读者顺着作者的笔触读下去，感觉就像是一个个电影镜头匆匆摇过，将旧时殖民地时代畸形繁荣的上海滩影像生动鲜活地呈现出来，让人遐思无限。"[①]

　　无独有偶，当代小说家王蒙在小说中也有列锦文本的建构。如《相见时难》中就有这样的文本：

---

① 吴礼权：《表达力》，台湾商务印书馆 2011 年版，第 40~41 页。

世界最大的航空港之一——芝加哥机场。名目繁多的航空公司，各霸一方而又联营。荧光屏幕上密密麻麻的飞机起飞时刻表和飞机抵达时刻表，绿光闪烁。候机楼里的茶，咖啡，可口可乐，橙子汁，番茄汁，三明治，热狗，汉堡包，意大利煎饼，生菜色拉，熏鱼，金发的白人与银发的黑人，巴黎香水与南非豆蔻，登机前的长吻。女士们，先生们，飞行号数 633……

　　这段文字是写美国芝加哥机场的繁忙景象。作者为了给读者一个强烈的视觉冲击，让人一开卷便留下一种强烈的印象，特意在小说一开始就以十四个名词或名词短语（甚至有名词短语的联合）连续铺排而下："候机楼里的茶，咖啡，可口可乐，橙子汁，番茄汁，三明治，热狗，汉堡包，意大利煎饼，生菜色拉，熏鱼，金发的白人与银发的黑人，巴黎香水与南非豆蔻，登机前的长吻。"这种异乎寻常的名词铺排，之所以会出现在作者的笔下，是因为这十四个名词或名词短语都统一于小说所描写的芝加哥机场这一时空之中，各个名词或名词短语都是彼此在时空中毗邻接近的。正因为如此，作者才会在"接近联想"的心理作用下创造出上述这一列锦修辞文本。由此"生动地再现了美国芝加哥国际机场的繁忙而繁杂的生动景象，让人回味，让人遐想，仿佛置身其间，有一种身临其境之感"①。

　　其实，在现代汉语中，不仅小说中有列锦文本的建构，甚至在一些散文或小说的标题中也有这种文本的出现。如台湾作家陈幸蕙的一篇散文，题名叫《春雨·古宅·念珠》，就是一个典型的列锦修辞文本。又如大陆作家碧野的《天山景物记》，也是一篇散文，其中就有一个小标题是"雪峰·溪流·森林·野花"，以四个名词并列，也是一个典型的列锦修辞文本。小说中的标题建构列锦文本的，也偶有所见。如复旦大学教授吴礼权的长篇历史小说《远水孤云：说客苏秦》第十一章"'合纵'说楚王"中的第二小节"梅雨·小巷·栀子花"，以三个名词短语并列，亦是一个典型的列锦修辞文本。②

　　特别值得指出的是，列锦修辞文本的建构，之所以古今皆受青睐，主要是源于其自身所特有的魅力。因为"'列锦'文本都是以名词或名词短语并列叠砌的形式出现，突破了汉语语法规则，这本身就显现出其'新异性'的特质，易于迅速抓住接受者的注意力。除此，诸多名词或名词短语采用并立对峙的形式，其间没有动词与连词、介词等的绾合，对其他名词或名词短语的句法依赖性也不复存在，因此，其在句中的独立性就大大增强，表意的自由度也大大增强。因为越

① 吴礼权：《表达力》，台湾商务印书馆 2011 年版，第 17 页。
② 参见吴礼权：《现代汉语修辞学》（修订版），复旦大学出版社 2012 年版，第 111～112 页。

是孤立的名词（或名词短语），其在表意上就越具有'多义性'，也越能给人留下更多的想象空间。如果按常规，遵循汉语语法规则，将各名词安置到一定的结构位置中，并且与相关的动词结合，又与连词、介词牵联，那么这个名词在特定的上下文语境中，其含义就限定死了。这样，就无法给读者以表意多义性、形象丰富性的联想。就像一个女子，如果与人订婚或结婚了，那她的社交生活就没有太多的自由，生活的丰富性就要大打折扣。而孤身一人，则可以有无数种与他人交往的自由方式，生活就可以丰富多彩"①。

3. 映衬与对比联想

映衬是一种将相反、相对的两种事物或既有相同点又有相异处的两种事物，抑或是把同一事物的两个方面组合于一处，从而互相映照、互相衬托的修辞文本模式。它分正衬和反衬两类。②

映衬修辞文本的建构，一般都是基于对比联想的心理机制的。修辞者在表情达意或叙事写景时之所以会将相反、相对的两种事物或既有相同点又有相异处的两种事物，抑或是把同一事物的两个方面组合到一起，是因为修辞者（表达者）在经验中和观念上把握了以往经验过的事物和当前事物的差异性、对立性而产生了联想。其中，由事物之间在性质、形态上既有共同性又有差异性所唤起的联想，叫作"正向对比联想"；由事物之间在性质、形态上的对立性、背反性所引起的联想，叫作"反向对比联想"。凡是映衬修辞文本，不管它是由"正向对比联想"还是由"反向对比联想"构成，在表达上都有形象性、鲜明性、深邃性的特点与效果，在接受上都能使解读者有更广阔的回味、思索的空间，从而获得最大限度的解读快慰与审美认识趣味。如唐代大诗人白居易的著名史诗《长恨歌》有云：

汉皇重色思倾国，御宇多年求不得。
杨家有女初长成，养在深闺人未识。
天生丽质难自弃，一朝选在君王侧。
回眸一笑百媚生，六宫粉黛无颜色。

这首诗是写唐明皇李隆基与杨贵妃杨玉环的爱情故事，人所皆知。上引的七、八两句"回眸一笑百媚生，六宫粉黛无颜色"是典型的映衬修辞文本，属

---

① 吴礼权：《表达力》，台湾商务印书馆2011年版，第41页。
② 本书的"映衬"定义是笔者自定的，不与传统的定义相干。正确与否可以再讨论。

于"正衬"的映衬修辞文本模式。修辞者（诗人）由于在感知、反映（叙写）当前事物——杨贵妃的美时，触动了经验中和观念上已经把握的以往经验过的事物——宫中女人的美，便由两者在性质（貌美）上的共同性唤起了联想，遂在心理上将两者联系到一起并进行了正向对比，由此找出了两者共同性中的差异性，从而建构了上述这样一个映衬修辞文本。

这一映衬修辞文本，从表达的角度看，形象、鲜明地突出了杨贵妃的美。众所周知，能被选入宫中的女人自然都是如花似玉之辈，是一般人难以得见的。而就是这样的美人，杨贵妃的回眸一笑就使其黯然失色。那么，杨贵妃究竟有多美，就可以想见了。这样，修辞者所提供的修辞文本就可以使不同的文本解读者以自己的经验（先前所见过的不同美人）作对比凭借，在脑海中复现出表达者所描绘的旷世美人杨贵妃的具体形象。因为解读者经验中的宫中美人总是具体的，这样，修辞文本所勾勒出的杨贵妃形象就不是抽象的了，而是更加形象、鲜明的了。而且，解读者还会在运用再造性想象或创造性想象复现出修辞文本所描绘的杨贵妃形象之外，于对比联想中体悟出唐明皇宠信杨贵妃，沉溺酒色不能自拔而终致国破家亡的原因所在，亦即体味出表达者创作包括此修辞文本在内的《长恨歌》一诗的意旨。这就是上述映衬修辞文本的建构在表达上的形象性、鲜明性和深邃性效果。再从接受的角度看，由于修辞文本没有直接描写一般的宫中美人如何美，也没有细说杨贵妃美得怎样，这就给接受者的文本解读留下了足够的自由想象和创造的空间，不同的解读者可以凭借已有的不同经验（即先前所见过或听说过的美人形象）去自行构拟自己心目中的杨贵妃形象，从而获得一种欣赏美或创造美的享受和情趣，以及对于李杨爱情的深刻认识、对表达者文本建构的苦心孤诣的独到体味。如果表达者不建构上述这样的映衬修辞文本，而是理性、直接地说："杨贵妃的美天下无与伦比。"那么，文本在表达上就不可能有形象性、鲜明性、深邃性的独到效果，在接受上解读者也就不可能由此获得解读文本的快慰，无法运用再造性或创造性想象进行美的欣赏和美的创造，也不可能深刻体味出表达者所要表达的深意所在。

说完了唐诗，我们再来看看元曲。元人张可久的散曲《红绣鞋·天台瀑布寺》是大家都很熟悉的名篇。其中有段文字云：

> 绝顶峰攒雪剑，悬崖水挂冰帘。倚树哀猿弄云尖，血华啼杜宇，阴洞吼飞廉。比人心，山未险。

这段文字也是典型的映衬修辞文本模式，属于"正衬"一类。修辞者（作家）在感知、反映（描写）当前事物——天台山的山势险恶情状时，触动了先前已有的人生经验——人心险恶情状，以此便由两者在性质上的共同性（险恶）唤起了联想，并进而对两者在程度高低上进行了正向对比，从而建构出上述的映衬修辞文本。

这一映衬修辞文本，从表达的角度看，由于用于正衬的当前事物（山的险恶情状）是具体、形象的，这样在性质程度上比当前事物更进一层的抽象的已有经验——人心险恶的情状，也就可见易知了，语言表达上亦显得形象、鲜明了。同时，由于表达上以"山"与"人心"来映衬，表意效果上显得较为含蓄、深刻，这就凸显了映衬修辞文本表达上的深邃性特点。从接受的角度看，作为相互映衬的另一方——"人心的险恶情状"，由于表达者没有予以具体的叙写，这就给接受者借由各人的人生已有经验与相互映衬的另一方——"山的险恶情状"加以自由对比留足了空间，使其获得尽可能大的解读与体味的快慰，从而深刻领悟人生的真谛。如果理性、直接地说"天下事物没有比人心更险恶的了"，那么，文本表达上就没了形象性、鲜明性，也没了深邃性，因为这种表达太过于直接，没有含蓄性。从接受上看，如果真像上述那样理性、直接地表达，接受者解读文本就没有困难，但解读的快慰也不复存在，当然更不能经由文本的刺激而生发更多的联想和想象，获得更深刻的人生体悟。

上面我们讲了"正衬"的情况，下面再来看看"反衬"的情形。唐代著名诗人高适有一首非常有名的诗叫《燕歌行》，是边塞诗的代表作，在中国文学史上有着非常高的地位。诗曰：

> 汉家烟尘在东北，汉将辞家破残贼。
> 男儿本自重横行，天子非常赐颜色。
> 摐金伐鼓下榆关，旌旆逶迤碣石间。
> 校尉羽书飞瀚海，单于猎火照狼山。
> 山川萧条极边土，胡骑凭陵杂风雨。
> 战士军前半死生，美人帐下犹歌舞！
> 大漠穷秋塞草衰，孤城落日斗兵稀。
> 身当恩遇恒轻敌，力尽关山未解围。
> 铁衣远戍辛勤久，玉箸应啼别离后。
> 少妇城南欲断肠，征人蓟北空回首。
> 边庭飘摇那可度，绝域苍茫更何有。
> 杀气三时作阵云，寒声一夜传刁斗。
> 相看白刃血纷纷，死节从来岂顾勋。
> 君不见沙场征战苦，至今犹忆李将军。

　　这首诗是作者送兵至蓟北回到封丘后"感征戍之事"而作，内中揭露了军中苦乐不均、将帅生活腐败等内情，对远征边地的战士的痛苦予了深切的同情，对战士们保疆卫国的英雄气概予了热情的歌颂。其中，上引的"战士军前半死生，美人帐下犹歌舞"两句是典型的映衬修辞文本模式，属于"反衬"一类。"战士军前半死生"与（将帅）"美人帐下犹歌舞"是战场上苦乐悬殊的两个极端，前者是表达者（诗人）在战场前线所看到的，后者是表达者在战场后方（指挥营地）所看到的。同一时空内存在两种截然不同的场景，使表达者（诗人）受其刺激而情不自禁地产生了反向的对比心理联想，很自然地将上述两种不同的战场生活场景联系搭挂在一起，从而建构了上述的映衬修辞文本。

　　这一映衬修辞文本的建构，从表达的角度看，由于用于互相映衬的两个场景具有极大的反差，两个场景所勾勒的具象也很鲜明，这样便使接受者可以看到一幅鲜明、形象的边地战场图画：一边是无数战士在前线冲锋陷阵，与敌人进行殊死搏斗，有的战死，有的身受重伤，苦苦在地上挣扎，战场上血流成河，尸横遍野；而另一边是后方帐内，将帅们喝着美酒，吃着大鱼大肉，还嘻嘻哈哈地看着美人帐下歌舞。尽管表达者所建构的上述映衬修辞文本表面上只给了接受者（读者）这样一幅客观的图画，但表达者所欲表达的深刻批判将帅腐败、军政黑暗的意旨却尽含其中了，这就使修辞文本在表意上有了深邃性的特点。从接受的角度看，由于表达者所建构的映衬修辞文本只是短短的十四个字，对战场情景的勾勒也只是粗线条的，具有相当的抽象性、模糊性，这样在接受者的文本解读中，接受者就有了更多的再造性或创造性想象的自由空间，就可以根据各人先前对战争残酷场面的了解和经验，自由勾勒出更为壮烈、悲凉的战争场景，在文本解读中获得一种悲壮美的艺术享受和审美情趣，同时也由此深切体味出战争的残酷性和灾难性，体认到人类应该消灭战争、争取和平的重要性。如果不以映衬的修辞文本来表达，仅以理性、直接的语言表达说"边疆战场将士苦乐不均太悬殊，军政腐败令人切齿"，那么，不仅在表达上没有了上述映衬修辞文本语言上的形象性、鲜明性和深邃性，而且在接受上接受者所能获得的文本解读的快慰与审美情趣也几乎没有了。

　　唐诗、元曲等韵文作品中有很多精彩的映衬修辞文本，现代散文中也不乏其例。如现代大文豪鲁迅的《电的利弊》一文中，有这样一段文字云：

　　外国用火药制造子弹御敌，中国却用它做爆竹敬神；外国用罗盘针航海，中国却用它看风水；外国用鸦片医病，中国却拿来当饭吃。

　　此文发表于1923年，是用以批判当时的军阀政府利用现代科学成果制造新式武器，发明比外国和古代更残酷的刑法来迫害进步人士。这里表达者（作者）将外国与中国对火药、指南针、鸦片三物的不同运用方式放在一起相互对照，以揭示近代中国之所以落后、政治之所以腐败、国家之所以贫弱的深刻原因。也是典型的映衬修辞文本模式，属于"反衬"一类。"外国"（主要指西方）与"中国"在空间上虽处于不同的位置，但都使用火药、指南针、鸦片，这一点就将遥不相及的"外国"与"中国"联系在了一起，使修辞文本建构者在感知、反映当前事物——"外国用火药制造子弹御敌"、"外国用罗盘针航海"、"外国用鸦片医病"——时，由于在经验中和观念上把握了以往经验过的事物——"中国用火药做爆竹敬神"、"用罗盘针看风水"、"拿鸦片当饭吃（即吸毒麻醉精神）"，遂由两者的差异性、对立性唤起了对比心理联想，从而建构起了上述的映衬修辞文本。

　　这一修辞文本的建构，从表达上看，虽然字面上没有对两两对照的三组事物作出任何评价，但三组事物具象本身形象、鲜明地凸显了文本所要表达的内涵——愚昧、迷信、封建专制是中国近代政治黑暗、国家一直处于落后贫弱状态的根本原因，中国要想政治进步，在国力上赶上世界先进国家，不被列强欺凌，就要向西方学习，致力于发展科学，并将科学用于正途。由于这一文本内涵是深蕴于文本所两两对照的三组具象之中的，这就使文本在语言表达上不仅具有形象性、鲜明性，而且还别添了一种深邃性的特点。从接受上看，上述修辞文本所提供的三组互相映衬的具象还比较抽象、含糊，究竟外国人用火药制造出的子弹如何在战场上大显神威，使敌方溃不成军、闻风丧胆；究竟中国人用火药做爆竹如何跪拜求神，卑恭虔诚得令人可笑；究竟外国人如何用罗盘针扬帆远航，经商贸易、开拓殖民地等；究竟中国人如何用罗盘针在建房、造坟中看风水，煞费苦心；究竟外国人如何用鸦片给病人施麻醉，起死回生，造福苍生；究竟中国人如何吸鸦片，醉生梦死，卖儿典妻，家破人亡。这些具体的情形，接受者都不能从表达者所给定的文本中见出，但是接受者却可以根据自己已有的经验进行更多的再造性或创造性想象，丰富文本所展示的内容，深刻体认文本所蕴含的深意，从而获得更多的文本解读的快慰与审美情趣（审美认识）。如果不以上述映衬修辞文本来表达，而是理性、直接地说"外国的强大就在于崇尚科学，中国之所以落后就在于愚昧、迷信和封建专制；中国要想富强，就应该向西方学习，学习他们的政治民主，学习他们走科学发展之路"，那么，文本在表达上就不可能有形象性、鲜明性和深邃性的特点，而是堕入到一种说教的旧套之中，语言必然显得枯燥乏味。同时，在接受方面，接受者没有了解读文本的阻障，因而也就没有了克服阻障而成功解读文本的快慰，也无法体认文本的深刻内涵。

4. 借代、拈连与关系联想

（1）借代。

借代是一种十分常见的修辞文本模式。陈望道先生指出："所说事物纵然同其他事物没有类似点，假使中间还有不可分离的关系时，作者也可借那关系事物的名称，来代替所说的事物。如此借代的，名叫借代辞。一切的借代辞，得随所借事物和所说事物的关系，大别为两类。一为旁借；一为对代。"① 所谓"旁借"，是指用随伴事物代替主干事物的借代。"在原则上是，用随伴事物代替主干事物，用主干事物代替随伴事物，都没有什么不可。不过事实上是多用随伴事物代替主干事物；用主干事物代替随伴事物的，虽不是完全没有，却是不大有的，名为旁借，便是为此。"② 一般来说，"旁借"可以分为四小类：① "事物和事物的特征或标记相代"；② "事物和事物的所在或所属相代"；③ "事物和事物的作家或产地相代"；④ "事物和事物的资料或工具相代"。③ 所谓"对代"，是指"借来代替本名的，尽是同文中所说事物相对待的事物的名称"④。大致说来，"对代"也可分为四小类：① "部分和全体相代"；② "特定和普通相代"；③ "具体和抽象相代"；④ "原因和结果相代"。⑤ 尽管借代比较复杂，但是一般来说，借代修辞文本的建构大多都是基于关系联想的心理机制的。它们或是基于"关系联想"中的"种属联想"，或是基于"主宾联想（主从联想）"，或是基于"偏全联想"，或是基于"因果联想"。修辞者（表达者）在建构修辞文本表情达意时，之所以会用"那关系事物的名称，来代替所说的事物"，是因为"那关系事物"与"所说的事物"两者之间在客观上有着或是种与属的关系，或是主体与宾体的关系，或是部分与整体的关系，或是原因与结果的关系。当表达者在感知、反映当前事物时，就会与经验中和观念上已把握了的以往经验过的事物相联系搭挂起来，从而建立起以"那关系事物"来代替"所说的事物"的借代修辞文本。

这种修辞文本，一般来说，从表达上看都有使语言具有形象性、突出性的效果；从接受上看都有引人思索、回味，提高审美情趣的效能。如唐代大诗人王昌龄的著名诗作《从军行》之四，云：

青海长云暗雪山，孤城遥望玉门关。
黄沙百战穿金甲，不斩楼兰终不还！

①②③④⑤ 分见陈望道：《修辞学发凡》，上海教育出版社 1982 年版，第 80 页、第 80～81 页、第 81～84 页、第 85 页、第 85～92 页。

这首诗是写唐代出征将士以身许国，决心扫净边尘，保家卫国的壮志。其中，第四句"不斩楼兰终不还"是典型的借代修辞文本模式。"楼兰"是汉代西域地区的一个国家，汉武帝时遣使通大宛，楼兰阻道，攻击汉朝使臣。昭帝元凤四年（前77），大将军霍光派平乐监傅介子前往楼兰，用计斩其王。在上述修辞文本中，表达者以"楼兰"借代唐代西北边疆的劲敌，是以特指代替泛指，也就是逻辑上的以属概念代替种概念。因此，这一修辞文本的建构是修辞者（诗人）在感知、反映当前事物——唐代西北边疆劲敌——时，由于与自己经验中和观念上已把握的以往经验过的事物——汉时西北劲敌楼兰国——相联系搭挂了起来，从而在心理上产生了"关系联想"，这就有了上述建立在"种属关系联想"心理基础上的借代修辞文本。

这一修辞文本的建构，从表达上看，明显比理性、直接的"不灭劲敌终不还"的表达更具形象性、突出性的特点。因为"楼兰"是一个具体的国家，"劲敌"是一个抽象的名词概念，所以用"楼兰"来代"劲敌"，在语意表达上就具有了某种形象性。同时，用"楼兰"来代"劲敌"也使语意表达更具突出性。因为"楼兰"曾是一个很有名的西北强国，以此特定对象来代指泛称对象——西北劲敌，说明唐代将士面对的不是一般的敌人，而是如汉时楼兰国这样的劲敌。这样，修辞文本所表达的"不灭劲敌终不还"的语意就得到了强化，文本表达的突出性特点便凸显出来了。从接受的角度看，由于修辞文本是以"楼兰"代"劲敌"来表意，这就使接受者在解读文本时，不仅能经由文本的"楼兰"字面解读出文本建构者所实际指称的"西北劲敌"的语意来，而且还会由"楼兰"一词的刺激而联想到汉朝与楼兰古国的关系，以再造性想象或创造性想象复现出楼兰古国的地貌风情等种种异时异域的旖旎风光图画，从而在文本解读中获得一种独特的审美感受和审美情趣。如果表达者只是理性、直接地说"不灭劲敌终不还"，那么文本表达上就没有了上述借代修辞文本的形象性、突出性特点，接受者在文本解读中也就不可能获得上述借代修辞文本的那些审美感受和审美情趣了。

中国古典诗词中借代修辞文本的建构十分普遍，这是大家都知道的。现代人在行文中建构借代修辞文本的现象更是多见。如现代著名剧作家夏衍的散文《老骥不伏枥，余热可传人》中有段文字云：

我不属于"九斤老太"这一类人，我坚信未来属于青年，八十年代的青年一定会超过我们。

这段文字，是作者夏衍表明自己支持并寄厚望于青年的殷切之情。其中"我不属于'九斤老太'这一类人"一句，也是一个典型的借代修辞文本模式。这一修辞文本的建构亦如上例一样，是基于"种属关系联想"的心理机制的。修辞者在感知、反映当前事物——"守旧顽固派人物"——时，由于在思维中与自己经验中和观念上已把握的经验过的事物——鲁迅小说中"九斤老太"的形象——相联系搭挂了起来，于是便产生了"关系联想"，用属于逻辑上的属概念的特定人物形象——"九斤老太"——来代替种概念的泛指人物类型——守旧顽固派人物，从而建构起了上述这一借代修辞文本。

这一修辞文本的建构，从表达效果上看，"九斤老太"作为文学形象本身所固有的鲜明形象性和典型性，使文本的语言表达具有了鲜明的形象性和突出性的特点，强调了修辞者的语意指向。从接受效果上看，由于文本所提供的刺激物——"九斤老太"一词——的刺激，接受者在文本解读时就会在当前刺激物的刺激下经由已有的经验过的事物——所读过的鲁迅小说《风波》的经验和印象以及现实生活中曾经见过的顽固守旧派人物形象——运用再造性或创造性想象在脑海中复现出一个具体鲜活的守旧顽固派人物形象来，从而在文本解读中获得一种独特的审美享受和审美情趣。如果表达者不以上述借代修辞文本来表达，那么，在表达上就不会具有形象性和突出性的特点，在接受上也就不会给解读者以任何的审美享受和审美情趣。

以上二例都是基于"关系联想"中的"种属联想"的借代修辞文本，下面我们再来看看基于"关系联想"中的"主宾联想"的借代修辞文本。这个我们不妨再举前面我们曾经列举过的唐代诗人高适《燕歌行》一诗中的例子：

> 铁衣远戍辛勤久，玉箸应啼别离后。
> 少妇城南欲断肠，征人蓟北空回首。

前文我们说过，此诗是作者"感征戍之事"而作。其中，"铁衣远戍辛勤久"一句，是一个借代修辞文本模式。"铁衣"代"征人"，是以宾体（征人的衣饰）代主体（征人）的借代。这一修辞文本是基于心理学上的关系联想而建构的。表达者在感知、反映当前事物——边疆征人——这一特定对象时，由于在思维中与自己在经验中和观念上已经把握的旧有的经验过的事物——穿着铁衣铁甲的征人——相联系搭挂上，产生了关系联想，遂建构起了上述以宾体代替主体的借代修辞文本。

这一修辞文本的建构，从表达效果上看，以"铁衣"代"征人"，突出了征人的衣饰特征，使征人的形象更趋具体。同时，也由征人的衣饰突出了征人戍边的辛苦情状。很明显，这样的表达具有形象性和突出性的特点。从接受效果上看，由于文本所提供的刺激物——"铁衣"——的刺激，接受者在解读文本时就会经由"铁衣"这一刺激物的具象而产生再造性或创造性想象，从而在脑海中复现出征人保疆卫国、浴血战场的种种悲壮情景，由此在文本解读中获得一种悲壮美的审美享受，并从中深刻体认到战争的残酷性与和平的可贵性。如果不以上述的借代修辞文本来表达，而是理性、直接地说"征人远戍辛勤久"，那么征人衣着如何、辛苦情状如何等，都会显得很抽象、很模糊，语言表达上就少了形象性和突出性的特点。这样，文本也就谈不上有什么独特的表达效果了。同时，从接受上看，接受者也不易由文本而生发出更多的联想与想象，当然也就不会获得文本解读的快慰与审美情趣了。

说完了唐代诗人高适创作的借代文本，下面我们再来看看现代作家鲁迅在《写于深夜里·又是一个童话》一文中所建构的借代修辞文本：

> 有一天的早晨的二十一天之后，拘留所里开审了。一间阴暗的小屋子里，上面坐着两位老爷，一东一西。东边的一个是马褂，西边的一个是西装，不相信世上有吃人的事情的乐天派，录口供的。警察吆喝着连抓带拖的弄进一个十八岁的学生来，苍白脸，脏衣服，站在下面。

此文发表于1932年，是写国民党当局打击迫害被怀疑有亲共亲苏之嫌的木刻研究会会员的青年学生之事的。上面的这段文字，其中"东边的一个是马褂，西边的一个是西装"，是个典型的借代修辞文本模式。"马褂"代"穿马褂的法官"，"西装"代"穿西装的法官"，都是以宾体（法官的衣饰）代主体（法官）的借代。这一修辞文本如上例一样，也是基于心理学上的关系联想而建构的。是表达者在感知、反映当前事物——两个审讯有亲共亲苏嫌疑的学生的法官——这一特定对象时，由于在思维中与自己在经验中和观念上已经把握的旧有的经验过的事物——中国20世纪30年代的法官审案时要么穿马褂要么穿西装——相联系搭挂起来，产生了关系联想，于是就建构起了上述以宾体代主体的借代修辞文本。

这一修辞文本的建构，从表达效果上看，以"马褂"、"西装"代"法官"，突出了两个法官的衣饰特征，使两个法官的形象更趋具体，而且带有讽刺意味。很明显，这样的表达具有鲜明的形象性、突出性的特点。从接受效果看，由于文本所提供的刺激物——"马褂"、"西装"——的刺激，接受者在解读文本时就会经由"马褂"、"西装"这两个刺激物的具象而产生再造性想象或创造性想象，在脑海中复现出"两个老爷"法官的滑稽形象，从而使接受者由两个法官的衣饰对照的滑稽性而深切体悟出当时中国政府法律制度的腐败可笑。如果不以上述的借代修辞文本来表达，而是理性、直接地说"东西两边各坐着一个法官"，那么法官的形象如何，读者就不得而知，文本表达上就少了形象性和突出性的特征。同时，从接受的角度看，上述理性的文本因为文字表述过于理性化，接受者就难以经由文本生发出更多的联想或想象，当然在文本解读中也就不可能获得更多的快慰和审美认识情趣。

上面所说都是基于"关系联想"中的"主宾联想"而建构的借代文本，下面我们再来看看基于"关系联想"中的"偏全联想"而建构的修辞文本。晚唐诗人与词作家温庭筠有一首著名小词，名曰《梦江南》。虽然仅短短几十字，却写得韵味无穷。词曰：

梳洗罢，独倚望江楼。过尽千帆皆不是，斜晖脉脉水悠悠。肠断白蘋洲。

此词是写一个痴情女子思念久别情人的深切情怀，文笔不事雕琢，却寓意深挚，感人至深。其中，"过尽千帆皆不是"是一个典型的借代修辞文本。"帆"代"船"，是部分代整体的借代。这个以部分代整体的借代修辞文本，是基于"关系联想"中的"偏全联想"的心理机制而建构起来的。表达者在感知、反映当前事物——船——这一对象时，由于在思维活动中与经验中和观念上已把握的旧有的经验过的事物——船上的帆——相联系搭挂起来，于是便经由关系联想而以代表事物部分的"帆"来代替代表事物整体的"船"，从而建构起上述的借代修辞文本。

这一修辞文本的建构，从表达效果上看，由于是以"帆"代"船"，而"帆"高于"船"，从远处最先看到的必然是"帆"，这就暗示出了"独倚望江楼"的那位女子站得高，望得远，从而形象地凸显出那位女子的痴情与十分急切地盼望情郎的深情，语言表达上的形象性、突出性一并臻至。从接受效果上看，由于以"帆"代"船"，接受者自可经由表达者的文本所提供的"帆"的意象的刺激而生发出更为丰富的想象，由"帆"及"船"，由"船"及"船上之人、之物"等，在脑海中复现出各种不同的江上航船图，从而在文本解读中获得独特的审美情趣。如果表达者（词人）不以上述借代修辞文本来表达，而是理性、直接地说"过尽千船皆不是"，那么那位"独倚望江楼"的女子的痴情也就不可能形象、突出地凸显出来了，文本语言表达上也就没有了形象性、突出性的特点。在接受上，如果表达者直称事物的整体之名"船"，接受者在文本解读中也就不可能产生更多的想象，也不可能获得更多的审美享受和审美情趣。

中国古典诗词喜欢运用借代手法建构修辞文本，当代诗歌亦然。如当代诗人流沙河有首《眼睛》的诗写道：

天空黑沉沉，

雷声伴雨声，

河边树荫下，

有一对躲雨的情人。

大雨帮了忙，

强迫他们靠紧；

大雨帮了忙，

赶跑了那些讨厌的眼睛。

这里的"大雨帮了忙，赶跑了那些讨厌的眼睛"是个借代修辞文本模式。"眼睛"代"人"，是以部分代整体的借代。这个以部分代整体的借代修辞文本，也是基于"关系联想"中"偏全联想"的心理机制而建构起来的。表达者在感知、反映当前事物——那些喜欢偷窥别人谈情说爱的无聊人——时，由于在思维活动中与经验中和观念上已把握的经验过的事物——有窥视癖者特定的眼光、眼神——相联系搭挂起来，于是便经由关系联想而以代表事物部分的"眼睛"来代替代表事物整体的"人"，从而建构起上述的借代修辞文本。

这一修辞文本的建构，从表达效果上看，由于是以"眼睛"代"人"，比较形象、突出地再现了那些喜欢偷窥别的男女恋爱的人的不正常的眼神、眼光，也表现出了那些偷窥者阴暗的心理状态，使该文本的语言表达具有了极强的形象性、突出性的特点。从接受效果上看，由于以"眼睛"代"人"，接受者在解读该修辞文本时就可以经由文本所给定的当前刺激物"眼睛"而与经验中的各色偷窥者的各种不正常的眼神、眼光相联系搭挂起来，从而在脑海中勾画出各色各样的偷窥者的不同形象来，由此得到一种文本解读的快慰和审美情趣。如果表达者（诗人）不以上述的借代修辞文本来表达，而以理性、直接的语言表述说"大雨帮了忙，赶跑了那些讨厌的人"，那么，"那些讨厌的人"就不能形象、突出地凸现出来，文本的语言表达就没有了形象性、突出性的特点；如果不以上述的借代修辞文本来表达，那么，在接受上，解读者因无文本所提供的当前刺激物"眼睛"的刺激而无由生发出更多的想象，无法在脑海中勾画出各色偷窥者的形象，当然接受者也就无由获得文本解读的快慰和审美情趣。

最后，我们再来看看基于"关系联想"中的"因果联想"而建构起来的借代修辞文本。这里我们不妨以汉乐府民歌《古诗十九首》中的《行行重行行》为例。其诗曰：

行行重行行，与君生别离。

相去万余里，各在天一涯。

道路阻且长，会面安可知？

胡马依北风，越鸟巢南枝。

相去日已远，衣带日已缓。

浮云蔽白日，游子不顾反。

思君令人老，岁月忽已晚。

弃捐勿复道，努力加餐饭。

这首诗是写一位痴情女子思念远行于异乡的情郎，旷达中渗透出深切的牵挂和缠绵悱恻的情意，令人感动不已。其中，"相去日已远，衣带日已缓"是一个典型的借代修辞文本。"衣带日已缓"代"相思人消瘦"，是以结果代原因的借代。这一以事物发展结果（"衣带日已缓"）来代事物发展原因（"相思人消瘦"）的借代修辞文本，是基于"关系联想"中的"因果联想"而建构起来的。表达者（诗人）在感知、反映当前事物——表达"相思人消瘦"这一意旨——时，由于与经验中和观念上已把握的旧有的经验过的事物——相思的结果必然导致"衣带日已缓"——相联系搭挂起来，于是便经由"关系联想"而以表示事物发展结果的"衣带日已缓"来代替表示事物发展原因的"相思人消瘦"，从而建构起了上述的借代修辞文本。

这一修辞文本的建构，从表达效果上看，以"衣带日已缓"代替"相思人消瘦"，突出、强调了那位相思女子的痴情，使一位深切牵挂远行于异乡的情人的痴情女子形象鲜活地凸显出来，这就是该文本语言表达上的形象性和突出性的特点。从接受效果上看，由于文本所提供的当前刺激物（"衣带日已缓"）的具体意象的刺激，使接受者在文本解读中会情不自禁地进行再造性想象或创造性想象，借助于经验中积淀的各种不同的具象在脑海中复现出一位深情款款、望眼欲穿而日渐消瘦的痴情女子形象，从而在文本解读中获得一种解读的快慰和审美情趣。如果不以上述的借代修辞文本来表达，而是理性、直接地说"相去日已远，相思人消瘦"，那么文本在语言表达上就失去了上述借代修辞文本的形象性、突出性的特点，那位痴情女子的具体形象就难以凸显出来。再从接受的角度看，如果是理性、直接地表达，接受者在文本解读时，因无具体具象的刺激而无由生发想象，也就不能产生文本解读的快慰和审美情趣。

前面我们说过，中国古典诗词建构借代修辞文本是常事，其实在现代散体作品如小说中也不乏这种倾向。如现代作家鲁迅的小说《阿Q正传》中有这样一段文字：

……但阿Q这回的回来，却与先前不同，确乎很值得惊异。天色将晚，……他走近柜台，从腰间伸出手来，满把是银的铜的，在柜台上一扔说："现钱！打酒来！"

这里的一段文字，是写阿Q在城里干了件不正当的营生后回乡摆阔一事。其中，"从腰间伸出手来，满把是银的铜的"，即是一个借代修辞文本。"银的"代"银元"，"铜的"代"铜币"。"银"是制成品"银元"的材料，"铜"是制成品"铜币"的材料，属于以因代果的借代。这一以材料代成品的借代修辞文本，如上例一样，也是基于"关系联想"中的"因果联想"而建构起来的。表达者在感知、反映当前事物——钱——这一对象时，由于与经验中和观念上已把握的、经验过的事物——用以铸制钱币的银和铜——相联系搭挂起来，于是便经由"关系联想"而以表示事物发展起因（造物的材料）的"银"和"铜"代替表示事物发展结果（以材料制成成品）的"钱"（"银元"和"铜币"），从而建构起上述借代修辞文本。

这一修辞文本，从表达的角度看，以具体的且为中国人普遍熟悉、视为贵重物品的"银"和"铜"来代替商品流通中的等价交换物——"钱"，形象而突出地展示了阿Q以不正当的营生手段而获得的囊中物之价值，强调了阿Q突然的阔绰。从接受的角度看，由于以"银（的）"、"铜（的）"来代替"钱"，易于引起文本解读者借由文本所提供的"银（的）"、"铜（的）"这一当前刺激物而生发想象，以为阿Q囊中的"银"、"铜"制品是什么贵重的银器或铜器，并由此想到中国古代珍贵的银制品和青铜器皿，想到与这些银铜珍品相关的历史故事，从而在文本解读中获得一种独特的解读快慰和审美情趣。如果不以上述的借代修辞文本来表达，而是以理性、直接的语言表述道："从腰间伸出手来，满把是钱（或银元、铜币）"，那么在表达上就不足以表现出阿Q的突然之阔绰，语言的形象性、突出性都尽失矣。从接受的角度看，如果是理性、直接地表达，接受者在进行文本解读时，因无当前刺激物——"银（的）"、"铜（的）"——的刺激而无由生发更多的想象，那么文本解读的快慰和审美情趣亦将无由获取。

（2）拈连。

拈连是一种相当有表现力的修辞文本模式。陈望道先生指出："甲乙两项说话连说时，趁便就用甲项说话所可适用的词来表现乙项观念的，名叫拈连辞。这种拈连的修辞方法，无论甲项说话在前或在后，都可应用。"[①] 拈连修辞文本的

① 陈望道：《修辞学发凡》，上海教育出版社1982年版，第114页。

建构，一般说来，多是基于"关系联想"的心理机制。修辞者（表达者）在建构修辞文本表情达意时，之所以会"用甲项说话所可适用的词来表现乙项观念"，是因为甲乙两项说话的内容在某种性质上存在着某种内在的因果关系。所以，当表达者在感知、反映当前事物时，往往会由于与经验中和观念上已把握的经验过的事物相联系搭挂起来，从而由关系联想建构起"用甲项说话所可适用的词来表现乙项观念"的拈连修辞文本。

这种修辞文本，一般来说，在表达上都有一种形象性、生动性的特点；在接受上则有一种引人入胜、令人追索究竟的审美情趣。如唐代大词人温庭筠有一首很有名的词作《更漏子·玉炉香》，其词云：

玉炉香，红蜡泪，遍照画堂秋思。眉翠薄，鬓云残，夜长衾枕寒。　　梧桐树，三更雨，不道离情正苦。一叶叶，一声声，空阶滴到明。

这首词是写一位闺中少妇因与情郎离别，秋夜独守空房难以入眠的极度痛苦之情，笔调缠绵，感人至深。其中"红蜡泪，遍照画堂秋思"，是个典型的拈连修辞文本模式。表达者本是说"红蜡照画堂"（甲项说话），却趁便将"秋思"亦与"红蜡"牵扯上，说"红蜡遍照秋思"。表达者之所以在说到"红蜡照画堂"（甲项说话）时要牵扯到"红蜡照秋思"（乙项说话），是因为"红蜡照秋思"是"红蜡照画堂"的原因，人点蜡烛是为了照明以从事室内的某项活动，也就是说点红蜡是为了照亮秋思之人在画堂内从事某项活动。而点蜡之人（即闺中少妇）因某事某物触动了思绪，便引发了秋思。尽管点蜡人点蜡的目的本不是要照亮画堂，但点蜡之后最直接的结果就是照亮了画堂。表达者说到"红蜡照画堂"时连及"红蜡照（少妇）秋思"是必然的，因为两者之间有一种内在的因果关系。这样，表达者在感知、反映当前事物——"红蜡照画堂"——时，由于与经验中和观念上已把握的经验过的事物——点蜡照明在室内从事某项活动——相联系搭挂起来，于是便由关系联想而将甲乙两项说话的内容搭挂在一起，建构起了上述的拈连修辞文本。

这一修辞文本的建构，从表达效果上看，由于具象的"画堂"和抽象的"秋思"经由动词"照"拈连到一处，遂使少妇的秋思亦变得形象、生动起来，同时也进一步渲染了少妇秋思之深之多——她的秋思竟然可以由红蜡照见。很明显，这样的表达是具有形象性、生动性的。从接受效果上看，由于文本直接将"红蜡"与"秋思"搭挂在一起，使接受者在文本解读时心存不解和困惑，从而产生探究的兴趣，要找出表面上不相联系的甲乙两项说话内容之间的内在联系，由此获得一种探索、认识的快慰。如果不以上述拈连修辞文本来表达，而以理性、直接的语言表达说"红蜡遍照画堂，照见了秋思的少妇"，那么文本语言也就失去了张力，语言表达的形象性、生动性亦不复存在。同时，从接受的角度看，由于是直接明白的表达，接受者在解读文本时没有任何阻障，也就激发不起探究的兴味，那么文本解读的快慰也就无由获取。

又如宋代词人辛弃疾有一首很有名的词作《永遇乐·京口北固亭怀古》，云：

> 千古江山，英雄无觅、孙仲谋处。舞榭歌台，风流总被、雨打风吹去。斜阳草树，寻常巷陌，人道寄奴曾住。想当年、金戈铁马，气吞万里如虎。　　元嘉草草，封狼居胥，赢得仓皇北顾。四十三年，望中犹记、烽火扬州路。可堪回首，佛狸祠下，一片神鸦社鼓。凭谁问：廉颇老矣，尚能饭否？

此词是作者于宋宁宗开禧元年（1205）在镇江知府任上所作，通过怀古来表现其坚决主张抗金的思想和老当益壮的战斗意志。其中，"舞榭歌台，风流总被、雨打风吹去"是一个典型的拈连修辞文本模式。"舞榭歌台"可以与"雨打风吹去"搭挂，"风流"一般是不可与"雨打风吹去"相联系的。但是，表达者在说到"舞榭歌台被雨打风吹去"（甲项说话）时之所以要将"风流总被雨打风吹去"（乙项说话）牵扯到一处，是因为表达者在感知、反映当前事物——"舞榭歌台被雨打风吹去"——这一对象时，由于与经验中和观念上已把握的、经验过的事物——英雄事业的流风余韵往往多随历史遗迹的消失而被人遗忘——相联系搭挂起来，于是便经由关系联想而建构起上述拈连修辞文本。因为"舞榭歌台被雨打风吹去"是"风流总被雨打风吹去（遗忘）"的原因，两者之间有因果关系。一般来说，人们对历史人物英雄事迹的记忆总是由某些历史遗迹（如舞榭歌台之类）的刺激而触发的。正因为上述作者所说到的"两项说话"有因果联系，所以表达者（词人）能经由关系联想而建构起上述拈连修辞文本。

这一修辞文本，从表达的角度看，表示具象的"舞榭歌台"和表示抽象概念的"风流"经由共同的红线"雨打风吹"的一线贯穿而拈连到一起，使看不见、摸不着的抽象概念"风流"也具体可感，语言表达上也别添了一种形象性、生动性的特质。从接受的角度看，由于文本直接将在逻辑和语法上本不可搭配的"风流"与"雨打风吹"联系搭挂在一处，使接受者在解读文本时发生了解读的困惑，由此激发出其文本解读中的探究兴味，即要找寻出上述"两项说话"之间内在的联系。这样，当接受者通过努力将文本中"两项说话"之间的内在联系找寻出来时，接受者也就从中获得了一种探索、认识的快慰。如果表达者不以上述的拈连修辞文本来表达，而是理性、直接地表达说"舞榭歌台被雨打风吹去，（英雄）风流也被人遗忘"，那么文本在表达上就失去了形象性、生动性；

在接受上，接受者因文本构句平常，不存在解读的阻障而没了探索的兴味，因而也就不可能在文本解读中获取探索、认识的快慰。

古代诗词作品中拈连的修辞文本模式很是常见，现代文学作品中这种情况也不少见。如现代诗人阎振甲的诗作《种棉花》中有这样的诗行：

> 姑娘们浸种忘拢发，
> 浸得春光湿啦啦，
> 夜半报生芽。
> 田里水桶碰锄把，
> 紧搔抓。
> 点种连春也点下。

这首诗以浪漫的笔触写出了年轻姑娘们种棉花时的愉悦心情。其中"姑娘们浸种忘拢发，浸得春光湿啦啦"和"点种连春也点下"，是两个典型的拈连修辞文本模式。动词"浸"可以与名词"种"搭配，但不可与名词"春光"相搭配。动词"点"可以与名词"种"搭配，但不可与名词"春"搭配。表达者之所以要在述说"浸种"（甲项说话）时牵扯上"浸春光"（乙项说话），是因为表达者在感知、反映当前事物——浸（棉花）种——时，由于与经验中和观念上已把握的、经验过的事物——棉花种吐芽正是春意浓郁的暮春时节、大地一派春光绚丽的景象——相联系搭挂在一起，于是便经由关系联想而建构起上述前一个拈连修辞文本。因为"浸种"和"浸春光"两者之间有一种内在的因果联系，即"浸种"是原因，"浸春光"（即"创造出一派春光绚丽的景象"）是结果，两者可以构成因果关系的心理联想。同样，表达者之所以在述说"点种"（甲项说话）时牵扯上"点春"（乙项说话），是因为表达者在感知、反映当前事物——点播棉花种——时，由于与经验中和观念上已把握的、经验过的事物——棉花种播下后便会长出嫩绿的叶子而成为绿色春光的组成分子——相联系搭挂于一处，于是便经由关系联想而建构出上述后一个拈连修辞文本。因为"点种"和"点春"两者之间有一种内在的因果联系，即"点种"是原因，"点春"（即"创造出一片绿色的春光景象"）是结果，两者可以构成因果关系的心理联想。

这两个修辞文本的建构，从表达的角度看，都有形象、生动的效果，因为它们将抽象的事物说得具体，将平淡的事情说得生动，语言上有鲜明的形象性、生动性的特点。从接受的角度看，由于两个修辞文本的"乙项说话"在字面上都有悖于常规的语法、逻辑，使接受者在文本解读时产生了困惑，生发探索和破除困惑的兴味，进而获得破除困惑后的文本解读的快慰。如果不以上述拈连修辞文本来表达，而是理性、直接地说："姑娘们浸种忘拢发，希望浸种后看到一片绿色的春光"、"点下了种也寄托了对春色的希望"，那么在表达上就尽失了上述修辞文本的形象性、生动性的特点；接受上，也因没有了解读文本的困惑而使接受者失去了探索的兴味，因而也就不可能获取什么解读文本的快慰和审美情趣。

诗词创作中因为要追求简洁凝练，所以拈连文本的建构司空见惯。相对而言，在散文创作中，拈连文本出现的频率就要低很多，魅力也稍有不及。不过，在有些作家笔下，散文中的拈连文本创作也不少见，而且魅力并不逊色于诗词中的拈连。如台湾诗人余光中的散文名作《听听那冷雨》一文中就有很生动的拈连修辞文本创作：

> 雨是一种回忆的音乐，听听那冷雨，回忆江南的雨下得满地是江湖，下在桥上和船上，也下在四川的秧田和蛙塘，下肥下嘉陵江，下湿布谷咕咕的啼声。

这段文字是作者回忆青年时代在四川的生活经历及川中春雨绵绵的情景。其中，"下肥下嘉陵江"、"下湿布谷咕咕的啼声"两句，就是两个典型的拈连修辞文本。动词"下"可以与名词"雨"匹配，也可以与表示处所的方位词组配合，即如作者所说的那样"下在桥上和船上"、"也下在四川的秧田和蛙塘"，但从逻辑上而言是不能说"下肥下嘉陵江"、"下湿布谷咕咕的啼声"的。表达者（作者）之所以要在述说"（雨）下得满地是江湖"（甲项说话）时牵扯上"下肥下嘉陵江（即让嘉陵江下游地区因充沛的雨水而受益）"、"下湿布谷咕咕的啼声"（即雨水使空气湿度变得很大，让人觉得布谷鸟的叫声也是潮湿的）（乙项说话），是因为表达者在感知、反映当前事物——雨下得太久，到处都成了江湖——时，由于与经验中和观念上已把握的、经验过的事物——河水冲刷上游水土使下游成为肥沃的农业区、空气湿度大使声音的传播效果也不一样——相联系搭挂在一起，于是便经由关系联想而建构起上述前一个拈连修辞文本。因为"下雨"和"河水冲刷水土"、"空气湿度变大"之间有一种内在的因果联系。即"（雨）下得满地是江湖"是原因，"肥（了）下嘉陵江"、"湿（了）布谷咕咕的啼声"是结果，两者可以构成因果关系的心理联想。

这两个修辞文本的建构，从表达的角度看，都有化抽象为具象、化平淡为生动的效果，因为它们将寻常天气现象（"下雨"）说得具体而形象，将平淡的事情（布谷鸟叫）说得生动而有味，语言上有鲜明的形象性、生动性的特点。从接受的角度看，说"（雨）下肥下嘉陵江"，说"（雨）下湿布谷咕咕的啼声"，都是有违汉语语法规约的，在逻辑上也讲不通。也就是说，两个修辞文本的"乙项说话"在字面上都有悖于常规的语法、逻辑。但是，恰恰因为如此，让接受者在解读文本时产生困惑，生发出了探索和破除困惑的兴味，进而获得了破除困惑后的文本解读的快慰。如果不以上述两个拈连修辞文本来表达，而是理性、直接地说"雨水冲刷水土肥了嘉陵江的下游地区"、"雨下得空气都是湿的，甚至连布谷鸟的啼声听起来也带有潮湿的感觉"，也许在普通读者看来比较易懂，但从审美的视角看，它就让人少了很多玩味咀嚼的兴致，文本就没有什么审美价值可言了。令人欣喜的是，作者是诗人，他对于上述这层意思没有用直接、理性的语言表达，而是创造了两个拈连修辞文本，使表意既显得丰满，又让人觉得简洁而别致，同时还显得诗味十足。我们读余光中的散文，之所以总有一种别样的感觉，就是因为"余光中的散文总是带有一种浓浓的诗味，文字中洋溢着一种诗人特有的激情，叙事中更有一种中国传统诗词的韵味浸染其中。尤其是语言表达上，更具创意造言的智慧"①。上述两个拈连修辞文本的创造，就是鲜明的表现。

5. 示现与想象

示现是一种重要的修辞文本模式，在文学创作中更是经常出现。陈望道先生指出："示现是把实际上不见不闻的事物，说得如见如闻的辞格。所谓不见不闻，或者原本早已过去，或者还在未来，或者不过是说者想象里的景象，而说者因为当时的意象极强，并不计较这等实际间隔，也许虽然计及仍然不愿受它拘束，于是实际上并非身经亲历的，也就说得好像身经亲历的一般。而说话里，便有我们称为示现这一种超绝时地、超绝实在的非常辞格。"② 并将示现分为"追述的示现"、"预言的示现"、"悬想的示现"三类。所谓"追述的示现"，是"把过去的事迹说得仿佛还在眼前一样"；所谓"预言的示现"，是"把未来的事情说得好像已经摆在眼前一样"；所谓"悬想的示现"，是"把想象的事情说得真在眼前一般，同时间的过去未来全然没有关系"③。尽管示现可以区分为如上三类，但其文本的建构都是基于想象的心理机制的。

前文我们说过，想象是人在某一外界刺激物的影响下，在大脑中对过去存储的若干表象（即过去感知过的事物的形象）进行加工改造而形成新形象的心理过程。值得指出的是，想象得以加工改造形成新形象的人脑中存储的若干表象都是来源于客观现实世界的，是现实世界和现实生活的反映。然而想象中的事物和境界又毕竟不完全与现实世界和现实生活中的境界相同，它是来源于现实、来源于生活而又不同于现实、不同于生活的，两者之间有一定的距离。正因为如此，

① 吴礼权：《表达力》，台湾商务印书馆2011年版，第103页。
②③ 分见陈望道：《修辞学发凡》，上海教育出版社1982年版，第124页、第124~125页。

基于想象机制而建构起来的示现修辞文本，一般来说在表达上都有一种形象性、生动性、新颖性的特点；在接受上又极易因其文本中所建构的新形象和新意境而令接受者在解读文本时经由文本的语言文字的刺激而进行再造性或创造性想象，从而建构起与表达者相同又相异的新的形象或境界，以此获得文本解读中更多的快慰和更多的审美情趣。如《孟子·梁惠王上》一文中记有一段孟子与齐宣王的对话：

王曰："吾惛，不能进于是矣！愿夫子辅吾志，明以教我。我虽不敏，请尝试之！"

曰："无恒产而有恒心者，惟士为能。若民，则无恒产，因无恒心。苟无恒心，放辟邪侈，无不为已。及陷于罪，然而从而刑之，是罔民也。焉有仁人在位，罔民而可为也！是故明君制民之产，必使仰足以事父母，俯足以畜妻子，乐岁终身饱，凶年免于死亡；然后驱而之善，故民之从之也轻。今也制民之产，仰不足以事父母，俯不足以畜妻子，乐岁终身苦，凶年不免于死亡；此惟救死而恐不赡，奚暇治礼义哉！王欲行之，则盍反其本矣！五亩之宅，树之以桑，五十者可以衣帛矣；鸡豚狗彘之畜，无失其时，七十者可以食肉矣；百亩之田，勿夺其时，八口之家，可以无饥矣；谨庠序之教，申之以孝悌之义，颁白者不负戴于道路矣。老者衣帛食肉，黎民不饥不寒，然而不王者，未之有也。"

孟子这里所说的一番话详尽地论述了他"保民而王"的政治主张，并提出了如何"保民"、如何施行"仁政"而称王天下的具体方法，描绘了一幅封建时代人人憧憬的小康社会的美好情景。其中，"五亩之宅，树之以桑……黎民不饥不寒"这段文字是典型的示现修辞文本模式，属于"预言的示现"。因为这一修辞文本所描绘的上述美好的社会生活情景，在表达者（孟子）所生活的时代是不存在的，它是表达者在外界刺激物（即过去感知过的事物形象，如平日在某些地方所见到的"五亩之宅，树之以桑"与"五十衣帛"的老者、饲养鸡豚狗彘满圈的农家与"七十食肉"的老者、"百亩之田，八口之家"饱乐无忧、学童就学于学堂、子孝父慈等个别情景）的影响下，在脑中对过去存储的若干表象进行加工改造而成的。

这一修辞文本的建构，从表达的角度看，它将表达者所构拟的理想社会的图景活灵活现地勾勒出来，仿佛呼之欲出，表达极富形象性、生动性和新颖性，使接受者齐宣王极易受到感染而采纳其政治主张；从接受的角度看，由于这一修辞文本所构拟的理想社会的美好图景是表达者将过去存储于脑海中的若干社会生活的表象进行了加工改造而成的，它与现实社会中所见有相似处，而又不完全相似，使接受者有一种既熟悉而又陌生的感觉，因而极易引发接受者探索的兴味。同时，也极易诱导接受者经由文本所建构的具象进行再造性或创造性想象而复现出新的具象和意境世界，从而加深对表达者所建构的理想社会的认识和向往之情，于文本解读中获得更多的快慰和审美情趣。

说到孟子的理想主义及其所建构的示现修辞文本，还会让我们情不自禁地想到唐代浪漫主义诗人李白。他的许多诗作都有示现修辞文本的建构。如他著名的诗作《梦游天姥吟留别》，其中就有非常生动的示现修辞文本建构。诗曰：

> 海客谈瀛洲，烟涛微茫信难求。越人语天姥，云霓明灭或可睹。天姥连天向天横，势拔五岳掩赤城。天台四万八千丈，对此欲倒东南倾。我欲因之梦吴越，一夜飞渡镜湖月。湖月照我影，送我至剡溪。谢公宿处今尚在，渌水荡漾清猿啼。脚著谢公屐，身登青云梯。半壁见海日，空中闻天鸡。千岩万转路不定，迷花倚石忽已暝。熊咆龙吟殷岩泉，慄深林兮惊层巅。云青青兮欲雨，水澹澹兮生烟。列缺霹雳，丘峦崩摧。洞天石扉，訇然中开。青冥浩荡不见底，日月照耀金银台。霓为衣兮风为马，云之君兮纷纷而来下。虎鼓瑟兮鸾回车，仙之人兮列如麻。忽魂悸以魄动，恍惊起而长嗟。惟觉时之枕席，失向来之烟霞。世间行乐亦如此，古来万事东流水。别君去兮何时还？且放白鹿青崖间，须行即骑访名山。安能摧眉折腰事权贵，使我不得开心颜！

这首诗是李白在唐玄宗天宝四年（745）由东鲁（今山东省南部）南游越中（今浙江省一带），行前向朋友表白心迹之作。天宝三年，李白由于受权贵排挤而被逐出京，思想上受到极大的打击，对现实政治的不公也有了更深刻的体认，遂有了出世之念。全诗以梦游的浪漫主义笔触表达了诗人厌倦尘世、蔑视权贵、追求自由的思想。其中，"一夜飞渡镜湖月。湖月照我影，送我至剡溪……虎鼓瑟兮鸾回车，仙之人兮列如麻"等一大段文字，即是典型的示现修辞文本模式，属于"悬想的示现"。因为这段文字所描写的都是诗人梦中的情景，是诗人想象中的东西，现实中不存在。它是表达者（诗人）在外界刺激物（如诗人被逐出京路上所见"山"、"湖"、"月"等）的影响下，将存储于脑海中的若干表象（如平日所见的"一平如镜的湖"、"一盘明月高照朗朗夜空、湖月交相辉映"、"绿水荡漾的溪流"、"登山而见到的海上日出"、"云青欲雨"、"水澹生烟"、"金银琳琅的宫殿"、"绵绵不绝、威风十足的帝王仪仗队伍"等情景）进行加工改造和重新组合而成的新的形象，它是修辞者基于想象的心理机制而建构起来的。

这一修辞文本，从表达的角度看，由于表达者用以建构文本的若干表象都是人们常见的具象，组合成的新形象则与人们日常所见有同有不同，是熟悉而又陌生的新具象，因而文本表达上极富形象性、生动性和新颖性。从接受的角度看，由于文本所建构的新形象与接受者日常所能见到的形象有所不同，这就极易诱发接受者经由文本文字的刺激而进行再造性或创造性想象，凭借自己不同的经验而在脑海中复现出各个相同的新形象新意境，不自觉间便与表达者融为一体，进入表达者的想象世界，从而于文本解读中获得更多的快慰与审美情趣。

古典诗歌中示现修辞文本的建构司空见惯，现代散文中亦不乏其例。如现代作家鲁迅在《在现代中国的孔夫子》一文中，就有示现修辞文本的建构：

新近的上海的报纸，报告着因为日本的汤岛，孔子的圣庙落成了，湖南省主席何键怵军就寄赠了一幅向来珍藏的孔子的画像。……然而倘是画像，却也会间或遇见的。我曾经见过三次：一次是《孔子家语》里的插画；一次是梁启超氏亡命日本时，作为横滨出版的《清议报》上的卷头面，从日本倒输入中国来的；还有一次是刻在汉朝墓石上的孔子见老子的画像。说起从这些图画上所得的孔夫子的模样的印象来，则这位先生是一位很瘦的老头子，身穿大袖口的长袍子，腰带上插着一把剑，或者腋下挟着一枝杖，然而从来不笑，非常威风凛凛的。

此文发表于1935年，其时正是日本为了侵略中国、称霸亚洲的目的，鼓吹用"孔子之教"建立"大东亚新秩序"而在东京等地大建孔庙，国民党政府为了维护自己的统治地位而下尊孔令，大力提倡孔教的时代，他们都是为着自己特定的目的将孔老夫子视作敲门砖而利用。此文的写作正是有感于此而加以辛辣讽刺的。

上述这段文字，其中"这位先生是一位很瘦的老头子，身穿大袖口的长袍子……非常威风凛凛的"，是一个典型的示现修辞文本模式，属于"追述的示现"，它生动地再现了两千多年前的历史人物孔子的形象。这一形象是表达者在外界刺激物（日本建孔庙、国民党政府下尊孔令等事件）的影响下，在大脑中对过去存储的若干表象（即过去感知过的事物形象，如在《孔子家语》中、《清议报》上和汉朝墓石上的孔子画像等）进行加工改造而形成的新的形象。而上述示现修辞文本，则是表达者基于想象（再造性想象）的心理机制建构起来的。

这一修辞文本的建构，从表达上看，由于是以示现的手法将两千多年前的孔子的衣着行止描绘得相当细致、具体、逼真，因而文本表达上就显得有相当的形象性、生动性和新颖性特点，易于吸引、感染人。从接受上看，由于文本具体描绘了孔子的衣着行止，这就使接受者可以经由文本的文字刺激而进行一种再造性想象或创造性想象，从而根据自己对孔子的不同了解情况而复现出不同的孔子新形象来，并以此获得文本解读的快慰与审美认识趣味。

二、修辞文本建构与注意强化

（一）注意的概念

1. 注意

注意是一种十分重要的心理现象，它是"意识对一定客体的集中，以保证对它获得特别清晰的反映"[①]。

一般来说，心理学家们都有这样的共识："在心理现象中，注意占着特殊的地位：它不是独立的心理过程，也不属于个性特点。同时，注意始终被包含在实践活动和认识过程中，表现出兴趣和个性的倾向性。在生活中，注意是心理活动的一个方面，是人顺利地获得知识和取得劳动活动的质量和效果的必要前提。"[②]并认为"分出客体，集中于客体，同时离开无关刺激物，是注意产生的条件。注意的客体可以是意识动作所指向的外部世界的对象、人的心理活动或者内部世界的对象（思想、体验、动作和行为的分析）"[③]。

注意作为一种心理现象，也和其他心理现象一样，有其产生的生理基础，即有其生成的生理机制。

2. 注意的生理机制

注意的生理机制是相当复杂的，学术界对之也有不同认识。但是，目前大多数心理学家都倾向于"把注意的机制看成为分布于神经系统不同水平上的滤过器。这种滤过器就是网状结构，即一种在解剖上和功能上都是特殊的神经组织，它分布在皮层下部位。它在向大脑皮层发送冲动时，筛去、抑制某种冲动而加强其他的冲动。对进入皮层、进入鲜明的意识区的神经冲动的选择就是这样进行的"[④]。

根据俄国心理学家巴甫洛夫的见解，人在活动的每一瞬间，"有一系列刺激物（听觉的、视觉的、肤觉的等等）作用于大脑，在这些刺激物影响下，大脑半球皮层上产生大量的强度不同的兴奋灶"[⑤]。其中，强度处于中等水平的叫

---

①②③　均见［苏］B. B. 波果斯洛夫斯基等主编，魏庆安等译：《普通心理学》，人民教育出版社1982年版，第152页。

④⑤　均见［苏］B. B. 波果斯洛夫斯基等主编，魏庆安等译：《普通心理学》，人民教育出版社1982年版，第153页。

"最适宜兴奋灶"（或称"最适宜兴奋中心"）。

研究表明，具有中等强度的"最适宜兴奋灶""在当前条件下对机体生活活动是最有利的。根据负诱导规律，最适宜兴奋灶抑制着皮层其余部分的活动"[1]。由于"最适宜兴奋灶是动力的。刺激性质的变化或它长久作用于大脑皮层的同一区域，就导致兴奋灶根据继时诱导规律向其余区域转移"[2]。不过，应该指出的是，"最适宜兴奋灶"与"优势兴奋灶"（或称"优势兴奋中心"）是有所差别的。

"最适宜兴奋灶"是具有灵活性的，它会随刺激性质的变化或因长久作用于大脑皮层的同一区域而根据继时诱导规律向其余区域转移；而"优势兴奋灶"则"有较高的稳定性。它不仅抑制新产生的兴奋灶，而且借后来者来加强自己，使其他神经中枢产生的兴奋过程转移到自己方面来"[3]。"大脑皮层上优势兴奋中心的出现，可以使我们了解，对某一对象或现象的注意，集中到如此的程度，以致无关刺激不能分散注意，并且一直不被觉察出来。"[4]

3. 注意的分类

一般说来，根据组织注意时人的积极性，注意可以分为"不随意注意"、"随意注意"和"随意后注意"三种。

（1）不随意注意。

所谓"不随意注意"，是指"意识由于作为刺激物的客体的特点而产生的对客体的集中"[5]。在许多心理学文献中，"不随意注意"又被称作"消极的注意"或"情绪的注意"。

"不随意注意"之所以被称作"消极的注意"，是因为"不随意注意"的发生"缺乏为了集中于注意客体的人为的努力"[6]；"不随意注意"之所以被称作"情绪的注意"，是因为"不随意注意"发生时与"注意的客体同该客体所引起的情绪、兴趣和需要之间的关系"相联系。[7]

根据心理学家们的普遍观点，"不随意注意"的发生大体与以下几种情况有着密切的关系：

一是"在同时起作用的各种不同的刺激的背景上，较强的刺激引起人的注

---

①②③④　均见［苏］B. B. 波果斯洛夫斯基等主编，魏庆安等译：《普通心理学》，人民教育出版社1982 年版，第 154 页。

⑤⑥⑦　均见［苏］B. B. 波果斯洛夫斯基等主编，魏庆安等译：《普通心理学》，人民教育出版社1982 年版，第 156 页。

意"①。如在一条熙熙攘攘的步行街上，或是人声鼎沸的菜市场，有小贩商人的叫卖声，有车辆被阻不得行进而催请行人让道的鸣号声，有顾客与摊主讨价还价的喧闹声，有市场管理员纠规的呵斥声，有大人们的谈笑和争吵声，有孩子们的欢笑与哭闹声等各种各样的声音。一般来说，走在街市上的人们对于此等声音都是漫不经心的。但是，这时如果突然在街市中响起一声枪声，那么街市就会立时安静下来，街市上的所有人都会情不自禁地循声去找枪响的所在，这就是"不随意注意"。因为在街市的众声喧哗中，枪声比其他声音有着更强烈的刺激，所以能引起"不随意注意"。

二是"刺激物的新异性也引起不随意注意"②。如 20 世纪 80 年代初期，中国刚刚实行改革开放政策时，即使是在北京、上海等大都市，如果街头上偶尔走过一个大鼻子、金发碧眼的欧美白人，或是短卷发、厚嘴唇的非洲黑人，也必然会招来许多中国人的驻足观看，甚至是不礼貌的围观，这就是由刺激物——外国人长相——的新异性而引起的"不随意注意"。而在 20 世纪 90 年代末，驻足观看外国人的现象就很难再看到了。这是因为刺激物（外国人）对注意的主体（中国人）已失去了新异性，所以就不会引起"不随意注意"。

三是"刺激物作用的开始和停止引起注意"③。如一场演讲会，演讲伊始，演讲人刚登上台开讲，不管讲得精彩不精彩，会场上都会有片刻的宁静，听讲人都会将注意力集中于演讲者的演讲上。而在演讲的中间时段，则不管演讲者的演讲是否精彩，会场上总会有不注意听讲而窃窃私语者。但到了演讲的结束时刻，会场则又会恢复如同演讲开始时的片刻宁静，听讲者都会注意倾听演讲者的结束语。这演讲开始和结束两端的会场的片刻宁静，就是听讲者的"不随意注意"，它是由刺激物——演讲——作用的开始与停止而引起的。

四是"在认识过程中造成鲜明的情绪色彩的对象（饱和的颜色、和谐的声音、芳香的气味），引起注意的不随意集中"④。如一个上了一天班而筋疲力尽的办公室小姐，下班后正没精打采地走在大街上，突然看到一家商店橱窗中展示的一件色彩鲜艳的时装，这时她会神情一振，立即来了精神，情不自禁地驻足欣赏起这件时装；又如一个专心致志地进行文学创作的作家，当他写作中突然听到邻居家传来一阵美妙的音乐声，他（或她）会情不自禁地停下手中的笔或是正在敲打的键盘而凝神倾听一会；再如我们都有这样的经验，当我们一边在大街上行走，一边与朋友说笑而十分忘情时，突然从身边飘过一阵浓浓的法国香水味，我

①② 均见［苏］B. B. 波果斯洛夫斯基等主编，魏庆安等译：《普通心理学》，人民教育出版社 1982 年版，第 156 页。

③④ 均见［苏］B. B. 波果斯洛夫斯基等主编，魏庆安等译：《普通心理学》，人民教育出版社 1982 年版，第 157 页。

们会下意识地停止脚步和说笑而环顾四周，甚至还会不自觉地张吸鼻息，寻找香气的发源人，这些都是日常生活中典型的由"在认识过程中造成鲜明的情绪色彩的对象（饱和的颜色、和谐的声音、芳香的气味）"而引起的"不随意注意"。心理学家们一般都倾向于认为："理智的、美学的和道德的情感对产生不随意注意有更大的意义。引起惊讶、赞扬和喜悦的客体可长时间地吸引注意。艺术作品作用于情感，引起不随意注意，并伴随着已发生的认识兴趣，使思维活动指向于深刻地理解现象。"①

五是"兴趣通常是和情感相联系的。它是对对象的长久的不随意注意的重要原因之一"②。如一道很难解的数学题，若是有一个人对解数学难题有着特别的爱好和兴趣，那么他一看到这道数学难题，就会立即全神贯注，并产生解出它的强烈欲望，这种情况就属于由兴趣而引起的"不随意注意"。

（2）随意注意。

所谓"随意注意"，是指"意识控制之下的由活动条件所引起的对客体的集中"③。它又被称为"积极的注意"和"运用意志的注意"。

"随意注意"之所以被称作"积极的注意"或"运用意志的注意"，这是因为"随意注意"的发生是"在对客体集中注意的时候，主动权是属于主体的"④。"这种注意的集中，不是仅仅指向情绪上令人愉快的东西，而且一般说来指向应当去注意的东西。因此随意注意的心理内容同活动目的的提出和意志努力相联系着。""随意地集中于客体，须以维持注意的意志努力为前提。意志努力被体验为一种达到提出的目的所必需的紧张，这一目的有助于维持对客体的注意，在动作中不分心、不出差错。"⑤

由于"随意注意"需要"以维持注意的意志努力为前提"，所以"随意注意"的产生和保持需要一定的条件。

一般来说，心理学家们都倾向于认为，"随意注意"的产生和保持需要如下几个方面的条件：

一是"工作地点的环境特点属于影响随意注意的保持的条件"⑥。如一间科学实验室，它的内部应该整洁、庄重、肃静，不应该有诸如影视明星肖像画的张贴、各种背景音乐的播放、大声的喧哗或窃窃私语等分散科学工作者进行科学实验注意力的无关刺激物的存在，因为这些无关刺激物会妨碍科学工作者进行科学实验的注意集中。

---

①②③　均见［苏］B.B. 波果斯洛夫斯基等主编，魏庆安等译：《普通心理学》，人民教育出版社1982 年版，第157 页。

④⑤⑥　均见［苏］B.B. 波果斯洛夫斯基等主编，魏庆安等译：《普通心理学》，人民教育出版社1982 年版，第158 页。

二是"人的心理状态是维持注意的重要条件。一个疲劳的人是很难集中注意的"①。心理学家们大量的观察和实验证明："完成工作时差错的数量在工作结束时就增加起来。疲乏状态从主观上也感觉得到，即人感到注意难以集中。由无关原因（为某个念头操心、疾病状态和其他因素）引起的情绪兴奋明显地减弱随意注意。"②如一个学生因晚上失眠而处于精神恍惚的状态中，在第二天的课堂上要他（或她）听懂并透彻理解授课老师所讲解的内容，这是不可能的。之所以如此，是因为这个学生正处于一个不正常的心理状态之中，必然不能以意志努力来维持随意注意。

三是"口头上用活动目的来提醒自己，或提醒自己在某个时间必须特别注意什么，也可以维持随意注意"③。如我们都有过参加考试的经验，特别是参加高考时，因为事关个人前途命运，我们每个人都会怕出差错。所以，常会有人一边做题一边在心里提醒自己："这次考试事关重大，要认真谨慎，不可粗心大意!"等到快要交卷却还没有做完全卷时，常会在心里提醒自己："不要慌了手脚，要沉着，坚持到最后就是成功!"如此在口头上用活动目的来提醒自己或在某个时间提醒自己特别注意什么，事实上是能够取得维持随意注意的效果的。这一点，大家在考试之外的其他事情上也都会有同样的经验。

四是"在各种条件下，在有利的或不利的条件下都专注地工作的习惯，能使随意注意的产生和维持变得容易"④。如在现代化的汽车生产线上的某一环节上从事某一特定装配工作，应该说是一项十分机械而枯燥无味的工作。一般来说在这种情况下是很难产生"不随意注意"的，而且"随意注意"也会因良好的心理状态的难以长久维持而变得困难。但是，如果是一位长期从事这项工作且养成了良好工作习惯的工人，那么要他对此工作专注并做好，则并不是什么难事。这是因为"专注工作的习惯，能使随意注意的产生和维持变得容易"。

（3）随意后注意。

所谓"随意后注意"，是指"意识对于个人认为有意义、有价值的客体的集中"⑤。这种注意"是在随意注意引起之后产生的。在集中随意注意时必要的意志努力，在随意后注意中减弱了"⑥。

心理学家认为，"随意后注意的心理特征，同不随意注意和随意注意的特点既有联系，又有区别。它在兴趣的基础上产生，但这又不是来自对象的吸引，而是个性倾向性的表现。在随意后注意的情形下，活动本身被体验为一种需要，而

---

① ② ③ ④ ⑤　均见〔苏〕B. B. 波果斯洛夫斯基等主编，魏庆安等译：《普通心理学》，人民教育出版社1982年版，第159页。

⑥　〔苏〕B. B. 波果斯洛夫斯基等主编，魏庆安等译：《普通心理学》，人民教育出版社1982年版，第160页。

其结果对他个人又是有意义的"①。如一个本不喜欢弹吉他的学生，在开始学弹吉他时没有任何的兴趣，但因为教师要求每个学生必须学好，他便强迫自己的注意集中于学弹吉他。在学习的过程中，由于要与其他同学比高低或显露自己多才多艺等而产生了一定要证明自己能学好的思想，这时他就不再需要用意志力来维持注意了。他的注意已不放在对象——学弹吉他——上，而是为学习的过程所吸引，这就是"随意后注意"。

注意作为一种重要的心理现象，它有如下五个方面的特点：

一是注意的范围性。"这一特点用注意在很有限的时间片断中所能把握的客体数量来衡量。人们在 1/10 秒的时间内呈现一组 10～12 个客体（彼此不相联系的数目字、字母或个别物体的图画）来确定注意的范围。这个时间对于产生视觉印象是足够的，但对于有意识地反映落入视野的全部对象则是完全不够的。被试者只说出某些对象，而关于另一些对象，他说：好像见过，但我没有注意到它。为了反映落入视野的全部对象，需要更长的时间。"②掌握了注意的范围性特点，我们在组织注意时为了确保注意主体对注意对象的尽可能全面的了解和把握，可以用延长注意时间的方法来扩大注意的范围。如我们读唐人杜牧的《阿房宫赋》，如果要我们在一两分钟内读完，我们肯定对作品的句子和内容不能记住多少和了解多少。这是注意主体对注意对象注意的时间不足所致。但是，若给我们足够多的时间，那么我们就会记住作品中较多的句子，对作品的内容就会有更多的了解。这种对注意对象范围把握的扩大是通过延长对注意对象的注意时间来达到的。

二是注意的可分配性。心理学的大量实验证明："人在任何活动中，可以在注意的中心同时把握几个客体。"③如我们可以一边看书一边听音乐，这就是注意的可分配性的具体表现。但是，同时将注意分配于两项或两项以上的活动中，你会感到一种活动会抑制另一种活动。这是因为"通常活动过程中注意是集中在某一种活动上的。从生理学上看，这是因为在大脑皮层上只存在一个最适宜兴奋灶"④。

三是注意的集中性。心理学家们都认为："注意对于对象的集中程度或注意的强烈性，是注意的宝贵品质。这种集中性表现在，注意倾向于一个对象。注意的'抗干扰性'，注意不因无关刺激的影响而离开活动对象，是注意强烈的标志。""集中是同注意范围和注意的分配密切相关的。注意的客体越少，在其中必须分配注意的活动种类就越少，注意也越容易强烈地集中。当注意指向于一个客体或一种活动时，集中才达到最大强度。""注意的高度集中状态，是准确地、顺利地完成活动的必要前提。""注意强度的生理基础可能是最适宜兴奋灶所引起的同时性负诱导。由诱导而产生的抑制促进着兴奋在大脑皮层的有限区域集中。"[①] 如桌上有两样物品，一个花瓶和一盘苹果，我们在一眼扫过之后，肯定会将注意集中于其中的一样物品上，而将另一物品视为无关刺激而不加注意；如果桌上只有一个花瓶或一盘苹果，那么我们的注意就很容易地集中于桌上这唯一物品上，注意就更易集中，注意的强度也易于迅速达到最大。

四是注意的稳定性。"注意的稳定性表现为它长时间地集中于客体。注意的这个特点取决于一系列原因，如神经过程的强度、活动的性质、对事情的态度、已形成的习惯等等。"[②] 如一个外科医生做一次较为复杂的手术，往往需要一两个小时或更长时间，他能不出差错，这就是注意的稳定性的结果。外科医生之所以能在几个小时内保持注意而不分心，与他对手术成败关乎人命的性质的认识、对手术认真负责的态度以及做医生长期以来所养成的专注的职业习惯等因素有关。注意的稳定性的特点是十分重要的，它是一个人做好一件事特别是一项复杂工作的必要前提。心理学家们认为："注意的稳定性，从生理学上说，同一组神经细胞兴奋的长时间集中有关。神经细胞长时间地连续维持兴奋过程的能力，是神经过程强度的标志。因此，如果其他条件相等，则注意的稳定性表现着人的神经系统活动的一般类型。"[③]

五是注意的可转移性。所谓"注意的转移"，是指"有意地把注意从一个客体迁移到另一个客体"。但是，"转移和注意的分散不同，它是有意识的。人分心时，改换注意对象是不随意的；转移注意时，他提出目的，要从事某项别的工作或者休息。我们提出活动过程中的新任务时，要使注意从一个客体迁移到其他客体，或从客体的一个方面迁移到其他方面"。"转移的生理基础是原有的最适宜兴奋灶的抑制和新的兴奋灶的形成。由此可以得出结论，注意的转移依赖于神经过程的灵活性，即依赖于兴奋和抑制交替的速度。神经过程的惰性使注意的转移变得困难。因而，注意的转移也表现出人的类型特点，首先是神经过程的灵活性和强度。"[④] 如我们刚上完物理课，下一节接着要上语文课。这时，我们就要有意识地强迫自己将注意从公式、定律等抽象思维转移到人物性格、语言等形象思维上来，这就是注意的转移。而在物理课或语文课上，我们被教室外的汽车声所

①②　分见〔苏〕B. B. 波果斯洛夫斯基等主编，魏庆安等译：《普通心理学》，人民教育出版社1982年版，第163～164页、第164页。

③④　均见〔苏〕B. B. 波果斯洛夫斯基等主编，魏庆安等译：《普通心理学》，人民教育出版社1982年版，第165页。

干扰，眼光离开黑板或教室而向外张望，则是注意的分散。这是因为前者是有意识的意志行为，后者是不随意的无意志努力的行为。应该指出的是，由于个人类型特点的差异，有的人在注意转移时要困难一些，有些人则易于分散注意。同样是上完物理课再上语文课，有些学生很容易进行注意的转移，很快由注意集中于抽象的公式、定律而转移到形象的人物性格、语言等方面来，将注意力集中到语文教师的讲解上；而有些学生则不然，他们可能要经过相当长的一段时间才能从物理课中摆脱出来，将注意力集中于语文课上。同样是教室外的汽车声，有些学生易于分散注意，有些则不易分散注意。

（二）基于注意强化的修辞文本模式

根据上述对注意概念的了解，我们便可知晓：人们为了表达思想感情而运用语言进行某些修辞文本模式的建构，很多时候与修辞者意欲强化接受者的注意、提高修辞文本的表达效应是分不开的。特别是夸张、设问、复叠、转类、反复、倒装、旁逸、别解、同异、歧疑、错综、精细、异语、仿拟等，更是典型的基于注意强化的心理而建构起来的修辞文本模式。下面我们就分而详析之。

1. 夸张与注意强化

夸张是人们语言运用中最为常见的一种修辞文本模式。陈望道先生指出："说话上张皇夸大过于客观的事实处，名叫夸张辞。说话上所以有这种夸张辞，大抵由于说者当时，重在主观情意的畅发，不重在客观事实的记录。我们主观的情意，每当感动深切时，往往以一当十，不能适合客观的事实。所以见一美人，可以有'增之一分则太长，减之一分则太短。著粉则太白，施朱则太赤。（宋玉《登徒子好色赋》）'之感；说一武士也可以有'力拔山兮气盖世（项羽《垓下歌》）'的话。所谓夸张，便是由于这等深切感动而生。"[①]

由此可知，夸张修辞文本之所以在人们的说写活动中被建构起来，是因为表达者（修辞者）在表情达意时内心有一种"深切感动"，所以才只"重在主观情意的畅发，不重在客观事实的记录"。上面我们说过，修辞者建构夸张的修辞文本来表情达意是在"深切感动"之时。也就是说，修辞者在运用夸张的手法来表情达意时处于一种情绪和情感的强势状态，亦即激情状态。生理学和心理学的研究表明："激情状态往往伴随着生理变化和明显的外部行为表现，例如，盛怒时全身肌肉紧张，双目怒视，怒发冲冠，咬牙切齿，紧握双拳等等；狂喜时眉开眼笑，手舞足蹈；极度恐惧、悲痛和愤怒之后，可能导致精神衰竭、晕倒、发

① 陈望道：《修辞学发凡》，上海教育出版社1982年版，第128页。

呆，甚至出现所谓的激情休克现象。"① 另外，在"激情状态下，人往往出现'意识狭窄'现象，即认识活动的范围缩小，理智分析能力受到抑制，自我控制能力减弱，进而使人的行为失去控制，甚至做出一些鲁莽的行为或动作"②。还有，"在激情状态下，人们常常在伴随着上述这些生理变化和明显的外部行为表现的同时，言语上也有一些超常的表现，如语言表达多与逻辑事理相悖、经不起理智的分析与推敲。……王维《老将行》一诗所写的老将少年时'一剑曾当百万师'之勇，项羽《垓下歌》所说自己'力拔山兮气盖世'的气概等，都是悖于事理与逻辑的，是激情状态下'意识狭窄'、认识活动范围缩小、理智分析能力受到抑制、自我思维控制能力减弱的结果"③。

那么，人们在建构夸张修辞文本来抒情达意时违背逻辑与事理的做法是否是无意识的呢？关于这一问题，笔者曾根据奥地利心理学家西格蒙德·弗洛伊德（Sigmund Freud）的精神分析理论，在《论夸张表达的独特效应与夸张建构的心理机制》一文中作过这样的论述："夸张者在进行违背逻辑与事理的言语表达时是有意以此作精神宣泄来求得心理能量的释放，从而获得心理的自发调整而达到身心的畅快。这就如同人在极度悲哀时的号啕大哭、捶胸顿足，在极度快乐时的放声大笑、手舞足蹈而不介意别人的评价与感受一样，是一种'忘我'的表现，是一种只求本能满足的行为。如果我们用弗洛伊德的'三我'学说来看这个问题，就更易于理解了。弗洛伊德认为'我'有三种，即'本我'（id）、'自我'（ego）和'超我'（supperego）。'本我、自我和超我都能对精神宣泄起作用。本我的目的是本能的满足，它的精神宣泄服务于此目的'；'自我的作用在于把精神宣泄作用于认知过程，把推理和判断提到更高的水平，自我还把精神宣泄用于抑制过程，从而形成一种反宣泄作用，以限制那些不被接受的本我的精神宣泄'；'超我的作用之一是形成反精神宣泄，以控制和限制本我的精神宣泄'。由此可见，夸张者进行违背逻辑与事理的言语表达时'忘我'的精神宣泄，实际上是人类一种'本我'的返真，因为它把精神宣泄完全作用于想象的或实在的物体上去，对知觉与幻觉不加区分，对是否符合事理与逻辑撇开不管，一切为'本我'的自然需要的满足而活动着。"④同时又指出："表达者除了用夸张的言语来满足'本我'的自然需要外，有时还想要言语交际的另一方（听者或读者）分享他的快乐与忧愁、愤怒与爱憎等情感，与他一起哭，一起笑，一起忧，一起喜，达成思想的共鸣。那么，怎样才能达到这个目的呢？用夸张表达法。因为夸

①② 均见彭聃龄主编：《普通心理学》，北京师范大学出版社 1988 年版，第 448 页。
③④ 均见吴礼权：《论夸张表达的独特效应与夸张建构的心理机制》，《扬州大学学报》1997 年第 4 期。

张有唤醒听、读者好奇心的特殊魔力。关于这一点，汉人王充早在《论衡·艺增篇》中就作了揭示：'世俗所患，患言事增其实。著文垂辞，辞出溢其真，称美过其善，进恶没其罪。何则？俗人好奇。不奇，言不用也。故誉人不增其美，则闻者不快其意；毁人不益其恶，则听者不惬于心。'虽然王充对夸张是持否定态度的，但他确实看到了夸张有唤醒交际者好奇心的特殊魔力这一本质特征。现代心理学研究也证实，好奇心是人类的基本情绪，是唤醒动机的物质基础。夸张因为有悖于事理与逻辑，耸人听闻，因而具有唤醒交际者好奇心的力量。由此可见，好奇心也是夸张产生的心理机制的一个方面。"①

由此可见，夸张修辞文本的建构，一方面是出于要满足修辞者在激情状态下的某种影响心理平衡的能量的释放以获得心理平衡和情感纾解的需要，另一方面则是要接受者产生思想或情感的共鸣。夸张修辞文本的建构固然可以满足修辞者释放心理能量而求得心理平衡或情感纾解的需要，这有生理学和心理学上的根据，前面我们已经说过。那么，夸张修辞文本的建构又何以能达到引发接受者产生思想或情感共鸣的目标呢？这一点，也是易于理解的。

前面我们说过，夸张修辞文本都是一种有违客观事理或逻辑的言语作品。修辞接受者（听者或读者）在解读、接受修辞文本时，必然因文本的不合客观事理或正常逻辑而生发困惑，从而唤醒好奇心，产生一种探究根由底蕴的情感冲动。根据上一节我们所了解的关于注意的心理学原理，我们知道：刺激物的新异性是引起"不随意注意"的重要原因。有违客观事理或正常逻辑的夸张修辞文本，对于注意主体（修辞文本接受者）来说是一个较之符合客观事理或正常逻辑的普通言语文本有着较大新异性的刺激物，也易于引起注意主体（修辞接受者）的"不随意注意"，因此在好奇心的驱使下唤起对当前的新异刺激物进行深入探究的情感冲动。这样，就自然而然地强化了注意主体（接受者）对当前新异刺激物——夸张修辞文本——的注意，加深了对表达者所建构的夸张修辞文本的理解，从而达成与表达者思想或情感的共鸣和沟通。

由于夸张修辞文本在表达上有突出强调某种情感或意旨的效果，在接受上有强化接受者注意而引发其与表达者的思想或情感的共鸣和沟通的独特作用，所以在许多重在抒写情性的言语环境下常被修辞者所建构。如汉人司马迁的《史记·项羽本纪》中记项羽兵败垓下之时，有一段十分动人的文字：

……项王军壁垓下，兵少食尽。汉军及诸侯兵围之数重。夜闻汉军皆楚歌，项羽乃大惊，曰："汉皆已得楚乎？是何楚人之多也！"项王则夜起，饮帐中。

---

① 吴礼权：《论夸张表达的独特效应与夸张建构的心理机制》，《扬州大学学报》1997 年第 4 期。

有美人名虞，常幸从；骏马名骓，常骑之。于是项王乃悲歌慷慨，自为诗曰："力拔山兮气盖世，时不利兮骓不逝。骓不逝兮可奈何，虞兮虞兮奈若何！"歌数阕，美人和之。项王泣数行下，左右皆泣，莫能仰视。

众所周知，楚汉相争之初，项羽势力远远超过刘邦，但由于项羽自恃其勇，刚愎自用，逐渐由强变弱，最终到了垓下被围、徒唤奈何的悲惨境地。应该说，这种结果是项羽自己造成的。然而项羽自己没有认识到，却怨天尤人，认为上天不公，才让他有此下场。由此，他发出了"力拔山兮气盖世，时不利兮骓不逝"的慨叹。虽然从历史的角度看，项羽的这种慨叹是没有道理的，是他自己的错误造成了他的彻底失败，怨不得天，怨不得地，更怨不得人，但是，从文学和修辞的角度看，项羽的这首无理慨叹的《垓下歌》却是极具艺术感染力的，是一个成功的修辞文本。

这一文本的"力拔山兮气盖世"一句，是典型的夸张修辞文本模式。我们知道，世界上的任何人都不可能有"力拔山"、"气盖世"的力量。项羽这样夸说自己的本事，明显是有违逻辑和事理的"无理之词"。但是，作为一个修辞文本，这一"无理之词"却是很有表现力和艺术感染力的修辞范本。从表达的角度看，这一"言过其实"的"无理之词"强烈地凸现了表达者项羽那种有旷世奇才却终不得伸展其旷世大志，有旷世之勇却终落得旷世惨境的旷世愤激之情，满足了表达者项羽在极端的怀才不遇和极端愤激的激情状态下释放影响其心理平衡的能量以获得心理平衡和情感纾解的需要；从接受的角度看，由于表达者在表达其情感时，用了"力拔山"、"气盖世"这样夸大失实之词，自然而然地就会引发接受者的"不随意注意"，从而对表达者在表情达意时"言过其实"、违背事理与逻辑的原因进行深究。而当接受者在洞悉了表达者建构这一夸张修辞文本的深层原因——即表达者项羽深感怀才不遇、天公对他不公的怨情难以抑制而不得不借言语的违背事理和逻辑来宣泄以求心理能量的释放、获取暂时的心理平衡和情感纾解——时，接受者就不能不在表达者所建构的夸张修辞文本的感动下与表达者发生情感的共鸣，为表达者的悲而悲，为表达者的苦而苦，为表达者的不平而不平，为表达者项羽这位旷世奇才的旷世悲情结局而痛洒一掬掬同情的泪水。这就是表达者项羽以夸张修辞文本来表达其怀才不遇的愤激之情的因由，也是千古以来无数读者明知项羽咎由自取，不值得同情而仍对他深表同情的原因所在。因为夸张修辞文本在表达上能强调凸现表达者的某种情感，在接受上有易于引发接受者注意和产生情感共鸣的独特艺术效果。

史传文学作品中常有夸张文本的建构，诗歌中也不乏其例。如唐代著名诗人王维的诗虽一向以"诗中有画"而闻名，但也有夸张修辞文本的建构。其名作

《老将行》一诗有云：

少年十五二十时，步行夺得胡马骑。
射杀山中白额虎，肯数邺下黄须儿。
一身转战三千里，一剑曾当百万师。
汉兵奋迅如霹雳，虏骑崩腾畏蒺藜。
卫青不败由天幸，李广无功缘数奇。
自从弃置便衰朽，世事蹉跎成白首。
昔时飞箭无全目，今日垂杨生左肘。
路旁时卖故侯瓜，门前学种先生柳。
苍茫古木连穷巷，寥落寒山对虚牖。
誓令疏勒出飞泉，不似颍川空使酒。
贺兰山下阵如云，羽檄交驰日夕闻。
节使三河募年少，诏书五道出将军。
试拂铁衣如雪色，聊持宝剑动星文。
愿得燕弓射大将，耻令越甲鸣吾君。
莫嫌旧日云中守，犹堪一战取功勋。

这首诗是描写一位曾经立下赫赫战功但终被弃而不得其用的老将的不平身世及其报国无门的悲愤之情。为了凸显老将的骁勇和晚年被弃不用的惨境，全诗运用了很多夸张句。其中“少年十五二十时，步行夺得胡马骑”、“射杀山中白额虎，肯数邺下黄须儿”、“一身转战三千里，一剑曾当百万师”、“昔时飞箭无全目，今日垂杨生左肘”等四组句子都是直接写老将的夸张修辞文本。“少年十五二十时，步行夺得胡马骑”二句，是用汉将李广的典故来夸写老将少年时代的英勇机智。《史记·李将军列传》云：“广以卫尉为将军，出雁门击匈奴。匈奴兵多，破败广军，生得广。……胡骑得广，广时伤病，置广两马间，络而盛卧广。行十余里，广详死，睨其旁有一胡儿骑善马，广暂腾而上胡儿马，因推堕儿，取其弓，鞭马南驰数十里，复得其余军，因引而入塞。”这里，诗人用此典故是极言老将少年时代的过人机智与英勇，是“言过其实”的夸张之词。因为历史上像汉将李广那样病夺胡马的机智与英勇者毕竟是难得一见的，可能诗中所写的那位名将少年时代事实上是无此同样的英勇奇迹的。“一身转战三千里，一剑曾当百万师”二句，更是明显的直接夸张。“射杀山中白额虎，肯数邺下黄须儿”二句，也是以用典的方式来极言老将的英勇。这两句用了三个典故，一是用汉将李广为右北平太守时多次射杀山中猛虎典，事见《史记·李将军列传》；二是用晋人周处射杀南山白额虎，为民除害典，事见《晋书·周处传》；三是用魏武帝曹操次子曹彰典。《三国志·魏志·任城王彰传》记载，曹彰性刚猛，胡须色黄，征代郡乌桓，建立大功，曹操喜曰："我黄须儿竟大奇也。"李广、周处、曹彰都是历史上有名的猛将，王维诗中所写的老将未必真有如李、周、曹那样的经历和英勇。诗人之所以这样用典，明显是有意夸称老将，也是典型的夸张。"昔时飞箭无全目，今日垂杨生左肘"二句，则是以用典的方式来极言老将昔日的英雄风采与今日的寂寞无奈两种迥然不同的情形。"昔时飞箭无全目"一句，是用远古时代弓射圣手后羿之典。《帝王世纪》记曰："帝羿有穷氏与吴贺北游，贺使羿射雀。羿曰：'生之乎？杀之乎？'贺曰：'射其左目。'羿引弓射之，误中右目。羿抑首而愧，终身不忘。故羿之善射，至今称之。""今日垂杨生左肘"一句，用的是支离叔和滑介叔的典故。《庄子·至乐》篇有曰："支离叔与滑介叔观于冥伯之丘，昆仑之虚，黄帝之所休。俄而柳生其左肘，其意蹶蹶然恶之。"（清人王先谦《庄子集解》云："瘤作柳声，转借字。"所谓"柳生左肘"，即"瘤生左肘"）很明显，这也是典型的夸张修辞文本。上述四个夸张修辞文本，从客观上看，它们都是夸张失实或有违事理逻辑的"言过其实之词"或"无理之词"。但从表达艺术上看，它们都是具有极强表现力和感染力的修辞文本范式。因为从表达上看，它们突出强调了老将少年时代的英勇机智和显赫的战功，并和文中描写老将被弃不用后的凄凉晚景形成对比，从而有力地凸显了表达者（诗人）为诗中所描写的具有卓越战功和过人机智的老将所受到的不公待遇而强烈不平的情绪以及表达者（诗人）惜才爱才的心态，满足了表达者激情状态下不平情绪宣泄和情感纾解的需要；从接受上看，由于表达者在写老将的英勇机智时用了诸如"步行夺得胡马骑"、"射杀山中白额虎"、"一身转战三千里，一剑曾当百万师"、"昔时飞箭无全目"等夸张语句，而写他被弃置不用时则用了"今日垂杨生左肘"的夸张之词，这种明显的言过其实之词很容易引起接受者阅读时的"不随意注意"，并进而对表达者之所以要如此"言过其实"、违背事理逻辑地表情达意的原因进行根究。一旦接受者洞悉了表达者建构上述几个夸张修辞文本的深层原因——诗人为老将的不公遭遇而不平的激愤之情难以排解而不得不借违背事理逻辑的语言来宣泄，以求心理能量的释放，获得暂时的心理平衡和情感纾解——之后，就不能不接受表达者所建构的夸张修辞文本，并在其文本的影响下产生与表达者相同的情绪情感，从而达成与表达者思想情感的共鸣，为老将的身世而感慨，为老将所受的不公遭遇而叫屈，为老将以身许国而终不得遂愿的悲苦之情而哭泣。这就是表达者（诗人）以夸张修辞文本来写老将之事的缘由，也是此诗千百年来深切感人且广为传诵的原因所在。前面我们已经说过，因为夸张修辞文本在表达上有强调凸显表达者某种情感，在接受上有易于引发接受者注意和产生情感共鸣的独特效果。

夸张修辞文本的建构并非古人的专利，现代人的言语作品中更是常见。如当代学者徐孝鱼的《盗墓者的足迹》一文中就有夸张修辞文本的建构：

> 本县那些白了胡子秃了头的老土地们嘴里，还流传着一首这样的民谣："小小大同县，三爿豆腐店，城里打屁股，城外听得见。"城区的狭小和市面的萧条，由此可见一斑。

文中所提到的大同县老土地们嘴里流传的民谣"小小大同县，三爿豆腐店。城里打屁股，城外听得见"，就是典型的夸张修辞文本模式，它极言过去大同县城的城区之狭小和市面之萧条。

这一夸张修辞文本，从表达上看，表现了文本建构者对大同县城区狭小和市面萧条的极端感慨之情，满足了文本建构者纾解无限惆怅之情的需要；从接受上看，文本"言过其实"的极端缩小夸张，很容易使接受者在解读文本时引发"不随意注意"，从而加深对大同县城区的深刻印象，并在深究表达者文本建构用意的基础上产生与表达者相同的情感共鸣——对大同县城区的狭小和市面的萧条产生无限的惆怅感慨之情。正因为这一夸张修辞文本（民谣）有上述表达上和接受上的独特效果，所以作者才特别引了这首民谣来表情达意。

2. 设问与注意强化

设问是一种十分常见的修辞文本模式。陈望道先生指出："胸中早有定见，话中故意设问的，名叫设问。这种设问，共分两类：一是为提醒下文而问的，我们称为提问，这种设问必定有答案在它的下文；二是为激发本意而问的，我们称为激问，这种设问必定有答案在它的反面。"[①]

尽管设问可以分为"提问"和"激问"两类，但是作为一种修辞文本模式，它们的建构都是表达者在某种激情状态下意欲凸显自己的某种情意并进而希望接受者与自己达成情感上的共鸣，是表达者有意识地强化接受者注意的产物。正因为如此，设问修辞文本在表达上多有突出强调的表达效果，易于淋漓尽致地显现表达者文本建构的情意或意图；在接受上多因表达者所设定的"明知故问"文本模式而易于引发接受者的"不随意注意"，进而能深刻理解表达者的文本建构的意图，达成与表达者之间的情感思想的共鸣。

正因为如此，在人们的语言表达中，设问修辞文本常被建构。如南唐后主李

---

① 陈望道：《修辞学发凡》，上海教育出版社1982年版，第140页。

煜有一首在中国文学史上十分著名的词作《虞美人》，词曰：

> 春花秋月何时了？往事知多少！小楼昨夜又东风，故国不堪回首月明中。雕阑玉砌应犹在，只是朱颜改。问君能有几多愁？恰似一江春水向东流。

众所周知，这是李煜在亡国被囚东京时深切思念故国之作。词的末两句"问君能有几多愁？恰似一江春水向东流"，是一个典型的设问修辞文本模式，属于"设问"中的"提问"一类。因为表达者在文本的上半部分所提的问题，在文本的下半部分自己以一个形象的比喻"恰似一江春水向东流"作了回答。

从这首词的写作背景中，我们可以知道，这一设问修辞文本，是表达者在满怀极端的亡国之痛和对故国的深切思念的激情状态下建构起来的，突出地展现了表达者内心无比深沉的哀愁。从表达上看，这种设问修辞文本的建构起到了突出强调表达者极度痛苦哀愁的效果，满足了表达者因痛苦哀愁而影响心理平衡的心理能量的释放和情感纾解的需要。如果不以设问修辞文本而以"愁似一江春水向东流"的比喻修辞文本来表达，明显是不能企及上述设问修辞文本的表达效果的。从接受上看，表达者所建构的设问修辞文本语言形式上的提示（听觉上有提问重音），极易引发接受者的"不随意注意"的集中，进而使接受者深刻理解表达者文本建构的意图，从而在表达者激情状态的语言表达中深受感染而达成与表达者之间的情感思想共鸣。李煜的这首词之所以在中国文学史上很有名，对千百年来千千万万的读者有那么大的艺术感染力，不能不说与表达者李煜这首词末两句所建构的设问修辞文本有着密切关系。

设问修辞文本的魅力不仅突出地表现在诗词中，在政论文中若是运用得好，也非常有魅力。如宋人王安石的《答司马谏议书》一文就有突出的表现。该文中有这样一段话：

> 上乃欲变此，而某不量敌之众寡，欲出力助上以抗之，则众何为而不汹汹然？

宋神宗熙宁二年（1069），王安石为相，实行新法，受到了保守派的强烈反对。当时官任右谏议大夫的司马光反对得尤其激烈，他专门给王安石写了一封长信，对王安石所实行的新政大加抨击。上引文字是王安石回击司马光信中责难之言的一段。其中，末一句"则众何为而不汹汹然"是一个设问修辞文本模式，属于"激问"一类。这一修辞文本的真实语义内涵就在这一反问语句的反面，即"众必汹汹然"。

　　王安石变法，历来有很多争议，我们姑且不讨论其变法本身的是非，而仅就上引文字中王安石的设问修辞文本的表达与接受效果来论。"则众何为而不汹汹然"这一设问修辞文本，从表达上看，强烈地凸显了表达者王安石对以司马光为代表的保守派势力无端责难新法新政的无比愤慨之情，满足了表达者因极端愤慨而导致的心理失衡的心理能量释放和情感纾解的需要。如果不以设问修辞文本来表达，而以一般肯定语气的陈述句"众必汹汹然"来表达，则很难有上述以反问语气出现的设问修辞文本的表达效果。从接受上看，表达者所建构的设问修辞文本语言形式上的提示（反问语气），很易引发接受者的"不随意注意"的集中，进而深刻理解表达者所建构的修辞文本的语义内涵，最终使接受者在表达者激情状态的语言表达中深受其情绪感染而达成与表达者之间的情感思想共鸣。王安石的这封书信虽寥寥数百字，却将司马光数千字的责难之言驳得无立足之地，论证十分有力，为历来的文章家所称道。这其中，也有作者运用上述设问修辞文本的一份贡献在内。

　　古代诗文中运用设问修辞法的很多，现代文学作品中设问文本的建构也司空见惯。如鲁迅先生的很多文章中都有设问修辞文本的建构。下面我们看看他的杂文《论毛笔之类》中的一段文字：

　　青年里面，当然也不免有洋服上挂一枝万年笔，做做装饰的人，但这究竟是少数，使用者的多，原因还是在便当。便于使用的器具的力量，是决非劝谕，讥刺，痛骂之类的空言所能制止的。假如不信，你倒去劝那些坐汽车的人，在北方改用骡车，在南方改用绿呢大轿试试看。如果说这提议是笑话，那么，劝学生改用毛笔呢？

　　鲁迅先生此文是讽刺那些"不看报纸，昧于世界的大势"的不现实的"国货"提倡家们。上引一段文字的最后一句"劝学生改用毛笔呢"，是一个典型的设问修辞文本，也属于"激问"一类，它的真实语义内涵就在这个反问语句的反面，即"劝学生改用毛笔是笑话"。

　　这一修辞文本的建构，从表达上看，突出强调了表达者对那些"国货"提倡家们"昧于世界的大势"的无知愚昧的强烈嘲讽之意。如果不用上述设问句式来表达，而是用"劝学生改用毛笔更是笑话"这样的直陈语句来表达，那么表达者所要强调的那种强烈的情绪情感就不能很好地表现出来。从接受上看，由于表达者所建构的修辞文本有语言形式上的提示（反问语气），接受者就易于形成"不随意注意"的集中，从而深刻体会出表达者文本建构的用意，进而在其强烈的情绪感染下与表达者达成情感或思想的共鸣。这样，表达者（作者）写作此文的目的也就自然达到了。

　　3. 复叠与注意强化

　　复叠是一种"把同一的字接二连三地用在一起"①以求得强调突出情意和加深接受者印象的效果的修辞文本模式。陈望道先生将之区别为两种情况："一是隔离的，或紧相连接而意义不相等的，名叫复辞；一是紧相连接而意义也相等的，名叫叠字。"②

　　不管是"复辞"还是"叠字"，复叠作为一种修辞文本模式，它的建构都是建立在修辞文本建构者（表达者）力图通过增加刺激物的刺激次数来强化修辞文本接受者的注意，从而实现其交际目标的心理基础上的。

　　复叠修辞文本的建构，一般来说，在表达上多能突出强调表达者的某种情意；在接受上多能强化接受者的注意，使接受者对表达者所建构的修辞文本有较深刻的印象，从而使两者达成情感或思想的共鸣。正因为如此，很多修辞者（表达者）为了在言语交际中达到自己的交际目标，往往都会运用复叠修辞文本来表情达意。如《孟子·梁惠王上》中有一段文字云：

　　　　故王之不王，非挟太山以超北海之类也；王之不王，是折枝之类也。老吾老，以及人之老；幼吾幼，以及人之幼；天下可运于掌。《诗》云："刑于寡妻，至于兄弟，以御于家邦。"言举斯心加诸彼而已。故推恩足以保四海，不推恩无以保妻子。古之人所以大过人者，无他焉，善推其所为而已矣。

　　上引这段文字，是孟子在向梁惠王阐述他的王道理论和"推恩而王"的政治主张时所说的一番话。意思是说：使天下人都有博爱之心，那么天下就易于治理了。其中，"老吾老，以及人之老；幼吾幼，以及人之幼"二句，是典型的复叠修辞文本模式，属于"复辞"一类。这一修辞文本中有三个字面相同的"老"，三个字面相同的"幼"。三个"老"和三个"幼"都是各自隔离的，且意义不同。前一个"老"作动词用，是"尊敬"、"爱戴"之义，后两个"老"作名词用，是"老人"之义；前一个"幼"作动词用，是"爱护"、"关心"之义，后两个"幼"作名词用，是"孩子"之义。

　　这一修辞文本的建构，从表达上看，由于连用了与"博爱"相关的三个"老"和三个"幼"，从而凸显了表达者强烈的"博爱"、"仁政"思想；从接受上看，由于表达者在同一修辞文本中连用了三个字面相同而语义不同的"老"

---

　　①②　均见陈望道：《修辞学发凡》，上海教育出版社1982年版，第169页。

字和"幼"字，这就使接受者在接受这一修辞文本时受到了同一刺激物的反复刺激，从而促进了大脑皮层最适宜兴奋灶的形成，产生了"随意注意"，进而加深了对修辞文本的印象和理解，易于达成与表达者思想情感的共鸣。这样，表达者建构复叠修辞文本的交际目标就达成了。

孟子所建构的复叠修辞文本，高妙处在于以思想性取胜，因而被传诵千古。而宋代的才女李清照所建构的许多复叠修辞文本，高妙处则在于以情动人，读之让人为之深切感动，千百年来让无数男女为之感叹。如《声声慢》一词，便是其中的代表。词云：

> 寻寻觅觅，冷冷清清，凄凄惨惨戚戚。乍暖还寒时候，最难将息。三杯两盏淡酒，怎敌他、晚来风急！雁过也，正伤心，却是旧时相识。　　满地黄花堆积，憔悴损，如今有谁堪摘？守着窗儿，独自怎生得黑？梧桐更兼细雨，到黄昏、点点滴滴。这次第，怎一个愁字了得？

这首词是李清照在夫亡家破，饱经离乱和哀伤生活之苦的晚年所作，是一首十分感人的佳作。其中，最为本词增添艺术魅力的是上半阕开头的"寻寻觅觅，冷冷清清，凄凄惨惨戚戚"三句，以及下半阕"到黄昏、点点滴滴"两句。它们都是典型的复叠修辞文本，属于"叠字"一类。

前一个复叠修辞文本，连用七个叠音词，在表达上延缓了音节的推进，恰好贴合了表达者哀伤凄苦的心境，突出强调了表达者的悲切情绪。在接受上，七个叠音词的运用，同一字词重复出现，从心理学上看它加强了刺激物的刺激次数和频率，使接受者在较强刺激物的刺激下在大脑皮层形成最适宜兴奋灶，引起"随意注意"。这样，接受者对表达者所建构的修辞文本就有了较深刻的印象，从而加深了对修辞文本的理解。由此，表达者修辞文本建构的交际目标也就得以实现了。后一个复叠修辞文本亦如此，由于连用了两个叠音词，在表达上延缓了音节的推进，在突出表达者所听到的雨声之清晰的同时也突出了表达者无奈寂寞的心情；在接受上，由于两个表示雨声的叠音字的连用，使同一音节的字词反复出现，在接受者的心理上就增加了刺激印象，从而使接受者在较强刺激物的刺激下在大脑皮层形成了最适宜兴奋灶，引起了"随意注意"。这样，接受者对表达者所建构的修辞文本就有了较深刻的印象，从而加深了对修辞文本的理解，与表达者达成了情感和思想的共鸣。可以说，李清照的这首词作之所以有很强的艺术感染力并千古传诵，其中有复叠修辞文本的大功劳在。

至于现代人对于复叠修辞文本的建构，我们会情不自禁地想到著名作家朱自清和他的散文名篇《荷塘月色》，也许不少人都会记得该文中这样一段动人的文字：

> 曲曲折折的荷塘上面，弥望的是田田的叶子。叶子出水很高，像亭亭的舞女的裙。层层的叶子中间，零星地点缀着些白花，有袅娜地开着的，有羞涩地打着朵儿的；正如一粒粒的明珠，又如碧天里的星星，又如刚出浴的美人。微风过处，送来缕缕清香，仿佛远处高楼上渺茫的歌声似的。

这段文字是描写荷花之美态，其中用了"曲曲折折"、"田田"、"亭亭"、"层层"、"粒粒"、"星星"等七个叠音词来描写荷塘、荷叶和荷花，是典型的复叠修辞文本模式（这段文字内还包含有其他修辞文本模式，暂不讨论），属于"叠字"一类。

这一修辞文本的建构，从表达上看，由于连用了七个叠音词，不仅增添了文本的音乐美，而且写尽了荷塘、荷叶、荷花的妩媚，凸显了表达者对这些景物的无比热爱之情和亲切之情（这一点，从小孩子甚或成人对某物喜爱亲热时常用叠音词的事实中可以见出）。从接受上看，由于表达者所建构的修辞文本连用了七个叠音词，使同一字词反复出现，这就在接受者的心里形成了较强的信息刺激，使之加深了对表达者所建构的修辞文本的印象和理解，进而与表达者达成情感思想的共鸣，沉浸到表达者所描写的美的境界之中，得到情性的陶冶和美的享受。朱自清的这篇散文之所以很有艺术感染力，令人百读不厌，离不开作者所运用的复叠修辞文本的魅力。

4. 转类与注意强化

转类是一种"说话上把某一类词转化作别一类词来用"[1] 的修辞文本模式。陈望道先生指出："词可以分类，词也必须分类，某词属于某类或某某类，也都可以一一论定。修辞上有意从这一类转成别一类来用的，便是转类辞。"[2]

众所周知，每一种语言都有其长期使用中所形成的固定语法规范，即某一类词在句子中充当某一种语法成分是有一定规律的，使用这一语言的所有人都应遵守这一共同的语法规范，不可逾越，否则便会带来语言的混乱和交际的困难。但是，我们也应该看到，语言是发展的，语言是一种社会现象，语言使用中常有突破语法规范的事出现，这是不可否认的事实，也是语言发展和语言使用所许可的正常现象。转类修辞法即是其中之一。

一般来说，转类修辞文本的建构，多是建立在表达者意欲通过突破正常的语

---

①② 分见陈望道：《修辞学发凡》，上海教育出版社 1982 年版，第 190～191 页、第 192 页。

法规范来强化接受者的"不随意注意"从而实现其交际目标的心理之上的。从表达上看，转类修辞文本的建构可以增加修辞文本的生动性和新颖性，同时还兼具简洁性的特点和效果，能凸显表达者力图突破语言规范的束缚、锐意创新地进行思想情感表达的求新求异的心理；从接受上看，由于表达者所建构的修辞文本突破了接受者心理上已经习惯的常式语法表达的定型模式，这就易于引发接受者文本接受过程中的"不随意注意"，进而加深对表达者所建构的修辞文本的印象与理解。

正因为如此，很多修辞者（表达者）为了使自己所建构的修辞文本具有生动性、新颖性和简洁性的表达效果，使接受者易于接受和加深印象，往往在表情达意时运用转类修辞文本。如唐代大文学家韩愈有一篇散文名作《原道》，文末有这样一段话：

> 然则如之何而可也？曰："不塞不流，不止不行。人其人，火其书，庐其居；明先王之道以道之，鳏寡孤独废疾者有养也。其亦庶乎其可也！"

韩愈的这篇文章是探讨儒道之原，批评其时盛行的佞佛风气，排斥佛老之说的。这末一段是全文的点睛之笔，指出了斥佛崇儒的具体办法。其中，"人其人，火其书，庐其居"是一个典型的转类修辞文本模式。构成这一修辞文本的三句话，意思是说：让皈依佛老的教徒还俗为普通人，从事农业生产，负担起大唐臣民所应尽的完粮、纳税、服役的义务；烧毁佛老的经书；将寺观庙宇改为民用之居室，让民众安居乐业。

如果按照正常的语法规范用字造句，上面所讲的诸多意思绝非韩文所建构的九个字的修辞文本所能奏效的。上述这九个字的修辞文本，其中第一个"人"字，已非名词，而是转类为动词，是"使……成为（普通）人"之意；第一个"火"字，也已非用作正常的名词，而是转类为动词，有"烧"之意；第一个"庐"字，亦非原有的名词性质，而是转类为动词，有"使……成为庐"之意。很明显，这一修辞文本由于突破了正常的汉语语法规范，在表达上要比正常表达显得更经济简洁且具生动性、新颖性；在接受上，表达者所建构的这一修辞文本在语法上突破了正常的汉语语法规范，使接受者易于由文本表达的新颖性而引发其阅读接受过程中的"不随意注意"，从而深入探求表达者文本建构的用意，加深对文本的印象和理解。而这正是表达者写作此文所要达到的目标——排斥佞佛风气，劝世崇儒兴国。韩愈此文以上述转类修辞文本作全文的点睛之笔，无疑是十分成功的。

又如宋人李昉等所编《太平广记》卷二百四十五引有隋人侯白《启颜录》

中的一段文字，也是一个转类修辞文本。其文云：

> 晋王戎妻语戎为卿。戎谓曰："妇那得卿婿？"答曰："我亲卿爱卿，是以卿卿；我不卿卿，谁当卿卿？"

这里，王戎和其妻所说的话，都是典型的转类修辞文本模式。王所说的"卿婿"之"卿"已非用作第一人称代词的"卿"，而是转类成了动词，是"称……为卿"之意；其妻所说的三个"卿卿"中，第一个"卿"字都非正常的人称代词用法，而是用作动词，有"称……为卿"之意。王氏与其妻所建构的上述转类修辞文本，从表达上看，比依循汉语语法规范的正常表达（"妇那得称婿为卿"、"是以称卿为卿"、"我不称卿为卿，谁当称卿为卿"）显得更经济简洁且更具生动性、新颖性；从接受上看，由于表达者的文本建构突破了正常的汉语语法规范，使接受者在接受时易于因其表达的新异性而引发"不随意注意"，从而加深对文本的印象和理解。陈望道先生曾称赞此修辞文本"用法也极寻常，但因用得合拍，便觉异常生动，终至历代流传作为亲昵的称谓"①。可见，王戎与其妻的上述转类修辞文本的运用是成功的。

说到魏晋人的风流轶事，不禁让我们又想起了鲁迅先生所写的一篇评述魏晋人风流的文章《魏晋风度及文章与药及酒之关系》。该文中有这样的一段文字：

> 所以我们看晋人的画像或那时的文章，见他衣服宽大，不鞋而屐，以为他一定是很舒服，很飘逸的了，其实他心里都是很苦的。

这里，鲁迅先生在描写晋人衣饰特征时建构了"不鞋而屐"这样一个转类修辞文本模式。所谓"不鞋而屐"，就是"不穿鞋子而穿木屐"的意思。根据现代汉语语法规范，否定副词"不"是不能修饰名词"鞋"的，"鞋"和"屐"都是名词，不能作动词用，也不可直接充当谓语。但是，在鲁迅先生所建构的上述修辞文本中，却突破了现代汉语的语法规范，让名词"鞋"和"屐"在句中都当了动词，并充当了谓语。而且，从表达上看，这一修辞文本明显要比正常的表达显得经济简洁且具生动性和新颖性；从接受上看，由于表达者所建构的修辞文本在表达上具有新异性，自然就易于引发接受者阅读接受中的"不随意注意"，进而追索其文本如此建构的因由，加深了对文本的印象和理解，并从中获得一种文本建构的智慧和解读文本的愉悦。因此，很多读者在读到鲁迅先生上述

---

① 陈望道：《修辞学发凡》，上海教育出版社 1982 年版，第 192 页。

这一修辞文本时，初始都觉得表达有些不妥，但仔细思索、咀嚼后都觉得十分巧妙，非常佩服其语言运用的艺术性。

5. 反复与注意强化

反复也是一种常见的修辞文本模式。陈望道先生指出："用同一的语句，一再表现强烈的情思的，名叫反复辞。"① 并将其区分为"隔离的反复"和"连接的反复"两类。

不管是"隔离的反复"还是"连接的反复"，都是建立在表达者在激情状态下通过反复使用同一语句来强化接受者在修辞文本接受时大脑皮层的受刺激频率，从而引发其文本接受过程中的"不随意注意"的心理基础之上的。

这种修辞文本的建构，从表达上看，可以凸现表达者的某种较为强烈的情思，满足表达者在激情状态下心理失衡时的心理能量的释放和情感情绪的纾解的需要；从接受上看，文本中同一语句的反复出现，使接受者易于在同一刺激物的反复刺激下形成大脑皮层最适宜兴奋灶，产生对接受文本的"不随意注意"，从而加深对表达者所建构的修辞文本的印象和理解，达成与表达者之间的情感思想共鸣。因此，一般来说，表达者在情绪激动或想感染接受者使其产生思想情感共鸣时，常常会运用反复修辞文本。如《论语·雍也》中有这样的一段记载：

> 子曰："贤哉回也！一箪食，一瓢饮，在陋巷，人不堪其忧，回也不改其乐。贤哉回也！"

上引这段文字是孔子赞扬其得意弟子颜回的人品德操的。其中，首尾两处用了同一感叹语句"贤哉回也"，是一个典型的反复修辞文本，属于"隔离的反复"一类。

这一反复修辞文本的建构，从表达上看，强烈地凸显了表达者孔子对弟子颜回贫贱不移其志的高尚德操的高度赞赏和自豪之情，满足了表达者激情状态下高昂情绪的纾解和心理能量的释放的需要；从接受上看，由于表达者所建构的修辞文本中开首和结尾两次用同一语句且是感叹语句来表情达意，这就使接受者在文本接受中易于因同一刺激物（同一语句）的反复刺激形成大脑皮层最适宜兴奋灶，产生对接受文本的"不随意注意"，从而加深对表达者所建构的修辞文本的印象与理解，达成与表达者之间的情感思想共鸣，即为颜回贫贱不移其志的高尚德操而感动，并从心底深处生发出一种对颜回人格的由衷敬意。今天我们读《论

---

① 陈望道：《修辞学发凡》，上海教育出版社 1982 年版，第 199 页。

语》之所以常被颜回的人格魅力所折服，常常由衷地称赞颜回的德操，这正是孔子所建构的上述反复修辞文本的影响所致。可见，反复修辞文本是有很好的表达力和很强的感染力的。

建构反复修辞文本来表达喜悦之情可以感染接受者，表达伤悲之情也可以通过反复修辞文本的建构来深切地打动人心。如唐代大文学家韩愈《祭十二郎文》中有这样一段文字，读来就非常感人：

> ……虽然，吾自今年来，苍苍者或化而为白矣，动摇者或脱而落矣。毛血日益衰，志气日益微，几何不从汝而死也！死而有知，其几何离？其无知，悲不几时，而不悲者无穷期矣。汝之子始一岁，吾之子始五岁，少而强者不可保，如此孩提者又可冀其成立耶？呜呼哀哉！呜呼哀哉！

韩愈此文是吊祭其侄儿十二郎（即韩老成）的，其"写幼年情事和生离死别的悲哀，于萦回中见深挚，于呜咽处见沉痛，语语从肺腑中流出"①，是一篇十分有名且感人的祭文名作。上述这段文字尤可见出其叔侄情深的况味。其中末两句的"呜呼哀哉！呜呼哀哉！"是典型的反复修辞文本模式，属于"连接的反复"一类。

这一修辞文本的建构，从表达上看，淋漓尽致地展露了表达者对侄儿英年早逝的无比悲痛之情，满足了表达者悲痛欲绝的激情状态下失衡心理的能量释放和悲情纾解的需要；从接受上看，由于表达者所建构的修辞文本连用了两个相同的感叹语句"呜呼哀哉"，使接受者在文本接受中因表达者所施与的同一刺激物（同一感叹语句）的反复刺激而极易形成大脑皮层最适宜兴奋灶，引发其在文本接受过程中的"不随意注意"，从而使接受者加深对表达者所建构的修辞文本的印象和理解，达成与表达者之间的情感思想的共鸣，即为表达者韩愈失侄的悲痛而悲痛，情不自禁地也沉浸于表达者韩愈所建构的修辞文本的悲情氛围之中。可以说，韩愈此文之所以深切感人，其中也有作者运用反复修辞文本的因素在起作用。

反复修辞文本的建构，现代人更为重视。读过著名作家朱自清的散文名篇《春》，我们都会记得其开头的几句：

> 盼望着，盼望着，东风来了，春天的脚步近了。

---

① 朱东润主编：《中国历代文学作品选》中编第一册韩愈《祭十二郎文》"解题"，上海古籍出版社1980年版，第321页。

这段文字的前两句，就是一个典型的反复修辞文本模式，属于"连接的反复"一类。这一修辞文本，从表达上看，凸显了表达者对春天的殷切期盼之情，满足了表达者因盼春爱春的激昂情绪而心理失衡的心理能量的释放和情感纾解的需要；从接受上看，由于表达者所建构的修辞文本连用了两个相同的语句"盼望着"，这就使接受者在文本接受过程中因同一刺激物（同一语句）的反复刺激而形成大脑皮层最适宜兴奋灶，从而产生文本接受中的"不随意注意"，进而加深对表达者所建构的修辞文本的印象和理解，达成与表达者之间的情感思想共鸣，即因表达者所建构的修辞文本中所凸显的强烈的爱春盼春之情的感染而生发出强烈的对春的向往之情。朱自清《春》一文，之所以会激发很多读者对春天的向往之情，其中不乏反复修辞文本的作用。

6. 倒装与注意强化

倒装是一种"话中特意颠倒文法上逻辑上普通顺序的部分"① 的修辞文本模式。陈望道先生将之区分为两类：一类是"随语倒装"，另一类是"变言倒装"。前者"大多只是语次或语气上的颠倒，并不涉及思想条理和文法组织"②；后者"虽然也是颠倒顺序，却往注涉及思想条理和文法组织，同第一类单属程序上的倒装不同"③。

一般来说，不管是"随语倒装"还是"变言倒装"，都是建立在表达者意欲通过打破正常语序以引发接受者"不随意注意"，从而使接受者加深对修辞文本的理解和印象的心理基础之上的。

这种修辞文本的建构，从表达上看，可以强调表达者所要表达的重点，突出表达者的某种较为强烈的感情，满足表达者某种心理能量的释放和情感纾解的需要；从接受上看，由于表达者所建构的修辞文本突破了正常句法逻辑顺序，极易引发接受者文本接受中的"不随意注意"，从而加深对表达者所建构的修辞文本的印象和理解。因此，在需要强调某一意思或凸显表达者的某种较为强烈的情感，或是为了引发接受者特别注意时，人们往往都喜欢建构倒装修辞文本。如《战国策·赵策三》记鲁仲连义不帝秦之事，有这样一段文字：

……辛垣衍曰："先生独未见夫仆乎？十人而从一人者，宁力不胜，智不若耶？畏之也。"鲁仲连曰："然梁之比于秦，若仆耶？"辛垣衍曰："然。"鲁仲连曰："然吾将使秦王烹醢梁王。"辛垣衍怏怏然不悦，曰："嘻！亦太甚矣，先生之言也！先生又恶能使秦王烹醢梁王？"……

---

①②③ 分见陈望道：《修辞学发凡》，上海教育出版社1982年版，第219页、第220页、第221页。

《战国策》所记这段文字的背景是这样的：赵孝成王时，秦国出兵围攻韩之上党。上党畏之而降赵以自保。秦怒，遂出兵攻赵。在长平大败赵兵，并惨无人道地坑杀了赵之降卒四十万。之后，秦又得寸进尺，兵围赵国之都邯郸，赵国形势十分危急。当此之时，近邻魏国派魏将晋鄙出兵救赵。晋鄙惧秦，止而不进。魏王遂使客将军辛垣衍潜入邯郸，并通过赵国平原君向赵王传话，希望赵王尊秦王为帝以退秦兵。此时齐国名士鲁仲连正在邯郸，闻听此事而求见平原君，并请平原君约见了辛垣衍，当面陈述了尊秦为帝的利害关系。最后说服了辛垣衍，秦军闻此为之退军五十里。而此时，又恰逢魏公子信陵君引魏军救赵，赵围遂解。

上述一段对话，是鲁仲连与辛垣衍相互论辩帝秦之利害关系。其中，辛垣衍的"嘻！亦太甚矣，先生之言也！"是一个倒装修辞文本模式，属于"变言倒装"一类。这句话的正常语序应该是"先生之言亦太甚矣"。辛垣衍在表达时之所以将谓语部分"亦太甚矣"提到句子的主语部分"先生之言"之前，建构出上述的倒装修辞文本，是因为表达者辛垣衍想突出其对鲁仲连辱没魏君之言的不满情绪，纾解其心中的不平之愤，这是从表达上看。从接受上看，由于表达者辛垣衍所建构的修辞文本突破了常规语法规范，将语句的谓语部分提前，使之成为全句的焦点，这就易于引发接受者鲁仲连在文本接受中的"不随意注意"，从而加深对表达者所建构的修辞文本的印象和理解。事实上，表达者辛垣衍的这一修辞目标确实达成了，因为接受者鲁仲连在听了辛垣衍的话后，马上就对自己说出如此"亦太甚"的话的原因作出了解释。

倒装修辞文本的建构在口语表达中最为常见，但不少书面语作品为了特定的表达目标也会时有建构。如宋人苏轼在其千古名作《水调歌头》词的一开头，就建构了一个倒装修辞文本。其词云：

明月几时有？把酒问青天。不知天上官阙，今夕是何年。我欲乘风归去，又恐琼楼玉宇，高处不胜寒。起舞弄清影，何似在人间！　　转朱阁，低绮户，照无眠。不应有恨，何事长向别时圆？人有悲欢离合，月有阴晴圆缺，此事古难全。但愿人长久，千里共婵娟。

这首词是苏轼于宋神宗熙宁九年（1076）在密州所作。"当时他在政治上的处境既不得意，和胞弟子由（苏辙字）亦已七年没有团聚在一起，心情抑郁，可想而知。可是词中抒幻想而留恋人世，伤离别而处以达观，反映了作者由超脱尘世的思想转化为喜爱人间生活的过程。笔调奇逸，风格健朗，成为文学史上的名篇。"① 其中，上半阕前两句"明月几时有？把酒问青天"，是一个典型的倒装修辞文本模式，属于"随语倒装"一类。

这一文本，正常的语序应该是"把酒问青天，明月几时有"，但表达者苏轼却将前后两句的顺序作了颠倒。如果不颠倒，那就不是修辞文本，只是一种普通的表达方式。而颠倒之后，就成了一个典型的倒装修辞文本。这一修辞文本，从表达上看，可以凸显表达者极端寂寞的心境和盼望与弟弟子由团聚畅叙兄弟亲情的急切之情，满足了表达者激情状态下心理能量释放和情感纾解的需要；从接受上看，文本超越正常句法规范所创造的文本新异性，很易引发接受者文本接受中的"不随意注意"，从而加深对表达者所建构的修辞文本的印象和理解，达成与表达者之间情感思想的共鸣，体会到表达者的那种孤寂之情。这首词之所以成为千古名篇，有着感人至深的魅力，其中不乏上述先声夺人的倒装修辞文本的建构之功。

以上所说都是古人的倒装修辞文本建构，下面我们再来看看现代人创造的倒装修辞文本。我们都知道，现代诗人何其芳有一首著名的诗作，叫作《我们最伟大的节日》，其中就创造了不少倒装修辞文本。其诗曰：

终于过去了，
中国人民哭泣的日子，
中国人民低垂着头的日子；
终于过去了，
日本侵略者使我们肥沃的土地上长着荒草的日子，
使我们肚子里塞着树叶的日子。
终于过去了，
美国吉普车把我们像狗一样在街上压死，
美国大兵在广场上强奸我们的妇女的日子；
终于过去了，
中国最后一个黑暗王朝的统治！

上述这些诗行都是典型的倒装修辞文本模式，属于"变言倒装"一类。句子的谓语部分"终于过去了"一律前置，而"中国人民哭泣的日子"、"中国人民低垂着头的日子"、"日本侵略者使我们……的日子"、"美国吉普车……的日

---

① 朱东润主编：《中国历代文学作品选》中编第二册苏轼《水调歌头》"解题"，上海古籍出版社1982年版，第27页。

子"、"中国最后一个黑暗王朝的统治"等几个主语部分则一律后置。

这些倒装修辞文本的建构，从表达上看，凸显了作者为中国人民的彻底翻身解放而欢欣鼓舞的无比兴奋之情，满足了表达者因过度兴奋而心理失衡的心理能量的释放和激情状态下的情感纾解的需要；从接受上看，表达者所建构的上述诸多倒装修辞文本都将句子的谓语部分前置，使其成为全句的陈述焦点，突破了常规句式的结构模式，易于引发接受者文本接受过程中的"不随意注意"，从而触发接受者追寻表达者如此建构文本的深层根由的欲望，进而加深对文本的印象和理解，在表达者的激情感染下达成与表达者之间的情感思想共鸣，为中国和中国人民的新生而欢呼，而感奋。可以说，这首诗的感人魅力主要是源于表达者所建构的倒装修辞文本的成功。

7. 旁逸与注意强化

旁逸是说写时"有意地离开主旨而旁枝逸出，加以风趣的插说或注释"[①]，以求说写达到幽默生动等效果的一种修辞文本模式。

我们知道，任何人的说写活动都在有意识地朝着自己言语交际所要企及的目标努力。也就是说，说写者的说写内容是围绕其特定的主旨展开的。因此，这种有目的性的说写，一般来说是具有较为严密的逻辑性的，是简洁明了的。但是，任何说写都是以听读者的接受为最终目标的。也就是说，说写者必须在说写过程中考虑听读者怎样才能有效地接受。根据心理学的基本原理，我们可以知道，说写者的说写内容作为一种刺激物可以作用于听读者的大脑，在这种刺激物的刺激下，听读者的大脑皮层上会产生大量的强度不等的兴奋灶（或称"兴奋中心"）。其中，具有中等水平的叫"最适宜兴奋灶"。由于"最适宜兴奋灶""在当前条件下对机体生活活动是最有利的。根据负诱导规律，最适宜兴奋灶抑制着皮层其余部分的活动"[②]，所以听读者能够在听读过程中抑制自己大脑皮层其余部分的活动，将兴奋点集中于说写者所提供的说写内容上而不至于分心去想别的事情。但是，"最适宜兴奋灶又是动力的。刺激性质的变化或它长久作用于大脑皮层的同一区域，就导致兴奋灶根据继时诱导规律向其余区域的转移"[③]，因此要长久维持听读者对说写者说写内容的兴趣就不太可能。所以在言语交际中，表达者必须长久维持听读者对自己的话语文本的兴趣，使其注意力集中于自己的说写内容上而最终达成让听读者有效接受的目标。为了企及这一目标，说写者就必须在文

---

① 谭永祥：《汉语修辞美学》，北京语言学院出版社 1992 年版，第 132 页。
②③ 均见［苏］B. B. 波果斯洛夫斯基等主编，魏庆安等译：《普通心理学》，人民教育出版社 1982 年版，第 154 页。

本建构中增加刺激物——说写内容——的新异性，让听读者的大脑皮层不断产生最适宜兴奋灶以维持接受文本的兴趣和注意力，从而达到让听读者较好接受的言语交际目标。也就是说，旁逸修辞文本模式建构的基本心理机制是通过在正常逻辑叙述中暂时脱离正常逻辑叙述的轨道，以新异性的内容引发接受者的"不随意注意"，从而达到正常内容叙述得以完成的目标。

这种修辞文本的建构，从表达上看，可以突破正常平实叙述的冗长沉闷而增添叙写的活力，使修辞文本生动而富有情味；从接受上看，表达者在常规定式的叙写中旁枝逸出，增添了正常叙写内容中不应有的信息，使接受者在文本接受中的定式思维受到了突如其来的刺激，并在这种刺激下于大脑皮层中生发出新的最适宜兴奋灶，从而提高了文本接受的兴趣，使本已难以维持的注意力得以继续维持下去，最终对表达者所建构的修辞文本进行完整、全面的接受，对其修辞文本的精妙处亦能体察入微，由此在文本解读中获得更多的审美情趣。

说到旁逸修辞文本的建构，我们会情不自禁地想到中国现代大文豪鲁迅先生。他的许多杂文中都有不少精妙的旁逸修辞文本，很是值得我们重视。如《魏晋风度及文章与药及酒之关系》一文中有这样的一段文字：[①]

> 嵇阮二人的脾气都很大；阮籍老年时改得很好，嵇康始终都是极坏的。
>
> 阮年青时，对于访他的人有加以青眼和白眼的分别。白眼大概是全然看不见眸子的，恐怕要练习很久才能够。青眼我会装，白眼我却装不好。

鲁迅先生这里的两段话，是叙述曹魏时代的嵇康与阮籍两人的生平行事，特别是阮氏著名的评品人物的独特方法：对被其看重的人加以青眼垂顾，对被其看轻的人则施以白眼。本来，对于历史人物的行事叙述清楚了即可，文章应该围绕主旨继续下去，不可节外生枝，旁枝逸出。然而，鲁迅先生却偏偏在正常思路应该继续下去的当儿，突然岔开去，说出"青眼我会装，白眼我却装不好"这番话来。这种背离主旨而旁枝逸出的行文方法，表面看来不符合说写的简洁、经济原则，但实际上是一种很高明的修辞策略，它是典型的旁逸修辞文本模式。

从表达上看，这一修辞文本突破了由过长的历史故实叙述而产生沉闷乏味的叙写格局，于本来平板直线型的叙事中制造出了新的波澜，使平实的叙述顿时生动起来，引发了接受者新的接受兴趣；从接受上看，虽然表达者鲁迅于正常的历史人物行事的叙述中突然旁枝逸出"青眼我会装，白眼我却装不好"的题外话无关全文宏旨，但对适时调整接受者的接受兴趣和情绪却有不可忽视的作用，因

---

① 此例引见于谭永祥：《汉语修辞美学》，北京语言学院出版社1992年版，第132页。

为它使接受者从表达者冗长、严肃的平直史实的叙述中暂时解脱出来，得到片刻的心理松弛，唤起了接受者言语接受过程中新的兴趣，从而保证了接受者维持对表达者所欲表达的原主旨内容的接受兴趣，使其所接受的言语信息具有完整性，有利于接受者对表达者所表达的内容有一个深刻的理解，由此获取更多的认识和审美情趣。鲁迅先生的这篇文章是一篇颇长的演讲稿，于谈史中别含深意。如果接受者不能维持接受兴趣并听完全部的演讲，那么是不能深刻了解其深意所在的。事实上，鲁迅的这篇演讲词想要达到的交际目标是达到了，因为他的演讲得到了听众的认同，这篇演讲词也成了许多读者爱读的佳构。究其原因就在于鲁迅先生于演说中运用了旁逸的修辞策略，内中的几处旁逸修辞文本的建构起了不小的作用。

正因为旁逸修辞文本有上述诸多独特的效果，所以随着社会的进步与语言的发展，人们在日常语言表达中有意识地建构旁逸修辞文本的越来越多了，特别是那些驾驭语言游刃有余的文章大家更是不时地在说写中建构旁逸修辞文本。如季羡林《过年的感觉》一文中就有旁逸文本的建构：

我可真正是万万也没有想到，我能活到 89 岁，迎接一个新世纪和新千年的来临。

我经常说到，我是幼无大志的人。其实我老也无大志，那种"大丈夫当如是也"的豪言壮语，我觉得，只有不世出的英雄才能说出。但是，历史的记载是否可靠，我也怀疑。刘邦和朱元璋等人，一无所有，从而一无所惧，运气好成了皇上。一批帮闲的书生极尽拍马之能事，连这一批人的并不漂亮的长相也成了神奇的东西，在这些书生笔下猛吹不已。他们年轻时未必有这样的豪言壮语，书生也臆造出来，以达到吹拍的目的。

上引一段文字，作者说到自己活到 89 岁，迎来新世纪与新千年是个意外，却突然笔锋一转，以"但是"领起，离开了文章主旨，行文走入了歧途："历史的记载是否可靠，我也怀疑。刘邦和朱元璋等人，一无所有，从而一无所惧，运气好成了皇上。一批帮闲的书生极尽拍马之能事，连这一批人的并不漂亮的长相也成了神奇的东西，在这些书生笔下猛吹不已。他们年轻时未必有这样的豪言壮语，书生也臆造出来，以达到吹拍的目的。"这一大段文字，无论是从上下文语境看，还是从与文章主旨的关系看，都让人觉得是离题万里的"废话"。如果是初读季羡林散文的人，可能会有一种错觉，认为他的散文有一种散漫的毛病。其实不然。"季羡林的散文，仔细品味，还是蛮有味道的，文字技巧上也是颇为讲究的，只是不刻意追求，有一种'采菊东篱下，悠然见南山'的自然美。"① 从上述一段旁枝逸出的话来看，就可知他在文字经营上是颇为费心的。这段文字尽管在表意上并不是必不可少，却有独特的修辞效果，属于我们上面所说的旁逸修辞文本。

这一修辞文本的建构，从表达上看，"突破了整个段落乃至整篇文章正常平实叙述的冗长沉闷而别添了叙写的活力，使文本生动而富情味，谈笑间对那些帮闲书生的无聊无耻行径进行了无情的嘲弄；从接受上看，由于整个段落乃至整篇文章'在轨'叙写内容的严肃性（谈老年与人生问题，随意中别含深意）与这一修辞文本'脱轨'叙写的非严肃性所形成的格调意趣上的巨大反差，自然使接受者心理上产生巨大的落差，于文本思味中不禁哑然失笑，由此便在文本解读接受中获取到一种幽默风趣的审美享受"②。

一般来说，旁逸修辞文本除了能够制造幽默效果，还有一种讥嘲讽刺的功能。如罗荣兴《升官的"快捷方式"》一文，就有一个这方面的旁逸修辞文本。其文曰：

这几年，我留心研究各地的宦情，发现最容易升官进班子的，是略显一点才干而又干得不多，略有一点原则而又不大坚持，略闻名于上下而又不入矛盾漩涡，略接近领导而又不靠得太紧的有心人。

倘能掌握这个分寸，则深得"市隐"与"朝隐"之三昧，离终南快捷方式不远矣！我的这点研究心得，原是不想发表的，原因是说不定将来用得着，如今终于憋不住说出来了，如何是好呢？

这篇文章的立意是批评用人制度的弊端，却以轻松幽默的笔触出之，颇是令人玩味。作者所总结的"入仕"规律："最容易升官进班子的，是略显一点才干而又干得不多，略有一点原则而又不大坚持，略闻名于上下而又不入矛盾漩涡，略接近领导而又不靠得太紧的有心人。倘能掌握这个分寸，则深得'市隐'与'朝隐'之三昧，离终南快捷方式不远矣。"如果有志做官或想升官者以此为范本，把它当作做官升官指南或手册，恐怕是无往而不利也。当然，"作者总结这些现象，其意并不是为了给人们如何升官提供指导，而是讽刺官场现状，其立意与主旨倾向是严肃的。因此，读之不禁令人为中国的前途担忧，为官场黑幕而切

---

① 吴礼权：《表达力》，台湾商务印书馆2011年版，第412页。
② 吴礼权：《现代汉语修辞学》，复旦大学出版社2006年版，第179～180页。

齿痛恨"①。如果作者总结"规律"之后，文章就戛然而止，那么文章就真的成了有心人做官升官的指南了，文章的讽世意义也就不复存在了。事实上，作者没有这样做，而是"在文章结束时缀上了一条欲盖弥彰的'小尾巴'：'我的这点研究心得，原是不想发表的，原因是说不定将来用得着，如今终于憋不住说出来了，如何是好呢?'这个'小尾巴'看似画蛇添足，实则正是这则小品令人难忘的关键所在。它是运用'旁逸'表达法建构的修辞文本，通过'插科打诨'的表达，以格调意趣的谐谑性与前文表达内容的严肃性形成强烈的反差，让读者有一种猝不及防的突兀感。等到他们从惊愕中醒悟过来时，再细细体味，则不禁发出会心的一笑，为作者那充满睿智的讽刺艺术而折服"②。可见，作者有时看似漫不经心的"跑题"之笔，其实是大有用意的，极有可能是一个"深文隐蔚"的旁逸修辞文本。

8. 别解与注意强化

别解是一种在特定语境中临时赋予某一词语以其固有语义中不曾有的新语义，以达到幽默生动的表达效果的修辞文本模式。③

这种修辞文本模式，一般都是建立在用不同于寻常的刺激物对接受者进行刺激，以新异性的特质在接受者的大脑皮层引发出新的最适宜兴奋灶，使之产生"不随意注意"，以强化其文本接受印象的心理机制之上的。

别解修辞文本的建构，从表达上看，在特定情境下临时突破词语的语义规约性原则而凸现出语言表达的活力和灵活性，可以增添文本的生动性和趣味性；从接受上看，由于表达者所建构的修辞文本对常规词语语义规约性原则的突破，遂使文本生发出新异性的特质，极易引发接受者在文本接受中的"不随意注意"，并在"不随意注意"的导引下走向"随意注意"，从而加深对于表达者所建构的修辞文本的理解和印象，并从中得到文本解读的快感和审美情趣。

正因为别解修辞文本的建构在语言交际中有较好的表达效果和接受效果，所以自古及今有很多人都喜欢在言语交际中有意识地建构一些别解修辞文本。如明代无名氏《时尚笑谈》中有一个嘲弄学官贪赃的故事，就是一个生动的别解修辞文本。其文曰：

昔一秀才送鹅与学官，学官曰："我受你的鹅，又无食与他吃，可不饿死?

---

①② 分见吴礼权：《表达力》，台湾商务印书馆 2011 年版，第 417～418 页、第 418 页。
③ 我们这里所说的"别解"，采用谭永祥先生的名称，但不用其定义。参见谭永祥：《汉语修辞美学》，北京语言学院出版社 1992 年版，第 113 页。

欲待不受，又失一节，如何是好？"秀才云："请师父受下，饿死事小，失节事大。"

这则故事有力而辛辣地讽刺了学官内心想收秀才节礼却又要忸怩做作的丑行。其中，最为精妙的是秀才所说的一番话，这是一个典型的别解修辞文本模式。

众所周知，"饿死事小，失节事大"是一句古语，"对中国传统士大夫与知识分子影响极大，并成为许多志士仁人为了理想而甘愿赴汤蹈火甚至献出生命而不惜的原动力，也是他们能够'杀身成仁'、保守名节的座右铭"[1]，出自《河南程氏遗书》卷二十二下所载程颐语。此语有其特定的语义内涵，意谓："人的生存问题固然重要，但是人的名节操守更为重要。"[2]但在上述秀才所建构的修辞文本中，则将其别解为"鹅没有东西给它吃而饿死了不要紧，但少了给先生的节仪节礼就是要命的事了"。

这一修辞文本的建构，从表达上看，突破了人们使用"饿死事小，失节事大"这一固定习语的惯常语义规约，化严肃为幽默，于增添语言活力的同时不着痕迹地暗含了莫大的讽刺意味在其中，表意含蓄隽永，意味深长，臻至了"不著一字，尽得风流"的化境。从接受上看，表达者在特定语境中对"饿死事小，失节事大"这一中国常用古语特定语义进行了"别有用心"的歪曲改造而另赋了它不曾有的新语义，使接受者在言语接受过程中情不自禁地将之与原语义进行对比而发出会心的一笑，于增添文本解读的愉悦的同时也加深了对表达者建构此一修辞文本用意的理解，从而使表达者所欲传达的情意思想得以较好地被接受者所接受，提高了修辞文本的认识价值。

中国的古人似乎在别解修辞文本的建构方面有着天生的过人才智，不仅明代人精于此道，清代也有不少这方面的专家。如清代的小石道人可为个中代表，他在其《嘻谈录》中写的一个东家赖先生节礼的故事，就相当精妙。其文曰：

一先生极道学，而东家极穷，每月束修常常拖久。将到端阳，节礼却是一钱银子，用红纸写"大哉圣人之道"一句，装入拜匣，交学生送去。先生说："既送节礼，为何写此一句送来？想是说教学者亦要合乎圣人之道耳。圣人云：'往者不追，来者不拒。'又曰：'自行束修以上，未尝无诲。'明明示我以免追节礼之意，自好从缓。"到了中秋，节礼连一钱也无。到了年节，仍旧毫无，先生只得相催。东家曰："我于端节全送过了。"先生说："一钱何以抵三节？"东家说：

①②　均见吴礼权：《中国经典名句鉴赏辞典》，吉林教育出版社2009年版，第742页。

"先生岂不知《朱注》云'大哉圣人之道，包下两节而言'?"

故事中请先生的东家虽然极穷，却极有才智，他在第一次送节礼时所写的"大哉圣人之道"的话，已为后来要回复先生索要后两个节礼的答辞预留了伏笔，他不是不懂《朱注》"大哉圣人之道，包下两节而言"说的是"大哉圣人之道"句意包括了下面的两节文字，而是为赖节礼故意将"包下两节而言"的"两节"说成是"两个节日（的节仪）"，使极为道学的先生无奈他何。

这一修辞文本的建构，从表达上看，由于表达者（实际上真正的表达者是写这一故事的小石道人）对《朱注》之意理解的明显性偏差，从而使文本产生了深刻的引人入胜的趣味性，令文本中的接受者——先生——哭笑不得，却使文本外的接受者——读这则故事的读者——忍俊不禁；从接受上看，表达者（东家）的修辞文本明显地违反了《朱注》话语理解的常规，使文本中的接受者因超乎寻常的意外而感到目瞪口呆，也使文本外的文本接受者解读文本时大感意外，从而引发了其文本解读中的"不随意注意"，进而进入意欲深究文本的"随意注意"阶段，最终悟出作者文本建构的精妙处，并得到文本解读的无尽乐趣。

古人在别解修辞文本建构方面的智慧固然令人赞赏，现代人在这方面的技巧也不容小觑。如当代马来西亚华裔女作家钟怡雯的散文《发诔》一文中有这样一段文字说：

在这充满悬疑和可能的秋夏之交，连亲密的头发也变得那么奇诡起来。那样急切的生长速度，有如童话中一夜之间暴长，直越云端的豌豆芽，又如那哗然而下，急赴大川的瀑布，充满慷慨就义的壮烈，令人想起虞姬刎颈之际，那悲戚而果敢的眼神。这是我们共处的最后一夜，在明天即成陌路的时候，我答应赠它这篇诔文，作为缘灭的见证，自此以后，我们将有各自的命运和归途，我不会再像以往一样，将已离开我的"故发"留下，或送给心爱的人。这一次，我们三年来的结发之缘，将还诸自己，还诸曾经羡慕我们是如此匹配，祝福过我们永生相随的善心人。

这段文字是写作者即将剪去自己一头秀美的长发前的复杂心态，除了运用拟人、比喻的修辞策略外，还建构了一个十分新颖生动的别解修辞文本："这一次，我们三年来的结发之缘，将还诸自己，……"使全段文字更加充满平淡情事艺术化的情趣。

众所周知，在汉语语汇库中，"结发"是一个有着特定含义的词语，它本指"年青的时候"，后专指"结婚"，也指"元配妻子"。而上述这一修辞文本中的

"结发"则是"我和头发的结合"之义，这明显是表达者在特定的语境中临时赋予的语义，是一种修辞手法和策略。由这种修辞方法和策略建构起来的这一修辞文本，从表达上看，由于有特定的语境作依托，既不妨碍其含义的理解，又别具一种新异性的特质，使平常理性的语言在运用中增添了活力，表达者所欲表达的自己与头发的复杂情感生动地显现出来，平淡情事也显得那般有情有趣；从接受上看，由于表达者的文本建构突破了特定词语语义使用的规约性原则，使接受者按照语义规约性原则的接受活动受到了意外的冲击，由此在接受者的大脑皮层中引发出新的最适宜兴奋灶，产生了"不随意注意"，从而提高了文本接受的兴趣，使接受者对表达者所建构的修辞文本进行深究，最终加深对表达者所建构的修辞文本的认识——作者原来是要表达自己对其长发的满怀深情，获取到更多的文本解读的审美情趣——用心体悟生活，原来不经意间头发也生出如许的情趣。

9. 同异与注意强化

同异是一种"把字数相等、字面同中有异、异中有同的两个以上的词语，用在一个语言片断里，同异对比，前后映照"① 的修辞文本模式。

这种修辞文本模式，一般都是建立在以有同又有异的不同特质的刺激物的刺激来引发接受者大脑最适宜兴奋灶产生而维持"随意注意"，从而达到加深对修辞文本的理解和印象的心理机制之上的。

这种修辞文本的建构，从表达上看，可以通过同而有异的近似字面和各不相同的语义内涵的对比，突出所要强调的事物本质的差异性或独特性，且使表意深具含蓄婉约之美或尖锐强烈的对比效果；从接受上看，由于作为刺激物的修辞文本的同而有异的新异性特质，极易引发接受者的"不随意注意"，并进而导致接受者的"随意注意"，使接受者情不自禁地由文本中同而有异的词语的字面对比进到语义对比的层次，从而在对比中把握表达者文本建构的真实含义，加深对文本的理解和印象，提升文本解读的审美情趣。

正因为同异修辞文本模式有上述独特的表达和接受效果，所以古往今来的许多作家都喜欢在他们的言语作品中建构这种修辞文本。如南宋著名诗人林升有一首在文学史上奠定其名望的诗作，名曰《题临安邸》，诗云：

山外青山楼外楼，西湖歌舞几时休？
暖风熏得游人醉，直把杭州作汴州。

① 谭永祥：《汉语修辞美学》，北京语言学院出版社1992年版，第159页。

这首诗是表达作者对南宋统治者偏安江左，不思恢复中原故土，而只图眼前之乐的愤恨沉痛之情，对时事进行了委婉却十分辛辣的批判。其中，诗的末一句是一个同异修辞文本模式，表意深邃蕴藉，尤为发人深思。

这一修辞文本的建构，从表达上看，作者通过字面上"杭州"与"汴州"的近似及两词所代表的绝不相同的语义内涵的对比，强调突出了"杭州"与"汴州"的根本差异性和对立性，于"不著一字"中婉约而辛辣地讽刺批判了南宋统治者苟且偷安、不思进取的腐朽本质；从接受上看，由于作为语言信息刺激物的"杭州"与"汴州"两个同而有异的词语的并置而产生的信息刺激的新异性，引发了接受者文本接受中的"不随意注意"，并进而促成了其文本接受中的"随意注意"，由修辞文本中字面近似的"杭州"与"汴州"的并置而情不自禁地在思维中进到了两词语义内涵对比的层次，从而在对比中把握到表达者文本建构的真意所在（即告诫提醒南宋统治者杭州只是江南的偏安一隅，汴州才是大宋的故都，应当积极进取，恢复故土，拯救金人蹂躏下处于水深火热之中的北方臣民），同时在文本解读中体认出表达者婉约表意的艺术魅力，并获取文本解读中的审美情趣。如果作者将诗的末句改作"直把临安作汴州"或"直把杭州作汴梁"，而不以上述的同异修辞文本来表达，那么上述我们所说本诗的独特表达和接受效果就不可能产生了。于此可见，同异修辞文本的建构确有不同凡响的表达和接受效果，是提升作品魅力的重要途径。

在中国古代，不仅文人学士能建构出具有独特艺术魅力的同异修辞文本，有时一般普通民众也能创造出一些出人意表的精妙同异修辞文本。如清人程世爵《笑林广记》中就记有一个这样的故事：

> 一官好酒怠政，贪财酷民，百姓怨恨。临卸篆，公送德政碑，上书"五大天地"。官曰："此四字是何用意？令人不解。"众绅民齐声答曰："官一到任时，金天银地；官在内署时，花天酒地；坐堂听断时，昏天黑地；百姓喊冤的，是恨天怨地；如今可交卸了，谢天谢地。"

这则故事是写清代民众讽刺贪昏之官的，众绅民答复卸任贪昏之官的话语，是一个典型的同异修辞文本模式。绅民们通过"金天银地"、"花天酒地"、"昏天黑地"、"恨天怨地"、"谢天谢地"五个词语字面上的近似与其所代表的各不相同的语义内涵的对比，突出强调了这五个词语所展示的那个贪昏之官在不同情形下的贪昏与酷民的劣迹，于五个同中有异的词语的并置中对贪昏之官进行了尖锐强烈、淋漓尽致的批判，因此在表达上增强了批判的力度和效果；从接受上看，作为语言信息刺激物的"金天银地"、"花天酒地"等五个同中有异的词语的并置以及五个"天""地"的反复交错出现所产生的刺激的强烈性和新异性，使接受者极易在文本接受中产生"不随意注意"，并进而在其导引下进入"随意注意"的阶段，从而深刻地思考并解读出表达者将五个字面近似的词语并置的真正用意（即表达对贪昏之官贪昏酷民行径的深切痛恨之情与对贪昏之官卸任的欢欣鼓舞之情），同时于文本解读中体认到情感纾解的畅快性与精妙文本解构的审美情趣。

其实，建构同异修辞文本并非古人的专利，现代人也有擅长此道的。如美籍华人女作家于梨华在《我的留美经历》一文中，于短短的一段文字中就建构了两个同异修辞文本：①

看见外国游客手里的电器小玩意，可以对他说"让我看看"，但千万不要说"送我一个"。我们招待外国旅客，只要客客气气，千万不要低声下气，因为，他们只是我们的客人，不是我们的主人！我们可以予他们种种方便，但千万不能让他们对我们随便。

这篇文章写于20世纪80年代初（刊于1980年4月20日的《人民日报》），时值中国内地改革开放，国门敞开的伊始阶段。其时，由于国人初次放眼看世界，看到的都是中国与西方资本主义发达国家在物质文明方面的巨大差距，遂有不少人在西方来华旅客接待中时有不顾国格的崇洋、媚洋的丑态出现。上述这段文字即是针对这种情况有感而发，是对当时崇洋、媚洋不良社会风气的深刻针砭。

在这段文字中，"他们只是我们的客人，不是我们的主人"和"我们可以予他们种种方便，但千万不能让他们对我们随便"，都是典型的同异修辞文本模式。这两个修辞文本的建构，从表达上看，作者通过字面上"客人"与"主人"、"方便"与"随便"两组词的近似与两组词内部各不相同的语义及色彩内涵的对比，突出强调了作者意欲表达的主旨——我们在对外交往中应持正确的态度，要不卑不亢，表意含蓄蕴藉，却意味深长；从接受上看，作为语言信息刺激物的"客人"与"主人"、"方便"与"随便"两组同中有异的词的各各成对并置所产生的语义信息刺激的新异性，使接受者（读者）极易在此具有新异性特质的语言信息刺激物的刺激下于接受活动中产生"不随意注意"，进而在"不随意注意"的导引下进入"随意注意"的层次，由此加深对表达者所建构的修辞文本的理解，在文本解读中获取特定的文本认识价值，即上面我们所说的表达者意欲

①　此例引见于谭永祥：《汉语修辞美学》，北京语言学院出版社1992年版，第164页。

传达的主旨精神。这样，表达者所欲表达的思想与接受者于文本解读中所获取的思想认识就趋向了一致，表达者与接受者便达成了思想的共鸣与情感的融合。如果不建构上述两个同异修辞文本，作者的思想情感表达可能就会费辞多而效率低，接受者的接受效果也不可能如上述那般理想。

10. 歧疑与注意强化

歧疑是说写者在说写活动中"把其中关键性的部分暂时保留一下，不一口气说出来，有意地使信息接受者产生错觉或误会"①，以达到其特定的言语交际目标的一种修辞文本模式。

这种修辞文本模式，一般都是建立在突破接受者正常接受思路，以表达方式的独特性来引发接受者的"不随意注意"，从而导致接受者强化"随意注意"以加深其对文本的理解和印象的心理机制之上的。

这种文本的建构，从表达上看，可以通过前抑后扬、前收后放的表达方式突出强调被保留的关键部分的语言信息，使其成为表达的焦点，起到一种以次显主、以轻衬重、"卒章显其志"的表达效果；从接受上看，由于表达者所建构的修辞文本分为前后两个部分，当修辞接受者根据文本前一部分按正常思路在大脑中推演出文本后一部分的内容信息后，却发现表达者在文本后一部分所实际传达给自己的信息与自己据文本前一部分推演出来的内容信息大不相同，情绪心理上自然就会产生较为强烈的反应，引发出文本接受中的"不随意注意"，自然导入接受中的"随意注意"阶段，从而深究起表达者所建构的修辞文本的真实用意，最终加深了对表达者所建构的修辞文本的理解和认识。

正因为歧疑修辞文本的建构在表达上和接受上有着上述独特的效果，所以古往今来很多人都喜欢在言语作品中建构这种文本。如清代游戏主人在《笑林广记》中就建构有这样的修辞文本：

有一士欲过河，苦无渡船。忽见有一大龟，士曰："乌龟哥，烦你渡我过去，我吟诗谢你。"龟曰："先吟后渡。"士曰："莫被你哄，先吟两句，渡后再吟两句，何如？"龟曰："使得。"士吟曰："身穿九宫八卦，四海龙王也怕。"龟喜甚，即渡士过河。士续曰："我是衣冠中人，不与乌龟答话。"

这一故事的第一个层次是个讽喻修辞文本，因为龟与士的对话故事是作者虚

---

①　谭永祥：《汉语修辞美学》，北京语言学院出版社1992年版，第200页。

拟出来的。其中士人对龟所诵的四句诗，属于第二个层次①，是一个典型的歧疑修辞文本模式。士人的诗共四句，分为前后两次各两句对龟诵读，前两句是对龟的颂词，龟听了十分高兴，所以兴高采烈地把士人背过了河，巴望着士人诵出后两句更中听的诗来。结果，达到目的的士人过河拆桥，诵出的后两句却不是顺着前两句的语义思路的好词儿，而是贬斥龟的难听话。

这一修辞文本的建构，从表达上看，表达者通过先扬后抑的表达策略突出强调了诗的后两句，使后两句成为后发制人的表达重点和焦点，取得了以次显主、"卒章显其志"的表达效果；从接受上看，由于文本后一部分的语义与前一部分语义是反向的，这就使文本中的文本接受者龟的顺向解读思路受到了冲击，情绪心理上产生了较为强烈的反应，引发了文本接受中的"不随意注意"，并自然而然地导入到接受中的"随意注意"层次，情不自禁地深究起士人修辞文本的真正用意，从而加深了对士人本质的认识。而文本外的接受者——读这则故事的读者，则经由士人前后诗句语义的前扬后抑的反差，获取到一种歧疑修辞文本解读的审美情趣。

说到清代游戏主人的善设歧疑修辞文本而令人解颐，不禁让我们又想到另一位清人程世爵的一本也叫《笑林广记》的书中所记载的一个性急人与性缓人问答靴价的笑话：

性缓人买新靴一双，性急人问之曰："吾兄这靴子多少银子买的？"性缓人伸一只脚示之曰："二两四钱。"性急人扭家人便打，说："好大胆奴才，你买靴子因何四两八钱？赚钱欺主，可恶已极。"性缓者劝之曰："吾兄慢慢说，何必动气。"又徐伸了一只脚示之曰："此只也是二两四钱。"

这则故事也是典型的歧疑修辞文本模式。性缓人（慢性子人）说靴价一只一只说，不是因他性缓而致，而是故意戏弄性急人（急性子人）。本来，问靴价总是问一双之价的，这是社会习惯的规约性所决定的。上述故事中的性急人正是按照这一社会规约性原则来问性缓人靴价的，不意性缓人却突破关于靴价问题的社会规约性原则，以一只靴的价格来回答性急人，使性急人立即误解了其所传达的语言信息，以为性缓人所买的靴子只有自己靴子的一半价，进而误以为仆人为自己买靴时贪了污，使其仆人白白挨打。而性急人之所为，则正是性缓人所希望看到的结果，是其建构歧疑修辞文本的目的之所在。

① 关于修辞层次问题，参见吴礼权：《修辞结构的层次性与修辞解构的层次性》，《延边大学学报》1995年第4期；中国人民大学《语言文字学》1996年第4期转载。

这一修辞文本的建构，从表达上看，表达者通过先收后放的表达方式使文本后一部分客观上成为信息传递的焦点，起到了突出强调文本后一部分内容而使平淡的靴价问答平添了几许幽默生动的情趣；从接受上看，由于文本后一部分内容的突然添出，使接受者（性急人）方知性缓人前面所给的信息只是一半，遂在情绪心理上产生了较为强烈的反应，引发了接受中的"不随意注意"，并进而导入接受中的"随意注意"层次，从而回过头来仔细思考表达者（性缓人）的前言后语，领会到表达者故设语言圈套以取笑自己的用意。这种接受效果，对文本中的直接接受者（性急人）来说是无奈的，但对文本外的接受者（这则故事的阅读者）来说，却于文本解读中获取到不少的阅读情趣和建构修辞文本智慧的启迪。

对于歧疑修辞文本的建构，现代人也不让古人专美于前。如果我们留心一下，就会发现现代人建构的歧疑修辞文本在技巧上并不逊于古人，有些文本还不乏独到精妙之处。如现代著名作家兼学者梁实秋先生在《握手》这篇小品文中，就建构了一个相当精彩的歧疑修辞文本：

"有一桩事，男人站着做，女人坐着做，狗翘起一条腿儿做。"这桩事是——握手。和狗行握手礼，我尚无经验，不知狗爪是肥是瘦，亦不知狗爪是松是紧，姑置不论。男女握手之法不同。女人握手无需起身，亦无需脱手套，殊失平等之旨，尚未闻女权运动者倡议纠正。在外国，女人伸出手来，男人照例只握手尖，约一英寸至二英寸，稍握即罢，这一点在我们中国好像禁忌少些，时间空间的限制都不甚严。

这里，作者梁实秋所说的"'有一桩事，男人站着做，女人坐着做，狗翘起一条腿儿做。'这桩事是——握手"，就是一个十分典型的歧疑修辞文本模式。这句话，若是正常表达，可以这样说："握手这桩事，男人站着做，女人坐着做，狗翘起一条腿儿做。"但是，作者没有用这样一句话来将意思说清楚，而是有意用"有一桩事，男人站着做，女人坐着做，狗翘起一条腿儿做"、"这桩事是——握手"两句说出，且前一句还是一个十分容易引人误会的说法。"当前句说出后，接受者以自己的生活经验一定会解读其后句是'小便'。"[①] 很明显，这是表达者有意前抑后扬、前收后放，通过制造悬疑，让接受者（读者）产生心理落差，从而制造幽默效果，属于歧疑修辞文本。

这一文本的建构，从表达上看，通过一前一后不同语义内容的对比和前抑后

---

① 吴礼权：《现代汉语修辞学》（修订版），复旦大学出版社 2012 年版，第 223 页。

扬的表达策略的运用，更加突出强调了后一部分的内容，使之自然地成为文本的焦点信息，从而凸显了表达者意欲强调的关键性信息——"握手"；从接受上看，表达者所建构的文本前后两句语义的巨大反差与后一句对前一句语义衔接上的突兀性，突破了接受者正常的语言信息接收的思路，使其情绪心理上都受到了意外强烈的冲击，从而引发了其文本接受中的"不随意注意"，并在"不随意注意"的导引下进入"随意注意"阶段，由此便加深了其对文本接受的深刻印象和对文本理解的深刻性，同时也在对表达者精妙的文本进行解读的过程中获取到一种幽默生动的审美情趣。事实上，每个读者在读到梁实秋的这个文本时都会为之会心一笑的。

11. 错综与注意强化

错综是语言活动中将一切"可有整齐形式，共同词面的语言，说成形式参差，词面别异的"[1] 一种修辞文本模式。陈望道先生将这种修辞文本模式区分为四种不同类型，即"抽换词面"的错综、"交蹉语次"的错综、"伸缩文身"的错综、"变化句式"的错综。[2]

但是，不管是哪一种类型的错综修辞文本模式，一般来说多是建立在力图突破常式、习惯性或由某种单一齐整形式所造成的呆板性的形式格局而努力在齐整单一形式中求变化，以形式的多样性和变化性来引发接受者的"不随意注意"，并进而导引接受者从"不随意注意"进入"随意注意"的接受层次，从而使接受者加深对文本内容的印象和理解的深刻性的心理机制之上的。

这种修辞文本的建构，在表达上，一般都会因语言形式的整中有散、统一之中有变化的特点而增添文本的灵动性和变异美，有视听觉形象上的引人入胜的效果；在接受上，文本形式上的整中见散的格局所形成的语言信息刺激物的多样性，使接受者在文本接受中避免了因同一刺激物的过久刺激所产生的接受心理上的疲惫感而导致注意分散，不断以形式格局的新异性、变化性引发其"不随意注意"，并由此引导其自然进入文本接受的"随意注意"阶段，从而达到加深对表达者所建构的修辞文本的印象和文本理解的深刻程度之接受效果。

因为错综修辞文本有诸如上述较好的表达和接受效果，所以在久远的先秦时代的许多文学作品中便有不少这样的文本佳构出现。如《诗经·周南·桃夭》篇有云：

桃之夭夭，灼灼其华。

①②　均见陈望道：《修辞学发凡》，上海教育出版社1982年版，第207页。

之子于归，宜其室家。

桃之夭夭，有蕡其实。
之子于归，宜其家室。

桃之夭夭，其叶蓁蓁。
之子于归，宜其家人。

　　这首诗"是祝贺女子出嫁的诗。以桃花鲜艳、桃子硕大、桃叶茂盛形容女子容颜之美，嫁后必能使夫家和睦兴盛。全诗三章，采形式整齐的四言排比句法。每章末句分别是'宜其室家'、'宜其家室'、'宜其家人'。室家，犹言家室、家人。意谓女子出嫁后能与其家人相处融洽。此诗的'室家'、'家室'、'家人'，三词同义，交错使用，是刻意错综"①。因此，这首诗作为一个完整的修辞文本看，属于典型的"抽换词面"的错综一类。

　　这一修辞文本的建构，从表达上看，由于同一语义的"室家"、"家室"、"家人"的交错使用，语言表达形式上就呈现出了明显的整中有散、统一之中有变化的特点，这也使修辞文本在视听觉形象上别添了灵动性与变异美的效果；从接受上看，在语义上相同而在词面上相异的"室家"、"家室"、"家人"三个语词的交错使用所形成的整中有散的形式格局而造就的语言信息刺激物（修辞文本）的多样性，避免了由某个单一词面重复出现所可能造成的因同一语言信息刺激物的过多过久刺激而使接受者的接受心理产生疲惫感的负效果，不断以形式格局的新异性和多样性引发接受者文本接受时的"不随意注意"，从而导引接受者自然进入文本接受的"随意注意"阶段，实现表达者意欲使接受者对其所建构的修辞文本进行有效而深刻的解读之预期效果。如果这首诗不以"抽换词面"的方法来建构修辞文本，则上述这些表达与接受效果都是难以企及的。

　　诗歌由于篇幅较小，所以一般来说，在词面上应尽量避免词语的重复出现，以尽可能企及富于变化的效果。正因为如此，在中国古典诗歌中，"抽换词面"的错综文本的建构是十分常见的。除此，"交蹉语次"的错综文本建构，也是使诗歌富于变化美的重要一途。如汉武帝刘彻的《秋风辞》一诗，就有"交蹉语次"的错综文本建构：

秋风起兮白云飞，草木黄落兮雁南归。

---

　　①　沈谦：《修辞学》，台湾空中大学1996年版，第597～598页。

兰有秀兮菊有芳，怀佳人兮不能忘。
泛楼船兮济汾河，横中流兮扬素波。
箫鼓鸣兮发棹歌，欢乐极兮哀情多。
少壮几时兮奈老何！

　　这是一首"感秋怀人"之作，其中第七句"箫鼓鸣兮发棹歌"是典型的"交蹉语次"的错综修辞文本。本来此句可写成"箫鼓鸣兮棹歌发"或"鸣箫鼓兮发棹歌"，构成极为工整的"当句对"。但是，表达者（诗人）为了追求表达上的变化美，也为了实现与前后句韵脚字"河"、"波"、"多"、"何"的押韵，①遂使语次交蹉而建构了"箫鼓鸣兮发棹歌"这一错综修辞文本。
　　这一修辞文本的建构，从表达上看，"名＋动"的主谓结构短语"箫鼓鸣"与"动＋名"的动宾结构短语"发棹歌"的交错相对，打破了原可能有的齐整统一的形式格局，使修辞文本在语言表现形式上呈现出整中有散、统一之中有变化的特点，别添了修辞文本的一种灵动性与变异美的表达效果；从接受上看，修辞文本有意识地避免了同一语句中两个结构形态相同的短语的相邻并置而造成的过于严整呆板的形式格局，使接受者在接受、解读修辞文本时就不至于由于相同结构形态短语的相邻并置而产生相同语言刺激物刺激过久所可能引发的注意疲惫涣散的负效果，而会因相邻并置的短语结构形态上的有意变化所形成的语言形式的新异性与多样性而引发文本接受中的"不随意注意"，从而诱导接受者自然进入文本接受中的"随意注意"层次，这样就实现了接受者对表达者所建构的修辞文本的接受理解的有效性和深刻性目标。若表达者不建构上述"交蹉语次"的错综修辞文本，而是写成常规的"当句对"，虽然也不失为好诗句，但要企及上述的表达与接受效果，也是不易的。
　　在中国古典诗歌创作中，作者喜欢建构错综修辞文本的情形很多。同样，在中国近现代小说、散文等非韵文作品创作中，错综修辞文本的建构也是"司空见惯浑闲事"。如清人曹雪芹的小说巨著《红楼梦》中，这种修辞文本就相当多。如第三十五回中有这样一段文字：

　　看见燕子就和燕子说话，河里看见了鱼就和鱼儿说话，见了星星月亮，他不是长吁短叹的，就是咕咕哝哝的。

　　这里的一段文字是表达者曹雪芹"借傅家的两个老婆子的嘴中，描述贾宝玉

---

①　沈谦：《修辞学》，台湾空中大学1996年版，第603页。

的'呆气'。如果求形式整齐，可以将'看见……就和……说话'的句式连用三次，但作者在第二句加上'河里'，第三句又伸缩文身，加长语句，不但错综变化，更适足以显现贾宝玉的'呆气'"①。很明显，这是表达者（作者）在有意建构"伸缩文身"的错综修辞文本。

这一修辞文本的建构，从表达上看，由于表达者将本可以写得整齐的句子故意以伸缩文身之手段写得参差交错，打破了修辞文本原可能有的齐整统一的形式格局，造就了修辞文本语言表现形式上的齐整中见参差、统一中有变化的特点，遂使修辞文本别添了一种灵动美与变异美；从接受上看，由于修辞文本语言表现形式的多样性与变化性特点，接受者在接受、解读上述这一修辞文本时，就不至于产生因刺激物——三个"看见……就和……说话"的统一严整的语言形式——的过久过多的刺激而生发注意的疲惫涣散现象，而是在表达者不断变化的语言形式的吸引下自然产生文本接受的"不随意注意"，并进而导入文本接受中的"随意注意"阶段，最终达成对表达者建构这一修辞文本强调贾宝玉"呆气"的思想意图的深刻理解。反之，若以常规的排比句式表现，虽也有铺张强调贾宝玉呆气的表达效果，但在接受效果上可能难以企及上述错综修辞文本的境界。

小说中需要建构错综修辞文本，以实现行文表达的变化美，维持接受者对作品接受的兴趣，加深对作品意旨的理解。在这方面，散文较之小说似乎要更进一步，因此在很多现代作家的散文作品中，我们都能看到错综修辞文本的建构。如现代著名作家朱自清的散文《一张小小的横幅》中有一段文字云：

枝上停着一对黑色的八哥：一只停得高些，小小的眼儿半睁半闭的，似乎在入梦之前，还有所留恋似的；那低些的一只，背过脸来对着这一只，已缩着颈儿睡了。

这段文字本可写成"枝上停着一对黑色的八哥：一只停得高些，小小的眼儿半睁半闭的，似乎在入梦之前，还有所留恋似的；另一只停得低些，背过脸来对着这一只，已缩着颈儿睡了"。如果是这样写，那就只是一种常规的叙事文字，而不是一个有表现力的修辞文本了。

事实上，表达者（作者）为了将两只八哥的不同睡态生动地展示出来，便以"变化句式"的手段，将与"一只停得高些"相呼应且能与之整齐对称的"另一只停得低些"的句子写成"那低些的一只"。我们知道，"一只停得高些"句的结构形态是"主语（'一只八哥'，主语中心成分'八哥'省略）+动词

---

① 沈谦：《修辞学》，台湾空中大学1996年版，第612页。

（'停'）＋助词（'得'）＋补语（'高些'）"，是一个主谓结构的句子；而"那低些的一只"句的结构形态是"动词（'停'省略了）＋助词（'得'省略了）＋补语（'低些'）＋中心语（'一只八哥'，中心成分'八哥'省略了）"，是一个"偏正结构"的短语结构，[①] 这明显是在统一齐整中求参差变化，是典型的"变化句式"的错综修辞文本模式。

　　这一修辞文本的建构，从表达上看，表达者故意将两个本可写成一样的句子作了结构形态上的变异处理，打破了修辞文本整体上原本可能写得齐整对称的语言形式格局，在客观上造就了文本语言表现形态上齐整中见参差、统一中有变化的特点，使整个修辞文本在表达上具有了鲜明的灵动美与变异美；从接受上看，由于修辞文本语言结构形态上的多样性与变异性，使接受者在接受、解读上述修辞文本时，就不至于因文本语言形式的过于严整所形成的语言刺激物刺激的单调而产生接受上的心理疲惫和注意涣散的现象，而是在富于变化的语言表现形式的新异刺激下引发文本接受中的"不随意注意"，从而自然导入文本接受中的"随意注意"层次，由此加深对表达者所建构的上述修辞文本的印象，了解表达者喜爱八哥的心理，也由此在文本解读中提升自己的审美情趣，体会到人类生命别一种情味。

12. 精细与注意强化

　　精细（或称"拟实"）是一种"把不需要也不可能说出精确数据的事物，故意说得十分精确"[②] 的修辞文本模式。这种修辞文本的建构，一般多是基于表达者力图突破人们所共同遵循的常规逻辑和表述惯例，以语言表达方式的新异性来激发修辞文本接受者的"不随意注意"，以此诱导接受者进入文本接受的"随意注意"阶段，从而达成对其所建构的修辞文本加深印象并深刻理解其意旨之心理机制之上的。

　　这种修辞文本的建构，在表达上，因表达者突破了人们正常思维和语言活动中所共同遵循的常规逻辑路径和表述惯例，将现实中或事实上本不需要或不可能拟实的事物故意叙说得精确、精细，言之凿凿，这就不仅使得修辞文本所叙说的内容显得真实可信，也因此使修辞文本具有生动性、形象性的效果；在接受上，由于修辞文本的语言表述方式突破常规所显现出的新异性特质，接受者在文本接受、解读中易于被文本所吸引而产生"不随意注意"，从而自然导入文本接受的

---

　　① 台湾学者沈谦引述过此例，并作过句法分析。但沈氏采用的是台湾语法学界的语法体系，本书的分析与之不同。参见沈谦：《修辞学》，台湾空中大学1996年版，第619页。

　　② 谭永祥：《汉语修辞美学》，北京语言学院出版社1992年版，第237页。

"随意注意"阶段，最终实现在注意强化中加深对修辞文本内容和意旨的印象与理解的良好接受效果。

正因为精细修辞文本有上述独到的表达与接受效果，所以在中国古典文学作品中便有很多这类文本出现了。如唐代诗人杜牧的《江南春绝句》，其中便有这类文本的建构。诗云：

千里莺啼绿映红，水村山郭酒旗风。
南朝四百八十寺，多少楼台烟雨中。

此诗写江南春色和金陵古城雨中景致之美，令千古以降的读者为之神往。其中诗的第三句"南朝四百八十寺"，就是一个典型的精细修辞文本。因为"据《南史·郭祖深传》：'都下佛寺五百余所，穷极宏丽。'则'四百八十寺'应当是唐代尚存的寺庙的约数，而不是不多不少恰恰'四百八十'"①。诗人之所以要坐实说"南朝四百八十寺"，是故作"精细"以博信于接受者，从而强化接受者的注意，加深对其所建构的修辞文本的印象与理解。

这一精细修辞文本的建构，从表达上看，"四百八十寺"的"精细"坐实，使文本所叙说的内容显得真实真切，也使修辞文本所再现的南朝佛教鼎盛的情形跃然纸上，同时修辞文本亦由此获得了生动性、形象性的表达效果；从接受上看，修辞文本"南朝四百八十寺"在语言表述方式上突破了常规（理性、常式的表述应当是"南朝金陵五百寺"或"南朝金陵处处寺"）并显现出新异性特质，使接受者在文本接受解读中极易被文本所吸引而产生"不随意注意"，自然进入文本接受中的"随意注意"阶段，从而深刻理解与把握表达者建构此一修辞文本的真正意图——突出强调南朝佛教的兴旺景象，诱导接受者一同进入时光隧道，重回三百多年前南朝金陵的历史现场，一睹其时佛寺遍地的盛况，由此提升文本的审美价值和接受者的接受兴味。

现代大文豪鲁迅也是技巧高明的精细修辞文本的创造者。在他的《阿Q正传》、《故事新编》等作品中，我们都能见到这种修辞文本的建构。如《故事新编·采薇》中有这样一段文字云：

两人看完之后，都不作声，逐向大路走去。只见路边都挤满了民众，站得水泄不通。两人在后面说一声"借光"，民众回头一看，见是两位白须长者，便照文王敬老的上谕，赶忙闪开，让他们走到前面。这时打头的木主早已望不见了，

---

① 谭永祥：《汉语修辞美学》，北京语言学院出版社1992年版，第238~239页。

走过去的都是一排一排的甲士，约有烙三百五十二张大饼的工夫，这才见别有许多兵丁，肩着九旒云罕旗，仿佛五色云一样。接着又是甲士，后面一大队骑着高头大马的文武官员，簇拥着一位王爷，紫糖色脸，络腮胡子，左捏黄斧头，右拿白牛尾，威风凛凛：这正是"恭行天罚"的周王发。

这段文字写的是商朝贤哲伯夷、叔齐清晨闻听外面喧闹之声，出门看周武王伐纣的告示以及亲见武王伐纣时的浩大队伍与威武仪仗场面。其中，"约有烙三百五十二张大饼的工夫，这才见别有许多兵丁……"一句，是典型的精细修辞文本模式。按照常规理性的表达，这一句可以写成"过了好长一段时间，这才见别有许多兵丁……"但如果真这样写，那么读来就索然无味了。

鲁迅所建构的上述修辞文本，之所以读来令人叫好，那是因为从表达上看，文本以故意坐实"精细"的"烙三百五十二张大饼的工夫"来叙述时间概念，既符合当时的计时实际，也使时间概念的表述更显具体，遂使整个修辞文本显得非常生动形象；从接受上看，修辞文本对于时间概念的语言表述方式突破了现代人的思维惯性和逻辑表达的定式与常规，因而具有鲜明的新异性特质，易使接受者在文本接受中产生"不随意注意"，并自然进入接受中的"随意注意"层次，由此加深对表达者所建构的修辞文本的印象与理解程度，领悟到表达者建构这一修辞文本的真实目的：真切凸显出"伯夷、叔齐的迂腐气"。①

说到《采薇》篇，又不免让人想起鲁迅《故事新编》中的另一篇《铸剑》。在这篇小说中，鲁迅也建构了一个生动的精细修辞文本：

游山并不能使国王觉得有趣；加上路上将有刺客的密报，更使他扫兴而还。那夜他很生气，说是连第九个妃子的头发，也没有昨天那样的黑得好看了。幸而她撒娇坐在他的御膝上，特别扭了七十多回，这才使龙眉之间的皱纹渐渐地舒展。

上引这段文字，写楚王听说他以前所杀的剑工之子眉间尺要行刺自己而心情郁闷，他的第九个妃子为了讨好他而忸怩作态的情形。其中，"幸而她撒娇坐在他的御膝上，特别扭了七十多回，这才使龙眉之间的皱纹渐渐地舒展"，是一个典型的精细修辞文本。

国君心情不佳，妃子讨好撒娇而逗其开心，这符合生活的逻辑。但说楚王的九妃撒娇而"特别扭了七十多回"，则明显不符合现实，也与逻辑情理不相符。

---

① 汪国胜等编：《汉语辞格大全》，广西教育出版社1993年版，第274页。

若说是修辞上的夸张，应当表述为"扭了千百回"。但是，表达者（鲁迅）却没有这样写。可见，表达者这样写，是有其目的的，是"有所为而为"的修辞行为，是有意要运用"精细"修辞手法来建构修辞文本。

事实上，鲁迅建构的这一修辞文本，由于将那位妃子之"扭"坐实"精细"到具体的"七十多回"，遂使那位撒娇作态的妃子形象更显突出、逼真，文本表达上便有了鲜明的生动性、形象性的效果。从接受上看，因"扭了七十多回"是一种有悖常规思维和逻辑惯例的语言表述方式，作为一种语言刺激物来看具有很强的新异性特质，这就易于让接受者在文本接受中引发"不随意注意"，并自然进入"随意注意"的接受层次，从而加深对表达者所建构的上述修辞文本的印象，深刻把握修辞文本建构的意旨——突出楚王情绪的低落与九妃的忸怩丑态，增强人物的形象性，提升修辞文本的审美价值。

鲁迅的精细修辞文本建构令人叹服，众所周知。值得一提的是，当代作家王蒙在这方面也颇有道行。如他 1980 年所作的短篇小说《说客盈门》，其中就有一个相当高妙的精细修辞文本，[①] 颇是令人玩味：

请读者原谅我跟小说做法开个小小的玩笑，在这里公布一批千真万确而又听来难以置信的数字。

在六月二十一日至七月二日这十二天中，为龚鼎的事找丁一说情的：一百九十九点五人次。（前女演员没有点名，但有此意，以点五计算之。）来电话说项人次：三十三。来信说项人次：二十七。确实是爱护丁一，怕他捅漏子而来的：五十三，占百分之二十七。受龚鼎委托而来的：二十，占百分之十。直接受李书记委托而来的：一，占百分之零点五。受李书记委托的人的委托而来的，或间接受委托而来的：六十三，占百分之三十二。受丁一的老婆委托来劝"死老汉"的：八，占百分之四。未受任何人的委托，也与丁一素无来往甚至不大相识，但听说了此事，自动为李书记效劳而来的：四十六，占百分之二十三。其他百分之四属于情况不明者。

丁一拒绝了所有这些说项。这种态度激怒了来客的百分之八十五。他们纷纷向周围的人们进行宣传，说丁一愚蠢。……

这篇小说写生性耿直的丁一，1959 年因坚持正义而被打成了右派，1979 年 1 月平反落实政策后被任命为县属玫瑰糯糊厂厂长。上任后，发现厂里生产管理不善，劳动纪律松散，经与多方反复研究，作出了有关规定与奖惩细则，公布施

---

① 此例引见于谭永祥：《汉语修辞美学》，北京语言学院出版社 1992 年版，第 237 页。

行。厂里合同工、县委第一把手李书记的表侄龚鼎因犯规且态度恶劣而被抓了典型。厂里贴出了布告，按有关规定和细则解除了与龚鼎的劳动合同，将其除名。然而，布告贴出后，从县委办公室主任老刘开始，一系列与龚鼎相干和不相干的人都接踵而至，纷纷为其说情说项。

上面所引三段文字，第二、第三段若按照常规、理性的表达，可以用一句话概括："前来为龚鼎说情者络绎不绝。" 如果用非常规的表达方式，也可以用一句话来概括："前来为龚鼎说情者成百上千。" 虽是夸张表达，但也简洁明了。但是，表达者（作家）却没有这样表述，而是故意将上述事实以统计数据来呈现，并 "精细" 地坐实、精确到 "零点五"，俨然统计报表。从小说的上下文语境看，这种数据统计并不是作家的无意之笔，更非游戏笔墨，而是别有寄托，是一种精细修辞文本的建构，有着独特的表达与接受效果。

事实上也确实如此。上述这两个精细修辞文本，从表达上看，以坐实 "精细" 的一系列 "十分精确" 的统计数据来表述说项人之多，以及因说项不成被激怒的人之众，不仅使修辞文本所叙写的内容更显真实，也使修辞文本的表达更多了些感性、生动性和形象性效果；从接受上看，文本中一系列煞有介事的 "精确" 数据罗列，其语言表述方式完全突破了人们正常思维逻辑的定式和惯例，这对接受者的文本接受解读活动产生了极大的冲击力。而这一冲击力作为接受者文本接受中的刺激物，由于具有非常强烈的新异性特质，必然会引发接受者文本接受中的 "不随意注意"，并自然导入文本接受的 "随意注意" 阶段，从而大大加强对表达者所建构的上述修辞文本的印象，深刻理解和把握到表达者（作家）上述修辞文本建构的真实意图——穷形尽相地揭示汉民族人难以根除的人情观念的劣根性以及 20 世纪 80 年代初期改革工作进行的艰难情形。若以常式表述方式出之，上述的表达与接受效果都是明显难以企及的。

13. 异语与注意强化

异语是指在以某种民族语言（一般指特定的一种共同语或标准语）来说写时夹用少量异族语言的词语来增加说写内容的生动性和表达的婉约性，以提高说写效果的一种独特的修辞文本模式。

这种修辞文本的建构，多是基于表达者力图以与主流叙事语言不相和谐的 "别调" 另族语言的词语 "硬性介入" 文本来突破常规语言表达惯式，以求表达生动或婉约，提升接受者对文本的接受兴趣之心理预期。

异语修辞文本的建构，从表达上看，由于表达者以 "别调" 的异族语言的词语 "硬性介入" 修辞文本中，从而构成了与整个修辞文本叙事主流语言不和谐之音，使修辞文本别添了新颖性的特质，遂使表达显得生动婉约而韵味隽永；

从接受上看，不和谐音的"别调"异语的介入，使接受者在修辞文本接受中受到了意外刺激物——"异语"——的意外刺激，自然引发出文本接受中的"不随意注意"，进而导入文本接受的"随意注意"层次，由此加深对表达者所建构的修辞文本的印象及其文本主旨的理解。

异语作为一种修辞文本模式，尽管在汉语修辞史上还没有多久的历史，但由于它有上述独特的表达与接受效果，所以现代很多作家都非常重视这类修辞文本的建构。如现代著名作家梁实秋先生就很善于建构这类修辞文本。他有一篇小品文《衣裳》，其中就有一个很好的异语修辞文本：

中国旧式士子出而问世必需具备四个条件：一团和气，两句歪诗，三斤黄酒，四季衣裳；可见衣裳是要紧的。我的一位朋友，人品很高，就是衣裳"普罗"一些，曾随着一伙人在上海最华贵的饭店里开了一个房间，后来走出饭店，便再也不得进去，司阍的巡捕不准他进去，理由是此处不施舍。无论怎样解释也不得要领，结果是巡捕引他从后门进去，穿过厨房，到账房内去理论。这不能怪那巡捕，我们几曾看见过看家的狗咬过衣裳楚楚的客人？

这段文字，意在批评中国人以衣取人的传统陋习。作者文中所说的"衣裳'普罗'一些"，实际上就是说他的那位朋友穿的是劳动大众的破旧衣裳。所谓"普罗"，就是"无产者"之意。它是法语"proletariat"的音译"普罗列塔利亚"的缩略形式。梁实秋以"普罗"入文，是以法语音译词"硬性介入"汉语标准语（普通话）之中。所以，"我的一位朋友，人品很高，就是衣裳'普罗'一些"是一个典型的"异语"修辞文本。作者之所以不直说"朋友穿着破旧衣服"，而要建构上述的异语修辞文本，是基于一种力求以"别调"的异语介入来突破常规语言表达惯式，使文本别添一种新异性的特质，从而使表达显得生动而婉约，提升接受者文本接受的兴趣和效果之心理预期。

这一修辞文本的建构，从表达上看，由于法语音译词"普罗""硬性介入"汉语，"别调"的异语与文本叙事主流语言（汉语）构成了语言格调的不和谐之音，但修辞文本却由此获得了一种新颖性的特质，整个修辞文本也就在表达上显得生动而具婉约的韵味；从接受上看，非汉语的"别调"异语——法语词——介入文本后，接受者在文本接受中受到意外刺激物——法语词"普罗"——的意外刺激，自然引发出文本接受中的"不随意注意"，从而自然而然地进入文本接受的"随意注意"层次，由此便加深了对表达者建构的上述修辞文本的印象及其主旨的理解——了解到表达者（作者）不便也不愿褒贬朋友的穿着而求婉约含蓄的心理。

说到梁实秋先生的异语文本建构，又不禁让我们想到台湾当代作家李敖，他也非常喜欢建构异语修辞文本。他的异语修辞文本，不仅在散文作品中有，就是在回忆录之类的文字中也常有。如他在《李敖回忆录》中有云：

1979 年我复出后，皇冠的平鑫涛请我吃饭，由皇冠的几位同仁作陪，我到了以后，平鑫涛说："有一位作家很仰慕李先生，我也请她来了，就是三毛。"于是他把三毛介绍给我。三毛跟我说：她去非洲沙漠，是要帮助那些黄沙中的黑人，他们需要她的帮助，她是基督徒，她佩服去非洲的史怀哲，所以她也去非洲了。我说："你说你帮助黄沙中的黑人，你为什么不帮助……黄人？你自己的同胞更需要你的帮助啊！舍近而求远、去亲而就疏，这可有点不对劲吧？并且，史怀哲不会又帮助黑人，又在加那利群岛留下别墅和'外汇存底'吧？你怎么解释你的财产呢？"三毛听了我的话，有点窘，她答复不出来，她当然答复不出来，为什么？因为三毛所谓帮助黄沙中的黑人，其实是一种"秀"，其性质与影歌星等慈善演唱并无不同，他们作"秀"的成分大于一切，你绝不能认真。

这段文字是李敖记当年当面拆穿台湾另一名作家三毛沽名钓誉之事。其中"三毛所谓帮助黄沙中的黑人，其实是一种'秀'，其性质与影歌星等慈善演唱并无不同，他们作'秀'的成分大于一切，你绝不能认真"一句，是一个典型的异语修辞文本。因为"秀"是英文"show"的音译，其意是"给……看"、"显示"、"陈列"、"演出"、"炫耀"、"卖弄"等。作者之所以不直说"三毛说自己帮助黑人是炫耀卖弄爱心而博得民众读者信任爱戴"，而要建构出上述的异语修辞文本，是基于一种以"别调"的异语介入文本来获取文本的新颖性特质，从而使表达显得婉约而耐人寻味，提升接受者修辞文本接受的兴趣和效果之预期心理。

这一修辞文本的建构，从表达上看，英语音译词"秀"之"硬性介入"以现代汉语为主流的叙事语言结构中，使异语"秀"的"别调"性质与整个修辞文本的主流语言格调形成了不和谐之音，但由此却使修辞文本获取了一种新颖性的特质，使文本表达显得生动而婉约，将讽刺嘲弄之意含而不露地表而出之；从接受上看，"别调"的非汉语"异语"词"秀"的介入文本，使接受者在修辞文本接受中受到了意外刺激物——异语词"秀（show）"——的意外刺激，自然引发出文本接受中的"不随意注意"，自然而然地导引接受者对修辞文本作"随意注意"，深究"别调"异语"秀"的真实内涵，从而深刻把握表达者修辞文本建构的用意——不着痕迹地拆穿三毛而又不予人以不厚道、刻薄之话柄，加深对其所写内容的印象——三毛的人品值得讨论，三毛的作品内容的真实性值得怀疑。

如果我们仔细研读台湾作家的作品，就会发现似乎有一种普遍的修辞倾向存在于他们的作品之中，这就是异语修辞文本建构特别受重视。如台湾作家石原皋《闲话胡适》一书中写到胡适在美国的最后十年时，也有一个异语修辞文本的建构：[①]

　　胡适夫妇住在纽约一所破烂的公寓里，没有防盗设备。一次胡适外出，胡太太一人在家。一个彪形大汉破窗而入，胡太太下意识地走向公寓大门，把门打开，返身对那窃贼大叫一声"Go"，那贼看她一眼，真的"Go"了。江冬秀（胡太太）语言不通，只会说"Go"，不会买菜，买菜的事就落在胡适的肩上了。

　　此段文字，是记胡适在美国最后十年生活的窘况和胡太太江冬秀机智喝退窃贼的故事。作者写到胡太太让入室的窃贼离开时，按常规，既是以汉语行文，自然应该这样写："胡太太……返身用英文对那窃贼大叫一声'滚'（或'走'），那贼看她一看，真的，滚（或'走'）了。"然而事实上，作者并没有这样作常规的记述叙写，而是建构了上述异语修辞文本。作者之所以如此，是基于一种力图突破常规语言表达惯式，以"别调"的异语词（英文 Go）介入主流叙事语言（汉语）之中以获得文本的新颖性特质，从而使表达显得真切生动，并以此提升接受者文本接受的兴趣和效果之心理预期。

　　这一修辞文本的建构，从表达上看，由于主流叙事语言汉语中"硬性介入"了英文词"Go"，这一"别调"的异语便与整个修辞文本的语言结构和格调形成了不和谐之音，突破了常规语言表达惯式，使修辞文本由此获得了一种新颖性的特质，使表达显得生动活泼，逼真地再现了胡太太江冬秀的机智形象；从接受上看，修辞文本中非汉语词"Go"的介入，使接受者在文本接受解读中受到了意外刺激物——异语的英文词"Go"——的意外刺激，自然引发出文本接受中的"不随意注意"，并由此进入文本接受的"随意注意"阶段，从而加深对表达者所建构的修辞文本的印象，领悟其文本建构的真实用意——以原汁原味的人物语言来真切生动地再现文本所叙写的人物胡太太的独特形象，使叙事更具真实性。

14. 仿拟与注意强化

　　仿拟是一种故意模仿某些既存词语、名句、名篇的结构形式，而更替以全新内容来表达特定思想或情感的修辞文本模式。

　　一般说来，仿拟可大致分为三类。第一类是模仿某些既存的词语、成语、谚

---

① 此例引见于谭永祥：《汉语修辞美学》，北京语言学院出版社 1992 年版，第 261 页。

语等熟语而另造出新词语，我们可以名之为仿词或仿语；① 第二类是模仿某些既存且流传广泛的名句，取其形式而改换内容另成新句，我们可以名之为仿句；第三类是模仿某些既存且广为传播的名篇，一般多以篇幅较短的诗词曲等为对象来进行"旧瓶装新酒"的改造翻新，我们可以称之为仿篇或仿调。②

不管是仿词、仿句，还是仿篇的修辞文本，一般来说，都是基于将旧形式与新内容结合所构成的同一形式下的新旧两种根本不同的内容进行对比，形成强烈的格调意趣反差，使表达别具生动新颖或幽默风趣的效果，从而引发接受者文本接受的兴味，提升修辞文本的审美价值之心理。

这种修辞文本的建构，从表达上看，表达者以"旧瓶装新酒"的手法来表情达意，情意表达形式的"熟悉化"与情意表达内容的"陌生化"，使修辞文本别添了显著的新异性特质，表达的生动性便自然凸显出来；从接受上看，表达者所建构的修辞文本是取既存的词语或名句、名篇之形式而注入了与旧有形式中的旧内容完全不同的新内容，格调意趣上便有了强烈的反差效果，因此接受者在文本接受中很易生发出"不随意注意"，并在此基础上进入文本接受的"随意注意"阶段，从而加深对表达者所建构的修辞文本的印象和文本建构主旨的认识理解。

正因为仿拟修辞文本的建构有上述独特的表达与接受效果，所以古今很多作家都喜欢创建这类修辞文本。如清人独逸窝退士《笑笑录》有则故事云：

有惧内而下跪者，或改《千家诗》一首以嘲之曰："云淡风轻近夜天，傍花随柳跪床前。时人不识予心怕，将谓偷闲学拜年。"

这里嘲弄者所作的嘲惧内者诗，一读便令人想起宋代著名理学家程颢的那首妇孺皆知的名作《春日偶成》诗："云淡风轻近午天，傍花随柳过前川。时人不识予心乐，将谓偷闲学少年。"本来，程颢之诗是写自己在阳光明媚、云淡风轻、花柳扶苏的春日里为春天的美好景致所感染的喜悦之情，表达了人类共具的一种爱春情感体验。而文中嘲弄惧内者却将程诗的结构形式拿来装入自己嘲弄惧内者可笑之事的新内容，这明显是故意规拟且"别有用心"，所以他的改作诗是典型的仿拟修辞文本模式，属于我们上面提到的仿篇（或曰仿调）一类。

惧内者，中国历来都不乏其人，嘲弄惧内者的文字和笑话自古以来便有不

---

① 通常的做法是将仿词和仿语分为两类。参见汪国胜等编：《汉语辞格大全》，广西教育出版社1993年版，第171～176页。

② 参见陈望道：《修辞学发凡》，上海教育出版社1982年版，第108～114页。

少。上则故事中的表达者（作诗嘲弄惧内者之人）嘲弄惧内者，之所以要建构上述仿拟修辞文本，而不采用其他表达方式，从心理学的角度看，是基于表达者一种欲借人们熟悉的旧有形式与自己所欲表达的新内容的结合来作同一形式下的新旧两种根本异趣的不同内容的对比，以此形成两者格调意趣的巨大反差，使表达生动幽默，引发接受者文本接受的兴味，提升修辞文本的审美价值之心理预期。

事实上，表达者的这一修辞心理预期是达到了。因为这一修辞文本的建构，从表达上看，由于表达者的表情达意是借前人名诗"熟悉化"的结构形式来进行，但旧形式中所包装进的新内容却与原包装的旧内容在格调意趣上大相径庭，形成了强烈的反差。而这种反差的产生便使修辞文本添具了新颖性的特质，文本表达也就凸显出了生动性；从接受上看，由于表达者所建构的修辞文本是取程颢名诗的既有结构形式，只将原作的"午天"改作了"夜天"、"过前川"改作"跪床前"、"予心乐"改成"予心怕"、"少年"改成"拜年"，所以原作和新作相比，在结构形式上几乎没有多少变化。但是，仅仅是六个字之改易，却使同一结构形式下的两首诗作在内容的格调意趣上大相径庭，形成了强烈的反差效果，熟悉程颢原诗者在对表达者所建构的修辞文本（即仿拟诗）进行接受解读时，很容易引发出文本接受中的"不随意注意"，由此进入文本接受的"随意注意"层次，从而加深对修辞文本的印象和文本建构主旨的理解——对文本所刻画的惧内者的形象产生深刻的印象，并深刻体悟到表达者所操持的"男儿不当惧内"的信条理念。

中国古代作家深知仿拟修辞文本建构的意义，现代作家对之则有更深刻的体认，因此仿拟修辞文本的建构也特别普遍。如台湾著名作家李敖就特别突出，在他的《李敖回忆录》中就有非常多的精妙仿拟修辞文本。比方说，他写到自己年轻时代性格比较反叛的情事时，有一段文字云：

> 我第一次不过旧历年的时候，爸爸面临理智与感情的矛盾：理智上，他知道我做得对；感情上，他怪我太重是非，太不肯迁就。……不过，他死后，妈妈陷入一个寂寞的处境。当第一个旧历年到来的时候，当妈妈习惯性地替我安排大鱼大肉以外的炒饭的时候，我没说一句话，放弃了炒饭，加入了"过年派"的阵营。有一次过年时，我向妈妈以下的各位，讲述李济说我气死老头子的话，大家听了哈哈大笑。我开玩笑说："我若真有气死老头子的本领，那我该把别人的老头子气死几个，我是绝不遵守传统，'气吾老以及人之老'的！"

李敖这里的一段话，是针对他因在父亲葬礼上没有遵守古训被人误会而作的一番辩白。其中，"气吾老以及人之老"一句，是据《孟子·梁惠王上》所载孟子名言"老吾老，以及人之老；幼吾幼，以及人之幼"改写而来。孟子名句的原意，说的是他所构拟的理想社会中人们博爱天下的高尚精神境界；而李敖此处的改写，则是反其意的调侃，是明显的仿句，是典型的仿拟修辞文本。

表达者李敖之所以要建构上述仿拟修辞文本来表情达意，是基于一种以孟子名句的旧形式与自己所欲表达的新内容的结合来构成的同一形式下的新旧两种不同内容的对比，以新旧两种不同内容之间所形成的格调意趣上的强烈反差，使表达凸显出生动幽默的效果，引发接受者文本接受的兴味，从而提升修辞文本的审美价值之心理预期。

这一修辞文本的建构，从表达上看，表达者的表情达意是借人们"熟悉化"的孟子名句的结构形式来进行的，但这旧形式中所注入的新内容——气死自己的父亲并推及其他人的父亲（调侃话）——与旧形式中原包装的旧内容（尊敬自家的老人推到天下所有的老人），在格调意趣上大相径庭，并形成了强烈的反差效果，由此便使修辞文本添具了新颖性的特质，表达上也显现出了鲜明的生动性和风趣性；从接受上看，表达者取孟子名句的既有结构形式，注入与原句在格调意趣上根本不同的新内容，同一形式下的新旧两种不同内容的对比所形成的强烈反差效果，极易成为引发接受者文本解读中"不随意注意"的导火索，点燃接受者在修辞文本解读接受中的"随意注意"，从而加深对表达者所建构的修辞文本的印象，准确把握表达者修辞文本建构的真实用意——向世人表明表达者（李敖）自己根本不可能气死自己父亲，那些误会他的人是因为太不了解他们父子之间的深厚感情了，是一种无端诬蔑他人格而欲搞臭他名誉的心态在作祟。

重视仿拟修辞文本的建构，不仅在中国现当代作家中十分普遍，就是海外华裔作家也多有这种创作倾向。如马来西亚华裔女作家钟怡雯就很突出，她的作品中这种修辞文本的建构可谓是"司空见惯浑闲事"。比方说，她的散文名篇《说话》中就有这样的修辞文本：

这实在是"人"的麻烦，同时也是会说话的麻烦。打从牙牙学语开始，人们就会用声带来制造声音垃圾，那种或可名之为"噪音"的东西。看那位老师雄辩滔滔的样子，俨然是一位说林高手。可惜他生错了时代，倘若在春秋战国，会是苏秦张仪之流的说客，太史公将为他立传，让他的名嘴永留史册。这位现代说客在五年后靠着他的舌头当上了市议员，充分满足他说话的欲望。

这篇作品是写作者山中独居的经历，以及对"人"于"说话"、"交谈"之需要的情感体验。上引这段文字是写作者的一位中学老师爱说话的故事，其中

"看那位老师雄辩滔滔的样子，俨然是一位说林高手"、"可惜他生错了时代，倘若在春秋战国，会是苏秦张仪之流的说客，太史公将为他立传，让他的名嘴永留史册"两句，是以仿拟修辞文本模式来表情达意的。

我们都知道，汉语现成熟语中有"武林高手"的说法，也有"名人"、"名著"之类的既有词语，但在任何汉语辞书中都是难以查到"说林高手"、"名嘴"的。很明显，这种说法是作者在特定语境中据现成词语与熟语而临时创造出来的，是一种修辞文本模式，属于我们上面说到的"仿词（或仿语）"一类。表达者（作者）之所以要别出心裁地创造出上述两个仿词（仿语）修辞文本，从心理学的角度看，明显是基于一种以"熟悉化"的结构形式与"陌生化"的新内容来构成同一结构形式下的新旧两种内容意义的对比，并以此构成原词与原词（或原熟语）的仿词（或仿语）在格调意趣上的强烈反差，从而使文本表达显现出新颖生动的效果，引发接受者文本接受的兴趣，提升修辞文本的审美价值之心理预期。

那么，表达者的这一心理预期有没有实现呢？细品上述两个修辞文本，我们认为是实现了。因为，从表达上看，由于表达者依据成词熟语"名人"、"名著"、"武林高手"等"熟悉化"的词语结构形式仿造出了"名嘴"、"说林高手"两个"陌生化"的新词语，便形成了同一结构形式下新旧两种内容在格调意趣上的强烈反差，使修辞文本增添了新异性的特质，别具一种生动风趣的表达效果；从接受上看，由于上述两个修辞文本是套取既存词语的结构形式，但在原结构形式的"旧瓶"中装入了"新酒"——一种与原词语根本异趣的全新内容概念，这就形成了两者在格调意趣上的强烈反差，由此便自然引发出了接受者文本接受解读中的"不随意注意"，最终导入文本接受中的"随意注意"层次，从而加深了接受者对表达者所建构的上述两个修辞文本的印象，有助于接受者准确地把握表达者修辞文本建构的主旨与意图——强调那位老师的能说会道及其强烈的"语言宣泄"欲望，以此说明人类普遍的"交谈"、"说话"需要。

三、修辞文本建构与移情作用

（一）移情作用

移情作用，是现代文艺心理学和美学上的一个最重要而基本的原则。朱光潜先生曾追索此学说的源流说："移情作用在德文中原为 einfühlung。最初采用它的是德国美学家费肖尔（R. Vischer）、美国心理学家蒂庆纳（Titchener），把它译为 empathy。照字面看，它的意义是'感到里面去'，这就是说，'把我的情感移注到物里去分享物的生命'。黑格尔（Hegel）说过：'艺术对于人的目的在让他在外物界寻回自我.'这话已隐寓移情说，洛慈（Lotze）在他的《缩形宇宙论》里说得更清楚：'凡是眼睛所见到的形体，无论它是如何微琐，都可以让想象把我们移到它里面去分享它的生命。这种设身处地地分享情感，不仅限于和我们人类相类似的生物，我们不仅能和鸟鹊一齐飞舞，和羚羊一齐跳跃，或是钻进蚌壳里面，去分享它在一张一翕时那种单调生活的况味，不仅能想象自己是一棵树，享受幼芽发青或是柔条临风的那种快乐；就是和我们绝不相干的事物，我们也可以外射情感给它们，使它们别具一种生趣。比如建筑原是一堆死物，我们把情感假借给它，它就变成一种有机物，楹柱墙壁就俨然成为活泼泼的肢体，现出一种气魄来，我们并且把这种气魄移回到自己的心中。'这就是移情说的雏形，到了立普斯的手里就变成美学上一条最基本的原理。"① 在近代德国美学界，移情说是学者们讨论得最热烈的问题，影响很大。"有人拿美学上的移情作用说和生物学上的天演说相比，以为它们有同样的重要，并且把移情作用说的倡导者立普斯（Lipps）称为美学上的达尔文。在一般德国美学家看来，它是美学上的最基本的原则，差不多一切美学上的问题都可以拿它来解答。不过诸家对于移情作用的解释各各不同，有时并且互相矛盾。"②

　　尽管关于移情作用的解释学术界有种种的争论，但这一学说的基本内涵大家还是有共识的。朱光潜先生曾十分精辟而深入浅出地概括和阐释道："说粗浅一点，移情作用是外射作用（projection）的一种。外射作用就是把我的知觉或情感外射到物的身上去，使它们变为在物的。先说知觉的外射。事物有许多属性都不是它们所固有的，它们大半起于人的知觉。本来是人的知觉，因为外射作用便成为物的属性。比如桌上摆着一个苹果，我一眼看到，就知道它红，香，甜，圆滑，沉重。我们通常把红、香、甜等等都看成苹果的属性，以为它本来就有这些属性；纵然没有人知觉它，这些属性也还是在那里。但是严格地说，这种常识是不精确的。苹果本只有使人感受红、香、甜种种知觉的可能性，至于红却起于视觉，香却起于嗅觉，甜却起于味觉，其他仿此。单拿红色来说，这是若干长的光波射到眼球网膜上所生的印象。如果光波长一点或短一点，或是网膜结构换一个模样，红的色觉就不会发生。有一种色盲根本就不能辨红色，就是视觉健康的人在黄昏或黑暗中也看不清红花的颜色。……此外还有许多似乎在物的属性，用心理学研究起来，都是由知觉外射出去的。从此可知，严格地说，我们应该说：'我觉得这个苹果是红的，香的，甜的，沉重的，圆滑的。'通常我们把'我觉得'三字省略去，于是'我觉得它如此如此'就变成'它如此如此'了……""次说情感、意志、动作等等心理活动的外射。我们对于人和物的了解和同情，

---

① ② 分见《朱光潜美学文集》（第一卷），上海文艺出版社 1982 年版，第 40 页、第 37 页。

都因为有'设身处地'或'推己及物'一副本领。本来每个人都只能直接地了解他自己的生命，知道自己处某种境地，有某种知觉、情感、意志和活动，至于旁人旁物处某种境地有同样知觉、情感、意志和活动时，则全凭自己的经验而推测出来的。"为此，朱光潜先生举了《庄子·秋水》篇中这样一段故事："庄子与惠子游于濠梁之上。庄子曰：'儵鱼出游从容，是鱼乐也。'惠子曰：'子非鱼，安知鱼之乐？'庄子曰：'子非我，安知我不知鱼之乐？'"认为："这个道理可以推广到一切己身以外的人和物，如果不凭自己的经验去推测，人和物的情感是无从了解的，这种推测自然有时错误。小孩子常和玩具谈话，不肯让人去敲打它，有时还让它吃饭睡觉。这也是因为他'设身处地'地体验玩具的情感和需要。我们成人也并没有完全脱离去这种心理习惯。诗人和艺术家看世界，常把在我的外射为在物的，结果是死物的生命化，无情事物的有情化。"同时也指出："移情作用只是一种外射作用，换句话说，凡是外射作用不尽是移情作用。"认为移情作用和一般外射作用有两个最重要的分别。这就是："第一，在外射作用中物我不必同一，在移情作用中物我必须同一，我觉得花红，红虽是我的知觉，我虽然把我的知觉外射为花的属性，我却未尝把我和花的分别忘去，反之，突然之间我觉得花在凝愁带恨，愁恨虽是我外射过去的，如果我真在凝神观照，我决无暇回想花和我是两回事。第二，外射作用由我及物，是单方面的；移情作用不但由我及物，有时也由物及我，是双方面的。我看见花凝愁带恨，不免自己也陪着花愁恨，我看见山耸然独立，不免自己也挺起腰杆来。概括地说，知觉的外射大半纯是外射作用，情感的外射大半容易变为移情作用。"①

　　至于移情作用说之所以会成为现代心理学和美学上的一个最重要最基本的原则，朱光潜先生认为，美感态度不一定带移情作用，不能起移情作用也往往可以有很高的审美力，但是移情作用确实是一种重要的美感经验。他从欣赏自然、艺术和文艺创作三个方面对移情作用存在的普遍性及其价值进行了透彻精当的阐释。在欣赏自然方面，朱光潜先生认为移情作用最为明显，云："大地山河以及风云星斗原来都是死板的东西，我们往往觉得它们有情感，有生命，有动作，这都是移情作用的结果。比如云何尝能飞？泉何尝能跃？我们却常说云飞泉跃。山何尝能鸣？谷何尝能应？我们却常说山鸣谷应。诗文的妙处往往都是从移情作用得来。例如'天寒犹有傲霜枝'句的'傲'，'云破月来花弄影'句的'弄'，'数峰清苦，商略黄昏雨'句的'清苦'和'商略'，'徘徊枝上月，空度可怜宵'句的'徘徊'、'空度'、'可怜'，'相看两不厌，惟有敬亭山'句的'相看'和'不厌'，都是原文的精彩所在，也都是移情作用的实例。"指出："在聚

———————————
① 《朱光潜美学文集》（第一卷），上海文艺出版社 1982 年版，第 37～39 页。

精会神的观照中，我的情趣和物的情趣往复回流。有时物的情趣随我的情趣而定，例如自己在欢喜时，大地山河都随着扬眉带笑，自己在悲伤时，风云花鸟都随着黯淡愁苦。惜别时蜡烛可以垂泪，兴到时青山亦觉点头。有时我的情趣也随物的姿态而定，例如睹鱼跃鸢飞而欣然自得，对高峰大海而肃然起敬，心情浊劣时对修竹清泉即洗刷净尽，意绪颓唐时读《刺客传》或听贝多芬的《第五交响曲》便觉慷慨淋漓。物我交感，人的生命和宇宙互相回还震荡，全赖移情作用。"①

在欣赏艺术方面，朱光潜先生认为："移情作用也是一个重要的成分。例如写字，横直钩点等等笔画原来都是墨涂的痕迹，它们不是高人雅士，原来没有什么'骨力'、'姿态'、'神韵'和'气魄'。康有为在《广艺舟双楫》中说字有十美：'一曰魄力雄强，二曰气象浑穆，三曰笔法跳越，四曰点画峻厚，五曰意态奇逸，六曰精神飞动，七曰兴趣醋足，八曰骨法洞达，九曰结构天成，十曰血肉丰美。'这十美除第九以外大半都是移情作用的结果，都是把墨涂的痕迹看作有生气有性格的东西。这种生气和性格原来存在观赏者的心里，在移情作用中他不知不觉地把字在心中所引起的意象移到字的本身上面去。字所以能引起移情作用者，为它像一切其他艺术一样，可以表现作者的性格和临池时的兴趣，它也可以说是'抒情的'。颜鲁公的字就像颜鲁公，赵孟頫的字就像赵孟頫。不但如此，同是一个书家，在正襟危坐时写的字是一种意态，在风号雨啸时写的字又是一种意态。某境界的某种心情都由腕传到笔端上去，所以一点一画都变成性格和情趣的象征，使观者觉得生气蓬勃。作者把性格和情趣贯注到字里去，我们看字时也不知不觉地吸收这种性格和情趣，使在物的变成在我的。例如看颜鲁公的字那样劲拔，我们便不由自主地耸肩聚眉，全身的筋肉都紧张起来，模仿它的严肃；看赵孟頫的字那样秀媚，我们也不由自主地展颐扬眉，全身筋肉都弛懈起来，模仿它的袅娜的姿态。"还认为："移情作用并不限于眼睛看得见的形体。比如音乐纯粹是一种形式的艺术，我们只能听出抑扬顿挫开合承转的关系，但是也能在这种纯为形式的关系之中寻出情感来，说某种曲调悲伤，某种曲调快活。这是什么缘故呢？立普斯在《美感的移情作用》一文中讨论'节奏'（rhythm）的道理，曾对于这个问题给了一个有趣的答案。所谓'节奏，是各种艺术的一个普遍要素，形体的长短大小相错杂，颜色的深浅浓淡相调和，都是节奏。不过在音乐中节奏用得最广。音乐的节奏就是长短高低宏纤急缓相继承的关系，这些关系时时变化，听者所费的心力和所用的心的活动也随之变化。因此，听者心中自发生一种节奏和音乐的节奏相平行。听一曲高而缓的调子，心力也随之作一种高

① 《朱光潜美学文集》（第一卷），上海文艺出版社 1982 年版，第41页。

而缓的活动；听一曲低而急的调子，心力也随之作一种低而急的活动。这种高而缓或低而急的心力常蔓延浸润，使全部心境和它同调共鸣。高而缓的节奏容易引起欢欣鼓舞的心情，低而急的节奏容易引起抑郁凄恻的心情。这种情调原来在我，在物我同一的境界中，我们把在我的情调外射出去，于是音乐也有情调了。"①

在文艺创作方面，朱光潜先生认为移情作用也有很大影响，并以法国女小说家乔治·桑（George Sand）、法国诗人波德莱尔（Baudelaire）、法国小说家福楼拜（Flaubert）等人的创作经验自述为例论证了这一问题。同时，还进一步指出："移情作用对于创造文艺的影响还可以在另一方面见出。文学的媒介是语言文字。语言文字的创造和发展往往与艺术很类似。照克罗齐看，语言自身便是一种艺术，语言学和美学根本只是一件东西。不说别的，单说语言文字的引申义。在各国语言文字中引申义大半都比原义用得更广。引申义大半起源于类似联想和移情作用，尤其是在动词方面。例如'吹'、'打'、'行'、'走'、'站'、'诱'等原来都表示人或其他动物的动作，现在我们可以说'风吹雨打'、'这个办法行'、'电走了'、'车站住了'、'花香诱蝶'等等。古文中引申义更多，例如'子路拱之'的'拱'，引申为'众星拱北辰'的'拱'，'招我以弓'的'招'引申为'言易招尤'的'招'，'鲤趋而过庭'的'趋'引申为'世风愈趋愈下'的'趋'，'我欲仁斯仁至矣'的'欲'引申为'星影摇摇欲坠'的'欲'。这些引申义现在已用成习惯，我们不复觉其新鲜，但是创始者创一个引申义时，大半都带有几分艺术的创造性。整个的语言的生展就可以看成一种艺术。"②

由上述的介绍，我们可以清楚地了解到"移情作用"的基本概念和"移情作用"作为一种重要的心理现象在人们欣赏自然、欣赏艺术和创造艺术活动中的普遍性及其特殊美学价值。

（二）基于移情作用的修辞文本模式

"移情作用"学说，不仅可以解释文艺创作与欣赏以及自然欣赏中的心理机制问题，还可以解释我们语言活动中修辞文本建构和解构中的修辞心理机制问题。特别是修辞中的比拟、移就两种修辞文本的建构，就是典型的基于"移情作用"的心理机制。下面我们分而论析之。

1. 比拟与移情作用

比拟是语言活动中将人的生命情态移注于物，或将物之情状移植于人，以达

---

① ② 分见《朱光潜美学文集》（第一卷），上海文艺出版社 1982 年版，第 45～46 页、第 44 页。

到物我情趣往复回流，从而彰显表达者在特定情境下物我同一的情感状态，使语言表达更具生动性、形象性，以之感染受交际者（接受者）来达成与之共鸣的思想情感状态的修辞文本模式。

　　陈望道先生说："将人拟物（就是以物比人）和将物拟人（就是以人比物）都是比拟。《诗人玉屑》卷九载杨万里论比拟说：白乐天《女道士》诗云，'姑山半峰雪，瑶水一枝莲'，此以花比美妇人也；东坡《海棠》诗云，'朱唇得酒晕生脸，翠袖卷纱红映肉'，此以美妇人比花也。一切比拟就像这样，可以分作两类：一如此处前例，将人拟作物的，称为拟物；一如后例，将物拟作人的，称为拟人。"①

　　不管是拟人还是拟物，比拟修辞文本模式，一般来说，都是建立在物我同一的移情作用的心理机制之上的。它们是人"在聚精会神的观照中，我的情趣和物的情趣往复回流"，"有时物的情趣随我的情趣而定"，"有时我的情趣也随物的姿态而定"②的结果。

　　这种修辞文本的建构，一般来说，在表达上因表达者以移情作用将物我贯通交融为一体，使无生命之物具备有生命之人的情态，或使有生命之人具无生命之物的特质，从而使修辞文本别添了几多的生动性和形象性，语言顿然灵动飞扬起来；在接受上，修辞文本的建构将物我打通，文本所具有的生动性和形象性的特质以及语言的灵性，就自然使接受者深受感染，在表达者所给定的修辞文本的导引下经由修辞文本的语言文字而产生联想想象，从而在修辞文本的解构接受中进入与表达者修辞文本建构时凝神观照、物我同一的相同情感状态，达成与表达者思想情感的同向共鸣，在修辞文本解构欣赏中得到一种美的享受。

　　比拟修辞文本因为有上述特殊表达和接受效果，所以自古以来都深受人们的青睐，很多作家都喜欢建构比拟修辞文本。如唐代诗人崔护《题都城南庄》一诗，就有一个非常生动的比拟修辞文本。诗云：

　　去年今日此门中，人面桃花相映红。
　　人面不知何处去，桃花依旧笑春风。

　　崔护的诗作流传下来的不多，其人在唐代诗坛上的地位也并不是很高，但是上引这首诗却是中国文学史上的名篇，在中国可谓是妇孺皆知，耳熟能详。因为在这首诗的背后还有一段美丽的爱情故事。据唐人孟棨《本事诗》记载，博陵

① 陈望道：《修辞学发凡》，上海教育出版社1982年版，第117页。
② 《朱光潜美学文集》（第一卷），上海文艺出版社1982年版，第41页。

人崔护，"资质甚美，而孤洁寡合"。曾因举进士第不中，清明日独游都城南。因酒渴，见花木丛中一庄，遂求水于屋主。扣门久，有一女子出，资质甚美，迎崔护入内，命座，且奉之以水。二人对视良久，皆有感于心，最后还是依依惜别了。次年清明日，崔护忽忆前事，情不可遏，复往城南庄上寻其女子，惜未得见。无奈中题诗一首于其门扉上，怏怏而归。后数日，崔护又偶至城南，再往寻之。不意闻庄上有哭声，遂扣门问之，乃知前所见女子因见他的题诗思念而亡。崔护闻之，不胜悲伤，入内捧女子大哭。半日，女子复活。女父大喜，遂嫁其女与崔护。

　　《本事诗》中所记的这则故事，是一篇笔记小说的规模。笔者曾在所著《中国言情小说史》中予以高度评价，认为"它在篇制上较短，在叙写风格上亦表现出简约、质朴的特点，不同于《李娃传》、《霍小玉传》等传奇作品那样'叙述宛转，文笔华艳'的作风"。但是它"在艺术成就方面却并不逊色于许多传奇作品。相反，与许多传奇作品相较，它别有一种'清水出芙蓉，天然去雕饰'的独特风韵"①。尽管崔护的这首诗在中国诗歌史上具有很大知名度与《本事诗》所记故事的广泛传播不无关系，但其诗本身有很高的艺术性也是一个不争的事实。此诗虽仅短短四句，却给人以极大的艺术感染力。这一方面是因为诗句饱含了诗人真挚深切的感情，另一方面是因诗人在作品中建构了"桃花依旧笑春风"这样一个比拟修辞文本。

　　这一比拟修辞文本的建构，是诗人在思佳人而不得见的情绪状态下对着桃花凝神观照中，"我"的情趣与物的情趣往复回流，物的情趣随"我"的情趣而流转的产物，即移情作用的结果。

　　这一修辞文本的建构，从表达上看，诗人让本是无生命无情感之物的桃花具有"笑春风"之得意情态，不仅生动形象地写出了桃花绚丽灿烂的形象，使诗歌语言飞扬灵动起来，而且也以桃花"笑春风"的得意情态有力地反衬出诗人苦觅佳人而人面"不知何处去"的失意惆怅之情，从而鲜明生动地凸显出诗人对"去年今日此门中"人面与"桃花相映红"的那位女子的深切思念之情。从接受上看，诗人（表达者）以移情作用将物我打通所建构起来的"桃花依旧笑春风"的比拟修辞文本所具有的生动性、形象性、灵动性的特质，自然会使接受者深受感染，从而在表达者（诗人）所建构的修辞文本的导引下经由其文本的语言文字产生联想想象，在修辞文本的欣赏接受中进入与表达者（诗人）修辞文本建构时凝神观照、物我同一的相同情感情绪状态，达到与表达者思想情感的同向共鸣，并在文本解读欣赏中得到一种美的享受——一种爱恋、失意、惆怅、

① 吴礼权：《中国言情小说史》，台湾商务印书馆1995年版，第106页。

忧愁、凄苦等五味杂陈的情感情绪体验。

　　说到崔护爱情诗的动人，不禁令我们想到唐明皇对杨玉环的真挚爱情。唐代大诗人白居易《长恨歌》中有这样的诗行：

> 临别殷勤重寄词，词中有誓两心知。
> 七月七日长生殿，夜半无人私语时。
> 在天愿作比翼鸟，在地愿为连理枝。
> 天长地久有时尽，此恨绵绵无绝期。

　　这是全诗的最后几句，是写杨玉环死后唐明皇寂居宫中深切思念杨玉环的情感心态。其中，"在天愿作比翼鸟，在地愿为连理枝"两句，是唐明皇在杨玉环生前和她所说的恩爱之语，它是一个典型的比拟修辞文本。

　　这一修辞文本是表达者唐明皇在凝神体味自己与杨玉环的甜蜜爱情时，身心达到了至情状态，心理上发生了联想想象，将自己与杨玉环恩爱相依的情状与比翼而飞的鹣鹣、枝干连接而生的连理枝联系搭挂起来，从而在凝神观照中出现"我"的情趣与物的情趣往复回流的情形，并且使"我"的情趣随物的情趣而流转，这也是移情作用的心理产物。只是与上例不同的是，这里表达者将有情感的人比作无情感的鸟与植物，属于比拟中的"拟物"一类。

　　这一修辞文本的建构，从表达上看，表达者（唐明皇）将自己与杨玉环恩爱相依难分的深情以比翼而飞的鹣鹣、连枝连干而生的连理枝的具象来呈现，不仅使表意更具形象性、生动性，而且也鲜明地凸显了表达者对爱侣杨玉环无以复加的深情；从接受上看，由于修辞文本中用以作比的"比翼鸟"、"连理枝"二物所具有的形象性、生动性及所包含的特定语义内涵，自然会使接受者在文本解读欣赏中经由文本的语言文字产生联想想象，进而在修辞文本的解读接受中进入与表达者建构文本时凝神观照、物我同一的相同情感状态，达到与表达者思想情感的同向共鸣，并在修辞文本的解读欣赏中得到一种美的享受——体味到一种忘我情态下进入爱情至境的情感愉悦，感受到一种现实中难觅的纯真理想爱情生活的幸福。尽管唐明皇耽于女色，使大唐几至亡国之境地而遭到千古史家的批评，但是几乎很少有人忍心去批评唐明皇对于爱情的挚烈态度。相反，千古以降的无数中国男女都为唐明皇对杨玉环的痴情所感动。因为唐明皇的"在天愿作比翼鸟，在地愿为连理枝"的比拟修辞文本确是令人深切感动的。

　　比拟修辞文本的建构，在中国古代文学家留下的许多范本中都是可圈可点、令人难忘的。现代的才子们也不让古人专美，所建构的许多文本也有不少是值得我们回味的。如现代著名诗人汪静之有一首名曰《恋爱底甜蜜》的情诗，即是个中代表。诗云：

> 琴声恋着红叶，
> 亲了个永久甜蜜的嘴，
> 吻得红叶脸红羞怯。
> 他俩心心相许，
> 情愿做终身伴侣。
> 老树枝不肯让红叶
> 自由地嫁给琴声。
> 幸亏红叶不守教训，
> 终于脱离了树枝，
> 随着琴声的调子
> 和琴声互相拥抱，
> 翩跹地乘着秋风，
> 飘上青天去舞蹈。

　　这是诗人写于1921年的一首相当独特隽永的情诗。众所周知，"琴声"是弹奏乐器使空气产生某种有规律的振动的物理现象，"红叶"、"老树枝"是自然界的常见事物，它们都是无生命、无情感的事物，自然不可能有诸如"恋"、"亲嘴"、"甜蜜"、"吻"、"心心相许"、"情愿"、"（不）肯"、"嫁"、"不守教训"、"脱离"、"拥抱"、"乘"、"舞蹈"等动作行为或心理情绪，这些动作行为或心理情绪只有人类才具有。然而，在诗人笔下，上述这些动作行为或心理情绪却为"琴声"、"红叶"、"老树枝"等无生命、无情感之事物所有，这明显是诗人在思考当时中国青年的婚姻恋爱问题时，由自然景观的触发而产生联想想象，并在凝神观照中使物我的情趣往复回流、交融贯通为一体而产生的结果，亦即是诗人在思索人生问题时与经验中的自然景观相搭挂而发生的移情心理作用的产物。因此，这首诗整篇就是一个大的比拟修辞文本，是建立在诗人凝神观照时物我同一的移情作用的心理机制之上的。

　　这一修辞文本的建构，从表达上看，诗人赋予无生命无情感的"琴声"、"红叶"、"老树枝"等事物以人的情感、心理、行为，使本不可相通的物我两相交融、贯通为一体，无生命、无情感之物有了有情感之人的生命情态，也使修辞文本别添了几多的生动性和形象性，诗歌语言也顿然灵动飞扬起来，诗的魅力和韵味大增；从接受上看，由于修辞文本是诗人以物我打通的比拟（拟人）手法建构起来的，生动形象的文本自然会引导接受者经由文本的语言文字而产生联想想象，从而在修辞文本的解读接受中进入与诗人建构文本时将"琴声"与追求爱情幸福的男子、"红叶"与为爱情而执着无悔的女子、"老树枝"与阻挠青年追求自由幸福婚恋生活的保守势力等联系起来，并在凝神观照中将两者混同一体，进入物我交融的情感状态，最终达到与诗人思想情感的同向共鸣——歌颂婚恋自由、反对压制爱情，并在修辞文本解构欣赏中得到一种美的享受——自由爱情生活与自然景观的和谐统一。如果这首诗不以比拟手法来表达，而是以"张三"、"李四"、"王五"分别代替"琴声"、"红叶"、"老树枝"等字面来实写，那么诗在表达上的生动性、形象性也就不复存在，诗的韵味与魅力更无从谈起了，另外在接受上，则会因文本的平淡而无由使接受者产生文本解读欣赏的动力，更无由在接受欣赏中得到美的享受。可见，这首诗的成功，全赖比拟修辞文本的建构。

一般来说，比拟修辞文本的建构在诗歌中比较常见。但是，现代散文作品中建构比拟修辞文本者也有不少，而且还颇多佳构。如鲁迅在《忽然想到》（七）一文中建构的一个比拟修辞文本就相当高妙。其文曰：

我还记得中国的女人是怎样被压制，有时简直并羊而不如。现在托了洋鬼子学说的福，似乎有些解放了。但她一得到可以逞威的地位如校长之类，不就雇用了"掠袖擦掌"的打手似的男人，来威吓毫无武力的同性的学生么？不是利用了外面正有别的学潮的时候，和一些狐群狗党趁势来开除她私意所不喜欢的学生么？而几个在"男尊女卑"的社会生长的男人们，此时却在异性的饭碗化身的面前摆尾，简直并羊而不如。羊，诚然是弱的，但还不至于如此，我敢给我所敬爱的羊们保证！

这段文字写于 1925 年 5 月，是用以抨击北洋政府时代北京女子师范大学校长杨荫榆及其总务长吴沆压制迫害学生的暴行。其中，"而几个在'男尊女卑'的社会生长的男人们，此时却在异性的饭碗化身的面前摇尾"是一个比拟修辞文本，将吴沆等男人比拟为狗。众所周知，人是没有尾巴的，自然不能"摇尾"了。因此，鲁迅先生上面所说的吴沆等男人的"摇尾"明显是一种将人拟物的修辞写法。

鲁迅之所以建构出上述这一修辞文本，是因为他在表述自己对吴沆之流行为的情感态度时产生了联想想象，将诸如吴沆之流靠向女人献媚讨好而过活的男人与经验中的向主人摇尾乞怜的狗联系搭挂起来，并在凝神观照中将人狗的情态贯通为一体，使人具有了狗之情态。很明显，这一修辞文本是建立在物我情趣同一的移情心理机制之上的。

这一修辞文本的建构，从表达上看，表达者予人以狗之情态，于是吴沆之流向女人乞怜献媚的丑态就生动形象地凸现出来了，同时也在"不著一字"中深刻地贬斥、鞭挞了吴沆之流的人格；从接受上看，由于修辞文本将物我打通，语言表述的生动性、形象性就自然使接受者深受感染，从而在表达者所给定的修辞文本的导引下经由文本的语言文字而产生联想想象，在文本的解读接受中进入与表达者文本建构时凝神观照、物我同一的情感状态，形象地再现出吴沆之流向杨荫榆乞怜讨好的卑鄙情状，由此达到与表达者思想情感的同向共鸣——产生对吴沆之流的鄙视之情，在修辞文本的解构欣赏中得到一种美的享受——获得对吴沆之流淋漓尽致地贬斥后的一种情绪宣泄后的快感，使心中之愤懑得以充分纾解。

2. 移就与移情作用

移就是语言活动中表达者在特定情境下"把人类的性状移属于非人的或无知的事物"[①]，以凸显其特殊情感情绪状态的一种修辞文本模式。

我们都知道，人是高级情感动物，可以有"寂寞"、"悲伤"、"忧愁"、"欢喜"、"愤怒"等情绪表现或性状；而"木"、"石"、"庭院"、"花"、"鸟"、"虫"、"鱼"等非人的或无知的事物，则不会有诸如人的这种种情绪或性状。然而，事实上我们却常常在人们的说写活动中看到或听到"快乐的鸟"、"悲伤的花"、"寂寞的庭院"、"无情的石头"、"愤怒的大海"等写法或说法。

那么，这是何故呢？其实，这些写法或说法，正如我们上面所分析的诸多比拟修辞文本一样，都是建立在人在凝神观照时物我同一的移情作用的心理机制之上的修辞文本，即我们下面将要论述到的移就修辞文本。

从心理学上看，移就修辞文本的建构，一般多是文本建构者（表达者）在凝神观照或思索中，"我"的情趣和物的情趣发生了往复回流，并在文本建构者特定的强烈情绪情感状态的主导下，使物的情趣随着"我"的情趣而流转，以致非人的或无知的事物有了人之情态性状。这与上面我们所说的比拟修辞文本建构一样，也是移情心理作用的结果。

这种修辞文本的建构，一般来说，在表达上，非人的或无知的事物具有了人之生命情态之后，文本的语言文字便别添了几多的生动性、形象性的特质，文本也更具引人入胜的艺术感染力；在接受上，修辞文本的建构将物我贯通交融为一体，文本的生动性、形象性特质便易于使接受者在文本解构欣赏中受到情绪感染，从而在表达者所建构的修辞文本的导引下经由文本的语言文字而产生与表达者文本建构时逆向的移情心理作用，进入与表达者修辞文本建构时凝神观照、物

---

① 陈望道：《修辞学发凡》，上海教育出版社 1982 年版，第 116 页。

我同一的相同情感情绪状态，由此达到与表达者思想情感的共鸣，并经由文本的解构欣赏而获取一种美的享受。

正因为移就修辞文本在表达和接受上有上述独特的效果，所以历来钟情于这种修辞文本的建构者自然也就很多了。如下引《菩萨蛮》词中，就有这种文本的建构：

> 平林漠漠烟如织，寒山一带伤心碧。暝色入高楼，有人楼上愁。玉梯空伫立，宿鸟归飞急。何处是归程？长亭连短亭。

关于这首词的作者，历来多有争议。一派认为这是李白所作，并谓其是"百代词曲之祖"；一派则认为是"晚唐人词，嫁名太白"。[①] 对于这个问题，我们暂且搁下不提。就这首词本身而言，它所写旅人思乡之情的心理情状确是深切感人的，从艺术上看，谓之"百代词曲之祖"也未尝不可。特别是词中"寒山一带伤心碧"一句，是一个典型的移就修辞文本，其深切感人之力尤为人们所公认。

我们都知道，"山"是无生命的非人事物，自然不可能有"寒"的感觉；"碧"（碧绿色）是一种人的色觉，不是有生命、有情感的人，当然更谈不上有"伤心"的情感状态。然而，在词人笔下却有"寒山"、"伤心碧"之说法，这是何故？无它，是词人在思乡之愁绪情态下凝神观照异乡山水景物时产生了移情心理作用，"我"的情趣与物的情趣出现了往复回流，并且在"我"的强烈思乡而穷途无归的悲伤情绪的主导下，使物的情趣随着"我"的情趣而流转，以致非人无知的事物有了"寒"、"伤心"等人的生命情态。

这一修辞文本的建构，从表达上看，因词人赋予无知非人的"山"、"碧"以"寒"、"伤心"等人的生命情态，将人的抽象情感写活，文本的语言文字便顿然添出许多的生动性、形象性特质，而整个修辞文本也就更具引人入胜的艺术感染力；从接受上看，由于修辞文本建构者（词人）将物我打通，把我和物的情态性状贯融一体，使接受者易于被这种生动形象的修辞文本所感染，自然而然地在修辞文本的解读欣赏中经由文本的语言文字而产生与词人文本建构时逆向的移情心理作用，进入与词人修辞文本建构时凝神观照、物我同一的相同情感情绪状态——见山而觉山与我俱寒，见绿而觉绿与我俱生伤心之感触，由此达到与词人思想情感的共鸣——他乡景色使人悲，故园风物令人思，并经由文本的解构欣赏而获取一种美的享受——深切体认到"独在异乡为异客"、他乡美景益增愁这

① 参见朱东润主编：《中国历代文学作品选》（中编第一册）李白《菩萨蛮》"解题"，上海古籍出版社1980年版，第422页。

一人类共同的痛苦情感体验。

李白本是旷达之士，尚且有穷途无归的思乡愁苦之情，那么他的那位本家、多愁善感的亡国之君——南唐后主李煜在《乌夜啼》一词中所倾诉的深切的思乡之痛就更是可以理解的了。李后主词云：

> 无言独上西楼，月如钩。寂寞梧桐深院，锁清秋。　　剪不断，理还乱，是离愁；别是一般滋味，在心头。

这首词是李煜国亡被囚于北宋京师汴梁时所作，它不仅写尽了古往今来在外游子的思乡之苦，更兼词人是个被囚的亡国之君，因此思乡之苦情中更包蕴了一般人所无法体认到的刻骨铭心的亡国之恨，所以全词读来倍加使人感到凄凉忧伤，有无限的艺术感染力。

这首词之所以有如此的艺术感染力，令千古读者读而为之动容伤情，究其原因，除了词的下片"剪不断，理还乱，是离愁"的比喻修辞文本建构得极为成功外，还有上片"寂寞梧桐深院"这一移就修辞文本建构的高妙。

众所周知，"梧桐"、"深院"都是非人无知的事物，不可能有"寂寞"的情感体验。既如此，词人何以要写出如此"无理"之词呢？无它，这是因为词人在亡国之恨与思念乡国的双重痛苦情绪下，凝神观照自己被囚的庭院及院中的梧桐树等景物时产生了移情心理作用，"我"的情趣与物的情趣出现了往复回流，并且在"我"的强烈的怀乡念国情感情绪的主导下使"深院"、"梧桐"等非人无知的事物有了人所特具的生命情态——"寂寞"的情感。

这一修辞文本的建构，从表达上看，因词人赋予非人无知的"深院"、"梧桐"以人所特有的生命情态——"寂寞"的情感体验，遂使抽象的情感描写具体化，文本的语言文字也由此添出了几许生动性、形象性的特质，整个修辞文本的艺术感染力也得到了提升；从接受上看，由于词人在建构修辞文本时将物我贯通交融为一体，物我情态浑然难分，接受者易于受其生动形象的修辞文本所感染，自然会在文本解读欣赏中经由修辞文本的语言文字产生与词人修辞文本建构时逆向的移情心理作用，进入与词人修辞文本建构时凝神观照、物我同一的相同情感情绪状态——即"庭院"、"梧桐"与我浑然无分，俱感深深"寂寞"之情，由此达到与词人思想情感的共鸣——乡园之思何苦切，亡国之痛何以堪，并经由文本的解构欣赏而获取一种美的享受——一种常人所无由体认的亡国之恨、乡园之思的双重苦痛之情，即艺术欣赏中的悲剧美。

移就修辞文本的建构，不仅在诗词作品中比比皆是，在小说创作中也是常有的。如鲁迅先生《故事新编·铸剑》中就有这样的文本：

……她严肃地说："你的父亲原是一个铸剑的名工，天下第一。……费了整三年的精神，炼成两把剑。

"当最末次开炉的那一日，是怎样骇人的景象呵！哗拉拉地腾上一道白气的时候，地面也觉得动摇。那白气到天半便变成白云，罩住了这处所，渐渐现出绯红颜色，映得一切都如桃花。我家的漆黑的炉子里，是躺着通红的两把剑。你父亲用井华水慢慢地滴下去，那剑嘶嘶地吼着，慢慢转成青色了。这样地七日七夜，就看不见了剑。仔细看时，却还在炉底里，纯青的，透明的，正像两条冰。

"大欢喜的光彩，便从你父亲的眼睛里四射出来；他取起剑，拂拭着，拂拭着。然而悲惨的皱纹，却从他的眉头和嘴角出现了。……'你只要看这几天的景象，就明白无论是谁，都知道剑已炼就的了'，他悄悄地对我说，'一到明天，我必须去献给大王。但献剑的一天，也就是我命尽的日子。怕我们从此要长别了。'……"

这里的一段文字，是眉间尺的母亲向儿子叙说其父剑成人亡的原因。其中，"悲惨的皱纹，却从他的眉头和嘴角出现了"一句，是我们所要论述的移就修辞文本。

我们都知道，"皱纹"不是人，它是肌肉运动所产生的皮肤表面的堆积，它不可能有"悲惨"这种情感情绪。然而在作家鲁迅笔下却有"悲惨的皱纹"的说法，很明显，这是因为作家叙事时沉浸于自己所塑造的人物命运之中，在凝神观照叙写人物命运处境时产生了移情心理作用，"我"的情趣和物的情趣出现了往复回流，并且在"我"的极度悲哀的情绪主导下使物的情趣随"我"的情趣而流转，于是非人无知的"皱纹"便有了人的生命情态——"悲惨"的情绪情感。

这一修辞文本的建构，从表达上看，因作家赋予无知非人的"皱纹"以人的生命情态——"悲惨"的情感情绪表现，使不可见的人物心理活动得以具体展示出来，修辞文本的语言文字也由此添出了几许生动性、形象性的特质，从而使修辞文本有了更强的艺术感染力；从接受上看，由于作家建构的"悲惨的皱纹，却从他的眉头和嘴角出现了"这一修辞文本将物我打通，"我"的情趣和物的情趣贯融一体，所以接受者很容易在这种生动形象的文本的感染下经由作家建构的修辞文本的语言文字而产生与作家文本建构时逆向的移情心理作用，进入与作家文本建构时凝神观照、物我同一的相同情感情绪状态——我即皱纹，皱纹即我，物我两难分，俱在悲惨中，达到与作家思想情感的共鸣——为人物的命运担忧悲伤，并经由修辞文本的解构欣赏而获得一种美的享受——一种来源于文学欣赏之中的功成而命绝的悲情人生体验。

鲁迅所建构的上述移就修辞文本读之令人唏嘘感叹，而当代学者钱钟书的小说《围城》所建构的移就修辞文本读之则使人击节叫绝：

明天早上，辛楣和李梅亭吃了几颗疲乏的花生米，灌几壶冷淡的茶，同出门找本地教育机关去了。

这段文字是写赵辛楣一行人，在去三闾大学途中由于路资不够，打电报让校长高松年汇来了一笔钱。但邮政当局却要他们找人担保。赵、李二人为此在人地生疏之处奔波多日，求助无门，弄得筋疲力尽，而且尝尽了被人冷落的滋味。

众所周知，"花生米"、"茶"都是非人无知的事物，自然不可能有诸如"疲乏"、"冷淡"之类的人的感觉。但是在作家笔下却有"疲乏的花生米"、"冷淡的茶"的写法，这是明显的移就修辞文本模式。作家之所以建构出上述这样的修辞文本，是因为作家在叙写赵、李二人的奔波之苦的情节时，凝神观照所叙写的赵、李二人的感受时产生了移情心理作用，"我"的情趣和物的情趣出现了往复回流，并在"我"的疲乏、被冷淡的强烈情绪感受的主导下使物的情趣随着"我"的情趣而流转，于是"花生米"和"茶"这两种非人无知的事物便有了人的生命情态——"疲乏"、"冷淡"的情绪感受。

这一修辞文本的建构，从表达上看，因作家赋予"花生米"和"茶"等非人无知的事物以人所特有的"疲乏"、"冷淡"等情绪感受之生命情态，一方面使修辞文本的语言文字别添了生动性、形象性的特质，另一方面也于生动形象的语言文字中强调凸显出了赵、李二人身心疲乏、备感人情冷淡的情绪感受，使修辞文本具有更强的艺术感染力；从接受上看，作家所建构的修辞文本将物我打通，物的情趣与"我"的情趣融为一体而不可分，这就易使接受者在文本解读欣赏中经由文本生动形象的语言文字而产生与作家文本建构时逆向的移情心理作用，进入与作家修辞文本建构时凝神观照、物我同一的相同情感情绪状态——物我不分，身心麻木到不知是人感到疲乏和冷淡，还是花生米和茶感到疲乏和冷淡的忘情状态，从而达到与作家的思想情感共鸣——在人地生疏之地被人冷淡、求助无门的无奈苦情，并经由修辞文本的解构欣赏而获得一种审美享受——一种源于文学作品欣赏中体会到的世态炎凉的苦涩人生经验。

第五章　修辞文本建构的心理机制（二）

一、修辞文本建构与平衡原则

（一）平衡原则

平衡原则，是美学和文艺心理学都十分重视和必谈的重要学说，因为它涉及美与形式的关系问题。而"从古希腊一直到二十世纪的现代主义，历代都有人把美与形式联系起来，并把美看成是形式"[①]。

可以说，美与形式、形体的密切关系是所有美学家和文艺心理学家都公认的；而平衡匀称的形式、形体是构成美的一个重要因素，这也是大家的共识。著名美学家朱光潜先生指出："美的形体无论如何复杂，大概都含有一个基本原则，就是平衡（balance）或匀称（symmetry），这在自然中已可见出。比如说人体，手足耳目都是对称的，鼻和口都只有一个，所以居中不偏。原始时代所用的器皿和布帛的图案往往把人物的本来面目勉强改变过，使它们合于平衡原则。……如希腊瓶以及中国彝鼎都是最能表现平衡原则的。在雕刻、图画、建筑和装饰的艺术中，平衡原则都非常重要。"[②]

那么，人们何以那般喜欢平衡、匀称呢？在学术界有两种解释。一派学者认为它与筋肉感觉有关，指出："我们看匀称的形体时，两眼筋肉的运动也是匀称的，没有某一方特别多费力，所以我们觉得愉快。"[③] 但是，这种解释被美国心理学家斯屈拉东（Stratton G. M.）所驳倒，他用快镜摄影的结果证明，眼睛看匀称形体时所走的路径并不是匀称的。[④] 另一派学者则认为："我们欢喜匀称，由于在潜意识中见出它的数理的关系。"[⑤] 这一派学者的观点肇始于古希腊数学家毕达哥拉斯，后来实验美学学派的美学家们通过长期而大量的研究，得出这样的结论：在所有形体中人们最喜欢的是长方形，其中长方形的短边与长边之比以

---

① 蒋孔阳：《美学新论》，人民文学出版社 1993 年版，第 65 页。

② 朱光潜：《近代实验美学》，见《朱光潜美学文集》（第一卷），上海文艺出版社 1982 年版，第 301～302 页。

③④⑤ 均见朱光潜：《近代实验美学》，见《朱光潜美学文集》（第一卷），上海文艺出版社 1982 年版，第 302 页。

1：1.618或5：8为最美，这就是有名的"黄金分割"（golden section）说。[①]

那么，为什么符合"黄金分割"比例的长方形在各种形体中是最美的呢？对此，学术界也有不同的见解。其中，一派比较流行的说法认为，"我们欢喜两边含'黄金分割'的长方形，并非欢喜这形体本身而是欢喜它所含的数学的比例。我们在潜意识中把它的长短两边相加起来，和长边比较，见出长短两边之和与长边的比例，与长边与短边的比例适相等。这种条理、秩序的发展就是快感的来源"[②]。

朱光潜先生不同意这种说法，提出了另一派新见解，认为："'黄金分割'是最美的形体，因为它能表现'寓变化于整齐'这个基本原则。太整齐的形体往往流于呆板单调，变化太多的形体又往往流于散漫杂乱。整齐所以见纪律，变化所以激起新奇的兴趣，二者须能互相调和。'黄金分割'一方面是整齐的，因为两对边是相等的；另一方面它又有变化，因为相邻两边有长短的分别。长边比短边较长的形体很多，而'黄金分割'的长边却恰长到好处，无太过不及的毛病，所以最能引起美感。它是有纪律的，所以注意力不浪费；同时它又有变化，所以兴趣不致停滞。"[③] 应该说，朱光潜先生的解释比较合理科学。

平衡匀称的形体容易引起美感，这是各家都公认的事实。而对于这一事实的成立，各家也作了诸如上述不同的解释。但是，我们也应该看到另外一个事实，就是有时候某些不平衡匀称的形体也能给人一种美的感受。朱光潜先生曾指出："在第一流的图画、雕刻之中，真正左右平衡、不偏不倚的居极少数。不但如此，真正左右平衡、不偏不倚的作品往往呆板无生气。"[④]

那么，这是为什么呢？是否平衡原则的理论是不科学、不合理的呢？对于这个问题，美国著名的文艺心理学家朴浮（Puffer）通过大量的实验证明：凡是貌似不平衡的第一流作品其实都藏有平衡原则在里面，这是一种隐含的平衡，叫作"代替的平衡"（substituted symmetry）。[⑤] 那么，什么算是"代替的平衡"呢？朴浮的实验可以生动形象地予以说明。朴浮"用一块蒙着黑布的长方形木板摆在受验者的面前。板的左边钉上一个长八厘米、宽一厘米的固定的白纸板。右边另有一个长十六厘米、宽一厘米的可移动的白纸板。受验者须将可移动的白纸板摆得和固定的纸板相平行。远近由他自己定夺，但是要使两个纸板所形成的形体最美观。以后她又把长纸板改为固定的，使受验者依同法把短纸板摆在最美观的位置。她试验过许多人，发现他们大半把长纸板摆得离中央较近，短纸板摆得离中

①② 分见朱光潜：《近代实验美学》，见《朱光潜美学文集》（第一卷），上海文艺出版社1982年版，第302～303页、第304～305页。

③④⑤ 均见朱光潜：《近代实验美学》，见《朱光潜美学文集》（第一卷），上海文艺出版社1982年版，第305页。

央较远"①。朴浮认为这种摆法便含有代替的平衡。这是因为"好比一条长板，中心安在一个石凳上面，左右恰相平衡，如果它一头坐着一个小孩，另一头坐着一个大汉子，大汉子须坐在离中心较近的位置，小孩须坐在离中心较远的位置，木板才能保持原有的平衡"。如果将长板叫作长线，短板叫作短线的话，"就表面说，长线和短线离中心的距离不等，不能算是平衡，但是根据机械的平衡原则，轻物本来比重物离中心须较远才能保持平衡，所以长线比短线摆得离中心较近，实在还是遵守平衡原则的"②。朴浮还曾对一千多幅名画进行实验研究，她发现"代替的平衡在图画中极为重要"，她用于实验研究的千幅名画"每幅后面都含有代替平衡的原则。各种图画之中大概都有五个要素：一为体积（mass），指画中人物所集中的地方，即着墨最多的一部分；二为情趣（interest），即观者注意力所最易集中的地方，例如人物的动作；三为注意的方向（direction of atten-tion），指画中人物注意所指的方向，大半表现于视线；四为线的方向（direction of line），画中线纹大半是倾斜的，它向某一方倾斜，线的方向就集中在那一方。五为远景（vista），指距离较远的背景。如果在画的中央定一条想象的垂直平分线，则这五种要素常平均分布左右两方，使所引起的注意力左右平衡。例如人事画中体积偏左者则注意的方向往往偏右，风景画中体积偏左者则远景往往偏右，以求左右两方无畸轻畸重的毛病，这就是用代替的平衡"③。

不管是一般意义上的平衡，还是代替的平衡，它们都能引起人们的快感，是一种美，这是目前学术界公认的事实。那么，原因何在呢？从心理学上看，一般平衡匀称的事物的构成有一定的规律，比较容易了解，欣赏者"所耗费的注意力较少，所以比较能够引起快感"④，就像有规律的线一般总比杂乱无章的线容易了解、易于引起美感一样。朱光潜先生说："有规律的线是首尾一致的。看到它的首部如此，我们便预期它的尾部也是如此；后来看到它的尾部果然如此，恰中了我们的预期，注意力不须改变方向，所以不知不觉地感到快感。丑陋的线没有规律，我们看到某一部分时，不能预期其他部分应该如何，各部分无意义地凑合在一起，彼此并没有必然的关联，我们预期如此，而结果却如彼。注意力常须改变方向，所以不免失望"⑤。

也就是说，平衡匀称的事物因为结构有规律，所以欣赏者了解到某一部分就可以预期到另一部分，预期与结果能够相一致，这样欣赏者在其欣赏过程中不需改变注意力的方向便可轻松地使预期得到满足，自然于不知不觉中产生一种快感，得到美的享受。比方说，我们看一组古代宫殿建筑，当看到高大的主殿的左

①②③④⑤　分见朱光潜：《近代实验美学》，见《朱光潜美学文集》（第一卷），上海文艺出版社 1982年版，第 305～306 页、第 306 页、第 307～308 页、第 298 页、第 298～299 页。

边有两个辅殿时，就会在心中预期着它的右边也有两个相同的辅殿。假设如我们所预期的一样，主殿的右边确有两个和左边相同的辅殿与之呼应对称，我们就会在心底感到快慰，因为我们在观赏中的注意力没有改变方向就使自己的预期心理得到了满足。反之，假设我们在看到主殿左边有两个辅殿之后，却发现主殿的右边没有与之对应的两个辅殿，或是只有一个辅殿，或是有不完整的两个辅殿，那么我们心中便情不自禁地生出一种失望而快快不乐。这是因为观赏者的观赏预期落空了，预期心理没有得到满足。听音乐虽是听觉而非视觉，但情形也大致如此。当我们听到一首乐曲的前半部分都是高低轻重缓急相间十分有规律地弹奏出来的，就会预期后半部分也如此。如果欣赏者所听到的后半部分确是如此，那么他就会觉得这首乐曲和谐美妙。因为在欣赏乐曲的过程中他的注意没有改变方向而轻易地使自己的预期目标得以达成，心理上自然就有了一种满足的快感；反之，如果他所听到的乐曲后半部分高低轻重缓急的处理没有规律，与前半部分的节奏特点相悖背，那么他肯定会觉得乐曲不美。因为他对乐曲的后半部分的预期落空了，欣赏注意方向需要改变，所耗费的注意力较多，所以他就无法产生快感。正如美国著名心理学家桑塔耶那（George Santayana）以建筑为例对对称价值的论述一样："当眼睛掠过一座建筑之正面（facade），并发现那些吸引它的客体是按均等间隔排列时，心意中就会生起一种期待（expectation），就像对一个必然音调或必需字眼之预期一样。这种预期如果没有得到满足，就会引起一种错愕（shock）。这种错愕，如果是一个有趣客体之显然呈现所造成，就会给我们一个图像感（picturesque）的生动效果；但如果没有任何补齐效果（compensation）随之以俱来，这种客体就会给我们丑陋不完全之感——而这正是对称所避免的缺陷。"[1] 也就是说，人们在欣赏事物的过程中，当补齐效果随之俱来时，就会有美感产生，因为补齐效果的随之俱来能够使欣赏者的预期得到满足。

至于属于"代替的平衡"的事物何以能引起欣赏者的快感，产生美感效应，也是有心理学上的依据的。一般说来，代替的平衡多是以大小、轻重、远近等的均衡配置达成的。朱光潜先生说："我们看形体，常不知不觉地依本能的冲动去描摹它的轮廓，冲动起于动作神经，传布于筋肉，筋肉系统和神经系统都是左右对称的。平衡的形体所唤起的左右两边的冲动也是相称的，神经和筋肉的活动都依天然的节奏，所以最能引起愉快，几何的平衡之心理的解释如此。""冲动的平衡就是左右筋肉动作的平衡，也就是注意力的平衡。要达到注意力的平衡，形体的左右大小远近都相等，固然是一个办法，但是大而近，小而远，也是一个办

① ［美］桑塔耶那著，杜若洲译：《美感》，台湾晨钟出版社 1976 年版，第 136 页，转引自陈启佑：《新诗形式设计的美学》，台湾诗学季刊杂志社 1993 年版，第 45 页。

法。较大的东西、较繁的东西或是较有趣味的东西（总而言之，较'重'的东西），比较小的东西、较简的东西或是较乏味的东西（总而言之，较'轻'的东西）都较易引起注意力。如果较轻的东西和较重的东西距离中心都相等，则注意力全在较重的东西上面，结果就是心理上的不平衡了。如果要使轻的东西所引起的注意力和较重的东西所引起的注意力恰相平衡，则较轻的东西一定须摆在离中心较远的地位，因为距离中心愈远，所需的注意力也愈大。总而言之，近而重的东西所引起的注意力是自然的，远而轻的东西所引起的注意力是勉强的，这两种注意力质不同而量则相等，所以彼此能相平衡。"尽管代替的平衡不同于前后左右的——对称式的简单平衡，而是通过诸如大小、轻重、远近、方向、情趣等的配置来达到一种注意力分配的平衡，但它们都能使欣赏者在欣赏事物时产生筋肉系统和神经系统的均衡冲动，依其天然节奏活动。如果神经和筋肉系统的活动能依天然节奏均衡进行，自然就能够生发出一种快感，产生美感效应。

（二）　基于平衡原则的修辞文本模式

平衡原则作为美学和文艺心理学上的一条重要原则，它不仅可以很好地阐释自然欣赏与艺术创作和欣赏中的许多现象，而且可以用以阐释语言活动中修辞文本建构及解构的心理机制问题。如汉语的对偶、回环、排比等修辞文本的建构及解构，都可以用此学说阐发说明清楚。下面我们分而述之。

1.　对偶与平衡原则

对偶是语言活动中表达者有意以字数相等、句法相同或相似的两个语言单位成双作对地排列在一起，并通过齐整和谐的视听觉美感形式来实现表情达意的最佳效果的修辞文本模式。[①]

众所周知，对偶修辞文本的建构在中国有着悠久的历史，对偶的形式特点古今也有不少差异，对偶的门法种类更是繁多，关于这些，前贤称述备矣，研究成果很多，毋庸赘述。至于对偶的分类，很多学者也从不同角度得出了各自不同的分类结果。不过，要是去繁就简，以科学的标准分类，一般说来，可以从形式上将所有对偶分为严式与宽式两大类，从意义上将之区分为正对、反对、串对三大类。

以形式标准而分的"严式对偶"，是指构成对偶的两个语言单位在字数上须

---

① 本书的对偶定义与各家均不相同，是自出机杼的一家之言。其他各家对于对偶的定义与见解，请参见陈望道：《修辞学发凡》，上海教育出版社 1982 年版，第 202~203 页；陈启佑：《新诗形式设计的美学》，台湾诗学季刊杂志社 1993 年版，第 45 页。

相等，即三字对三字，五字对五字，七字对七字等；在句法结构上须相同，即主谓结构对主谓结构、动宾结构对动宾结构、偏正结构对偏正结构等；在相对的词性上须相同，即名词对名词、动词对动词、形容词对形容词等；在声音上须平仄相对，即平声对仄声，仄声对平声，平平对仄仄，仄仄对平平，平平仄仄仄平平对仄仄平平仄仄等；在词面上须相异，没有相同的字重复出现，即构成对偶的上片有"大"，则下片不能再出现"大"这样的字眼，实在避不了也要换成义同而字不同的"宏"字等。以形式标准而分的"宽式对偶"，是指构成对偶的两个语言单位只要求在字数上相等，句法结构上相似，至于相对的词性是否相同，声音上是否平仄相对，字面是否重复，要求则不严。

以意义标准而分出的"正对"，是指构成对偶的两个语言单位在意义上相同、相似或相近；以意义标准而分出的"反对"，是指构成对偶的两个语言单位在意义上相反或彼此对立；以意义标准而分出的"串对"，是指构成对偶的两个语言单位在意义上有承接、因果、条件、转折等关系，两个语言单位不能彼此互相独立表意，而必须互相依存才能表达完整意义。[①]

我们认为，对偶修辞文本的建构，不论是古是今，建构者（表达者）的主要目的都不在于以齐整和谐的视听觉形式来表情达意，而是要通过这种形式在表情达意的同时为修辞文本营构出（或曰添加）一种均衡和谐的视听觉美感效应，提高修辞文本的审美价值。如果仅是为了或主要为了表情达意，那么表达者完全可以选择非对偶的语言形式来建构文本。

我们之所以说表达者建构对偶修辞文本的主要目的在于为文本营构（或曰添加）一种视听觉的美感效应，提高修辞文本的审美价值，是因为除了上面所提到的逻辑理据之外，还有心理学上的理论依据。对偶修辞文本的建构，一般来说都是基于人类的一种倾向于以对称平衡和谐为美的普遍心理。而这种心理的产生，源于自然现象的启示和人类的定式心理，因为"对称现象在自然、植物、动物界随处可见，例如雪花晶体、树叶、鸢尾花、向日葵、人体、蝴蝶、蜻蜓、蜂房等等。此一现象给先民留下深刻的印象，给先民许多启示"[②]，使人体认到事物现象对称的合理性，并在肯定其合理性的同时逐渐确立对称的独特审美价值。逐渐地，对称观念便自然而然地被人类引入绘画、雕塑、建筑、音乐、文学等艺术创作活动之中，并在人类的一种定式心理作用下得以凝固加强。这样，"各种艺术都注重对称。几上的花瓶，门前的石兽，喜筵上的红蜡烛，以至于墓道旁的松柏

---

① 参见汪国胜等编：《汉语辞格大全》，广西教育出版社 1993 年版，第 123～124 页；陈启佑：《新诗形式设计的美学》，台湾诗学季刊杂志社 1993 年版，第 32～35 页。

② 陈启佑：《新诗形式设计的美学》，台湾诗学季刊杂志社 1993 年版，第 20 页。

都是成双成对，如果是奇零的，观者就不免觉得有些欠缺。图画雕刻建筑都是以对称为原则。音乐本来有纵而无横，但抑扬顿挫也往往寓排偶对仗的道理"①。这样，以语言文字为媒介来表情达意的修辞文本的建构，自然也如其他艺术形式的创造一样，少不了要烙上求平衡、求匀称、求和谐等形式美的印记。

人类倾向于以对称平衡和谐为美的心理的形成，除上述原因外，还有另一方面的原因，即源自生理上的作用。朱光潜先生曾指出："人体各器官以及筋肉的构造都是左右对称。外物如果左右对称，则与身体左右两方面所费的力量也恰相平衡，所以易起快感。文字的排偶与这种生理的自然倾向也有关系。"②

正因为对偶在人类心理和生理上俱有引起美感与快感的作用，所以在世界各民族语言文字中都有对偶修辞文本的建构。但是应该指出的是，在汉语中讲究、重视对偶修辞文本建构的现象则更为普遍。关于这一点，美国著名汉学家、普林斯顿大学教授浦安迪（Andrew H. Plaks）博士也承认并明确指出：讲求对偶"这一特色自然绝非中国文艺所独有，在西方文学中，对偶的概念和古典修辞学尤其相关。希腊和拉丁古典作品中，不乏或多或少运用对偶的例子，但都不如中国文学那样频繁和严谨"③。究其原因，浦安迪认为"中国传统阴阳互补的'二元'思维方式的原型，渗透到文学创作的原理中，很早就形成了源远流长的'对偶美学'。中国文学最明显的特色之一，是迟早总不免表现出对偶结构的趋势；它不仅是阅读和诠释古典诗文的关键，更是作者架构作品的中心原则。对偶美学虽然以'诗'为中心，但在结构比较松散的小说和戏曲里，也有某种对偶的倾向"④。

虽然浦安迪的上述论述说出了汉语特别是文学创作中重视对偶的原因，但只是从哲学角度立论来看问题，只是说中了其原因的一个方面。至于另一个重要原因，朱光潜先生在探讨中国诗何以走上"律"的道路时将之阐释得最为透彻。他指出："西方艺术也素重对称，何以他们的诗没有走上排偶的路呢？这是由于文字的性质不同。""第一，中文字尽单音，词句易于整齐划一。'我去君来'，'桃红柳绿'，稍有比较，即成排偶。西文单音字与复音字相错杂，意象尽管对称而词句却参差不齐，不易对称。例如'光'和'瀑'两字在中文里音和义都相对称，而在英文里 light 和 cataract 意虽相对而音则多寡不同，不能成对……第二，西文的文法严密，不如中文字句构造可自由伸缩颠倒，使两句对得很工整。比如'红豆啄余鹦鹉粒，碧梧栖老凤凰枝'两句诗，若依原文构造直译为英文

---

① ② 均见朱光潜：《诗论》，《朱光潜美学文学论文选集》，湖南人民出版社1982年版，第244页。

③ ④ 分见［美］浦安迪讲演，陈珏整理：《中国叙事学》，北京大学出版社1996年版，第48~49页、第48页。

或法文，即漫无意义，而中文里却不失其为精练，就由于中文文法构造比较疏简有弹性。再如'疏影横斜水清浅，暗香浮动月黄昏'两句诗没有一个虚字，每个字都实指一种景象，若译为西文，就要加上许多虚字，如冠词前置词之类。中文不但冠词和前置词可以不用，即主词动词亦可略去。单就文法论，中文比西文较宜于诗，因为它比较容易做得工整简练。"① 也就是说，汉语的语言文字性质特点为中国人的对偶修辞文本（诗如此，其他文体或口语作品亦复如此）的建构提供了物质基础。由于这一物质基础的存在，汉民族人说话作文自然便很容易养成一种崇尚排偶对称的心理习惯。正如朱光潜先生所总结的那样："文字的构造和习惯往往能影响思想，用排偶文既久，心中就于无形中养成一种求排偶的习惯，以至于观察事物都处处求对称，说到'青山'便不由你不想到'绿水'，说到'才子'便不由你不想到'佳人'。中国诗文的骈偶起初是自然现象和文字特性所酿成的，到后来加上文人求排偶的心理习惯，于是就'变本加厉'了。"②

如果概括起来说，汉语较之世界其他民族语言之所以特别重视对偶修辞文本的建构，原因有三：一是浦安迪所说的"阴阳二元"哲学思维的影响；二是朱光潜所说的汉语汉字的性质特点；三是人类普遍的相沿成习的定式心理作用的结果。

由上可知，对偶修辞文本的建构实际上是基于人类对于平衡对称和谐形式美的普遍认同心理。在汉语修辞中，对偶修辞文本的建构之所以特别受重视，使用特别普遍，除了上面所说的人类普遍认同对称和谐形式美的心理因素外，还与上面我们所说的中国"阴阳二元"哲学思维和汉语汉字性质特点条件下所养成的崇尚对仗的心理习惯密不可分。这样，在中国人的语言活动中自然就会时时映现出对偶修辞文本的身影了。

作为一种修辞文本模式，不管是从表达的角度看，还是从接受的角度看，它的建构都确有其存在的合理性与审美价值。因为从表达的角度看，对偶修辞文本是以两个语言单位对仗的整齐形式来表情达意的，在视觉形象上，两个语言单位在字数上的相等、句法上的相同或相似，自然造就出一种整齐平衡对称和谐的视觉形式美感；在听觉形象上，两个语言单位在音节上的相等，在平仄上的相对，自然而然地营构出一种节奏均衡和谐的听觉形式美感。但是，应该指出的是，对偶修辞文本形式上的整齐对称平衡，不管是视觉上的还是听觉上的，都不是机械呆板的均衡美，而是犹如"黄金分割"比例的美，是一种寓变化于整齐的均衡和谐美。因为不论是"严对"还是"宽对"，构成对偶的两个语言单位除了字数音节完全相同外，词面、平仄上都是不同的，它们是整齐中的变化因子。所以，对偶修辞文本才显得整齐而不呆板，是一种恰当和谐的美。从接受的角度看，修辞文本在视听觉上的整齐均衡和谐的形式美感的存在，很容易引发接受者生理上的左右平衡的身心和谐律动而产生一种快感。同时对偶修辞文本形式上的寓变化于整齐的和谐美，既因形式上的大体平衡对称而不使注意力浪费，又因整体平衡对称中稍有变化而不至于使接受兴趣停滞，从而使接受者在文本接受中易于集中且能够保持注意，在具快感的生理和心理状态下愉快而有效地接受文本建构者所要传达的文本内容意义上的信息，最终达到对文本内涵的深刻理解，与表达者达成思想情感上的共鸣。

正因为对偶修辞文本有上述独特的表达与接受效果，又有上述我们所提到的诸多促成汉语对偶修辞文本普遍建构的心理因素的存在，所以自古及今，凡是以汉语为母语说写的表达者都喜欢在说写活动中建构对偶修辞文本。尤其是在诗歌中，对偶修辞文本的建构更是比比皆是。我们都知道，汉魏六朝诗，尽管还属于形式比较自由、不受格律约束的古体诗，[1] 但篇中已经有了较普遍的对偶文本建构倾向。如东汉末年无名氏《迢迢牵牛星》（《古诗十九首》之一）一诗中就有较明显的努力建构对偶修辞文本的倾向。诗曰：

> 迢迢牵牛星，皎皎河汉女。
> 纤纤擢素手，札札弄机杼。
> 终日不成章，泣涕零如雨。
> 河汉清且浅，相去复几许。
> 盈盈一水间，脉脉不得语。

这首诗借织女与牛郎爱情受阻的故事，抒发中国封建时代男女爱情不自由的情感苦痛。其中，"迢迢牵牛星，皎皎河汉女"、"纤纤擢素手，札札弄机杼"是两个典型的对偶修辞文本，属于"宽对"一类。尽管从句法上看，两个对偶修辞文本中构成对仗的两个语言单位在长度上各各相等，相对应的词语的词性也相同而词面相异，但由于全诗是古体诗，不严格讲究平仄的相对，所以还不能构成"严对"。

全诗短短十句，诗人就以四句的篇幅建构了两个对偶修辞文本，这明显是基于人类对于平衡对称和谐形式美的普遍认同心理的。这两个对偶修辞文本的建构，从表达上看，各文本中构成对偶的语言单位对仗严整，形容词性的叠音词

---

① 王力：《古代汉语》（第 4 册），中华书局 1982 年版，第 1504 页。

"迢迢"、"皎皎"相对，名词性偏正短语"牵牛星"、"河汉女"相对，拟态叠音词"纤纤"和拟声叠音词"札札"相对，动词"擢"对动词"弄"，名词性偏正短语"素手"对相同性质的短语"机杼"，在视觉形象上自然造就出了一种整齐平衡对称和谐的美感；在听觉形象上，尽管因没有严格的平仄交错而少了些节奏上的均衡和谐的美感，但由于两个修辞文本中构成对偶的两个语言单位音节数相等，且内中各运用了诸如"迢迢"、"皎皎"、"纤纤"、"札札"等叠音字，使之成双捉对地相对，所以整体听觉上仍有不少和谐的音乐美感存在。然而，这种视觉和听觉上的整齐、对称、平衡的美，由于各个构成对偶的语言单位之间在词面声音形式上没有完全相同的，所以这两个对偶修辞文本的齐整对称并不是机械的，而是整齐之中有变化，是一种均衡和谐的美。从接受上看，由于上述两个对偶修辞文本在视听觉上有齐整、均衡、和谐的美感形态存在，使接受者在解读欣赏文本时极易产生出生理上左右平衡的身心律动，获得一种快感。同时在寓变化于整齐的修辞文本解读欣赏中既易于节省注意又易于集中注意，在具快感的生理和心理状态下愉快而有效地接受文本建构者所要传达的文本内容意义上的信息——有情人不能长相厮守，而要忍受巨大的情感痛苦——最终达到对文本内涵的深刻理解，与表达者达成思想情感的共鸣——有情男女的分离是痛苦不堪的，婚恋应该自由。

迨至唐代，诗歌格律逐渐定型后，诗中对偶修辞文本的建构就变得愈益普遍了。如李白的《送友人》，是一首五言律诗，诗云：

> 青山横北郭，白水绕东城。
> 此地一为别，孤蓬万里征。
> 浮云游子意，落日故人情。
> 挥手自兹去，萧萧班马鸣。

这是一首对即将远行的友人表达难舍情怀的送别诗。全诗八句，竟有四句共两个对偶修辞文本，即"青山横北郭，白水绕东城"、"浮云游子意，落日故人情"，且都是"严对"。王力先生说："律诗的一般情况是半骈半散；首尾两联是散行的，中间两联则规定要用对仗。"[1] 但事实上，很多律诗不但中间两联用对仗，连首联或尾联也用对仗。[2]此诗便是连首联也用对仗的典型，可见律诗对对偶修辞文本建构的重视程度。

李白之所以要突破律诗的规范连首联也要用对仗，并在一首五言律诗中建构

---

①② 均见王力：《古代汉语》（第4册），中华书局1982年版，第1526页。

两个对偶修辞文本，明显也是基于对平衡对称和谐形式美的认同心理。这两个修辞文本的建构，前一文本中的"青山横北郭"与"白水绕东城"，是主谓结构相对。其中，相对仗的主语"青山"与"白水"都是名词性的偏正短语，且修饰语"青"、"白"在类别上都属于颜色词，中心语"山"、"水"在类别上则都属于地理类。相对仗的谓语部分"横北郭"与"绕东城"，则是"动词＋名词"的动宾结构，其中相对仗的宾语"北郭"与"东城"都是偏正结构的名词性短语。相对仗的定语"北"、"东"，都是表示同类概念的方位词；中心语"郭"、"城"，则是属于地理类的名词。这是就句法结构与词类、词面而言的。若从声音角度看，"青山横北郭"是"平平平仄仄"，"白水绕东城"是"仄仄仄平平"，[①] 对仗也十分齐整。后一文本"浮云游子意，落日故人情"，在结构上都是省略了"是"（或"像"）的主谓结构。其中，相对仗的主语"浮云"与"落日"，都是偏正结构的名词性短语；中心语"云"与"日"则是同属天文类的名词相对。相对仗的谓语部分的"游子意"与"故人情"，都是以名词为中心的偏正短语；定语"游子"对"故人"，是表人的同类名词相对；中心语"意"与"情"，则是表示心理和情感类的名词相对。这是就句法结构与词类、词面而言。若从声音角度看，"浮云游子意"是"平平平仄仄"，"落日故人情"是"仄仄仄平平"，对仗也很齐整。总之，上述两个修辞文本中构成对偶的各语言单位在句法词类等视觉形象及声音形象（平仄）上的对仗严整，因此从表达上看，整个修辞文本便有了平衡、对称、和谐的视听觉美感效应。然而，由于文本中构成对偶的语言单位除了句法结构、词类对应上的齐整外，还因词面的不同与声音平仄的交错，使整个修辞文本的对称平衡避免了机械性，从而带有一种寓变化于齐整的"黄金分割"比例般的均衡和谐美。从接受上看，由于上述两个修辞文本在视听觉上齐整、均衡、和谐的美感形态的存在，使接受者在欣赏解读文本时很容易引发生理上左右平衡的身心律动，产生一种快感，并在寓变化于齐整的修辞文本欣赏解读中既易节省注意又易集中注意，在具快感的生理和心理状态下愉快而有效地接受表达者所建构的修辞文本中所表达的内容意义上的信息——山水尚有绕依城郭的依恋之情，更何况重情的诗人要与远行的友人分别呢？最终达到对修辞文本内涵的深刻理解，与表达者达成思想情感的共鸣——送别远行友人是痛苦的情感折磨，依恋、牵挂、担心、思念等诸味杂陈，令人难堪。

　　按照律诗的格律门法，"律绝一般是截取律诗的首尾两联，也就是完全不用

---

① 平仄问题根据复旦大学中文系周斌武教授的意见，下同。

对仗"①。然而，在律诗的实际创作中，往往是不仅有首联或尾联用对仗的情况，还有首尾两联俱用对仗的②。如杜甫的《绝句四首》（其三）即是这种极端情况的典型：

> 两个黄鹂鸣翠柳，一行白鹭上青天。
> 窗含西岭千秋雪，门泊东吴万里船。

这是杜甫非常有名的一首写景诗，作于"安史之乱"平定和故人严武重镇成都之后，写景中折射出诗人的无比欣悦之情，历来为人们所传诵。按照律诗门法，本来这首诗是不必用对仗的，但事实上，全诗四句都运用了对仗，从而构成了两个十分精妙的对偶修辞文本。而且这两个修辞文本都属于对偶中的"严对"一类。可见，诗人是多么看重对偶修辞文本建构的意义价值。这两个本不该建构的对偶修辞文本之所以被建构出来，很明显也是基于诗人对平衡对称和谐形式美的认同心理。

这两个对偶修辞文本的建构，前一文本中相对的两句，即"两个黄鹂鸣翠柳"与"一行白鹭上青天"，在句法上是主谓结构相对，其中的两个主语"两个黄鹂"与"一行白鹭"是"数词＋量词＋名词"的偏正式短语整齐相对；两个相对仗的谓语"鸣翠柳"与"上青天"则皆是"动词＋宾语"的短语形式，且相对仗的两个宾语都是"形容词＋名词"的形式。句法结构和词类上对仗工整，声音形式上亦然。"两个黄鹂鸣翠柳"是"仄仄平平仄仄仄"，"一行白鹭上青天"是"仄平仄仄仄平平"。按照律诗第一、三、五字的平仄声有自由度的要求，这两句在声音形式上仍算是对仗工整的。后一修辞文本中相对的两句"窗含西岭千秋雪"与"门泊东吴万里船"，都是齐整的"状＋动＋宾"的句法结构。其中，"窗"和"门"皆是宫室类名词，都充当句子的状语，即"（在）窗（里）"、"（在）门（前）"。动词"含"与"泊"相对，两个相对的宾语"西岭千秋雪"与"东吴万里船"都是"（地点）名词＋数词＋量词＋名词"结构的短语，对仗极有规律。声音形式上亦如句法词类的对仗一样工整，"窗含西岭千秋雪"是"平平仄仄平平仄"，"门泊东吴万里船"是"仄仄平平仄仄平"，交错对仗，十分齐整。总之，上述两个对偶修辞文本中构成对偶的各语言单位在句法、词类等视觉形象及声音形象（平仄）上的严整对仗，自然就使文本在表达上具有一种平衡对称和谐的视听觉美感效果。同时，由于这种平衡对称不是机械的，而是整齐之中有变化，如词面的相异、平仄声的交错等，使修辞文本的平衡对称

---

① ② 均见王力：《古代汉语》（第4册），中华书局1982年版，第1527页。

和谐美呈现出一种寓变化于齐整的"黄金分割"比例般的均衡和谐美。从接受上看，由于上述两个对偶修辞文本在视听觉上齐整均衡和谐的美感形态的存在，使接受者在解读欣赏这两个文本时很容易经由视听觉上的平衡对称和谐感而引发生理上左右平衡的身心律动，产生一种快感，且在对寓变化于齐整的对偶修辞文本的解读欣赏中既易节省注意又易集中注意，从而更易在具快感的生理和心理状态下愉快而有效地接受全诗所表达的内容意义上的信息——成都的山水景致仍是那样秀美，成都的战略地位十分重要，最终达到对诗人写作此诗内涵用意的深刻理解，与诗人达成思想情感的共鸣——战乱终于过去，天下又安定下来，和平生活是多么美好，平常看惯了的山水风物在乱后复治的情形下重新审视竟是那样美好、有情。

中国古代诗歌特别是律诗很讲究对偶修辞文本的建构，这是人所共知的事实，从上面的论述我们也可清楚地见出这一点。那么，中国现代以努力突破旧体诗格律束缚的新体诗又是如何呢？熟知现代新诗者都知道，尽管现代很多新诗都挣脱了旧体诗特别是格律诗的种种格律门法枷锁，但对于对仗即诗中对偶文本的建构则有抹不掉的情结。许多新派诗人的新诗中仍然有不少对偶修辞文本的建构。这一方面可以见出中国人崇尚对偶均衡和谐美的稳固定式心理作用，另一方面也可见出对偶修辞文本的独特魅力。如现代著名诗人戴望舒《赠内》诗云：

空白的诗帖，
幸福的年岁。
因为我苦涩的诗节，
只为灾难树里程碑。

即使清丽的词华，
也会消失它的光鲜，
恰如你鬓边憔悴的花，
映着明媚的朱颜。

不如寂寂地过一世，
受着你光彩的熏沐，
一旦为后人说起时，
但叫人说往昔某人最幸福。

这首诗是诗人1944年写于香港，是因与第二任妻子杨静婚姻不幸而陡然生发对与前妻穆丽娟幸福爱情的深切怀念和对前妻美丽贤淑的敬爱之情而作。

这是一首新诗，按新诗创作的规矩与意旨，诗人应该是要努力突破律诗的形式束缚，不讲究对仗对偶的。但事实上，诗人在诗的开首就建构了"空白的诗帖，幸福的年岁"这样一个对偶修辞文本，而且还属于"严对"一类。可见在现代诗人戴望舒的心中对偶修辞文本建构的美学价值。很明显，这一修辞文本的建构也是基于诗人对于平衡、对称、和谐形式美的高度认同心理的。

诗人之所以要建构出这一修辞文本来表情达意，是因为从表达上看，"空白的诗帖"与"幸福的年岁"在句法上都是"形容词＋结构助词（的）＋名词"结构的偏正式短语，词类对应很工整，词面上只有结构助词"的"相同；在声音形式上，"空白的诗帖"，是"平平（＋轻声'的'）平仄"（按现代汉语普通话语音标准），"幸福的年岁"是"仄平（＋轻声'的'）平仄"，若根据律诗第一、三、五字平仄有自由度的规矩，对仗亦相当工整。这样，这一修辞文本便有了明显的平衡、对称、和谐的视听觉美感效果。从接受上看，由于文本客观上有平衡、对称、和谐的形式美感形态在，接受者在解读欣赏此诗句时自然会由这种平衡、对称、和谐的诗句形式引发出生理上左右平衡的身心律动，产生一种快感，并在此快感的生理和心理状态下愉快而有效地接受诗人所要传达的诗的内容意义上的信息——往昔不知珍惜的爱情，如今再也找寻不回了——从而最终深刻理解到诗人建构这一修辞文本的深刻内涵，达成与诗人思想情感的共鸣——幸福的爱情要自己深刻领会、用心护持珍惜，身在爱中不知爱，只有悔之莫及的悲苦结局。这首诗之所以深切感人，应该说与诗人在一开头就先声夺人地建构了上述这样一个对偶修辞文本是分不开的。

2. 回环与平衡原则

回环（或称"回文"），是一种通过字或词的特定组配，以字序或词序的顺读倒读，在表达特定情意的同时着重展现一种回环往复的形式美的修辞文本模式。

回环作为一种修辞文本模式，从结构上看，可以将之区分为"严式回环"与"宽式回环"两大类。所谓"严式回环"，是指构成回环的两句或两段文字"刻意追求字序的回绕，使同一语句或同一段文字既可以顺读，又可以倒读"[1]。如"我为人人，人人为我"之类，即是。所谓"宽式回环"，是指构成回环的两句或两段文字"上句的末尾，用作下句的开头，下句的末尾，又叠用上句的开头"[2]。如"信言不美，美言不信"之类即是。

---

[1][2]　分见沈谦：《修辞学》，台湾空中大学 1996 年版，第566页、第581页。

应该指出的是，在古今回环修辞文本的建构中，除了有一小部分的文本是意在通过语序的回环来阐明某种哲理或事理关系（如"信言不美，美言不信"、"我为人人，人人为我"等）之外，绝大多数的回环修辞文本的建构多不是重在表意方面（表意完全可以通过散句形式，以平常理性的语言来表达），而是意欲营构一种回环往复的形式美视听觉效果（尤其在诗歌中表现更明显）。正因如此，所以很多学者都认为这种修辞文本的建构带有严重的文字游戏意味，认为它"实在是难能而并不怎么可贵的东西"①。当然，这种认为语言文字的作用主要是表情达意的观点是有相当的道理的。不过，我们也不能把话说得太过绝对而把它的价值一笔抹杀。朱光潜先生曾就中国古典诗歌中过于注重文字技巧而近于游戏的倾向，作过这样中肯的评论："凡是艺术都带有几分游戏意味，诗歌也不例外。中国诗中文字游戏的成分有时似过火一点。我们现代人偏重意境和情趣，对于文字游戏不免轻视。一个诗人过分地把精力在形式技巧上做工夫，固然容易走上轻薄纤巧的路。不过我们如果把诗中文字游戏的成分一笔勾销，也未免操之过急。就史实说，诗歌在起源时就已与文字游戏发生密切的关联，而这种关联也一直维持到现在，不曾断绝。其次，就学理说，凡是真正能引起美感经验的东西都有若干艺术的价值。巧妙的文字游戏，以及技巧的驯熟的运用，可以引起一种美感，也是不容讳言的。文字声音对于文学，犹如颜色线形对于造型艺术，同是宝贵的媒介。图画既可用形色的错综排列产生美感（依康德看，这才是'纯粹美'），诗歌何尝不能用文字声音的错综排列产生美感呢？在许多伟大作家——如莎士比亚和莫里哀——的作品中，文字游戏的成分都很重要，如果把它洗涤净尽，作品的丰富和美妙便不免大为减色了。"② 应该说，朱光潜先生的见解是比较中肯的。

事实上，尽管回环修辞文本有文字游戏的成分在，但它独有的艺术魅力却是任何人都不可抹杀的。从表达上看，回环修辞文本词句形式的回环往复，顺读和倒读的词句无论在视觉形象上还是在听觉形象上都有一种相对称相平衡的和谐美。因为回环修辞文本与对偶相较更能体现对称的特质，是"真正具有对称形态"③ 的修辞文本模式。从接受上看，修辞文本在形式上的回环往复所造就的视听觉上的平衡对称的和谐美感的存在，很容易引发接受者生理上的左右平衡的身心和谐律动，产生一种快感，从而提升解读欣赏修辞文本的兴趣，加深对修辞文本意义内容的理解把握，并达成与表达者思想情感的共鸣。

回环修辞文本的建构之所以在古今汉语修辞中很普遍，究其原因有二：一是

---

①　陈望道：《修辞学发凡》，上海教育出版社 1982 年版，第 198 页。

②　朱光潜：《诗论》，《朱光潜美学文学论文选集》，湖南人民出版社 1982 年版，第 183～184 页。

③　陈启佑：《新诗形式设计的美学》，台湾诗学季刊杂志社 1993 年版，第 22 页。

客观事物现象的启发。台湾学者沈谦教授指出："宇宙间大自然的一切现象，四时运转，昼夜交替，以及人世间的万事万物，生老病死，兴衰盛亡，莫不是周而复始，循环不已。回文即渊源于此宇宙人生之自然道理。"[①] 二是上面我们所说到的表达和接受上的美感效果。正因如此，古往今来的中国人喜欢建构回环修辞文本的总是赓续不绝。如梁简文帝《和湘东上后园回文诗》[②] 云：

> 枝云间石峰，脉水浸山岸。
> 池清戏鹄聚，树秋飞叶散。

这是写景诗，属于典型的回环修辞文本模式，且是"严式回环"一类。首先，我们必须承认，诗人写作此诗不仅仅是为了写景抒情，而是在很大程度上带有卖弄文笔和炫耀文字技巧的游戏意味。不过，从表达上看，此文本顺读可以成文，写出了一种景致；倒读为"散叶飞秋树，聚鹄戏清池。岸山浸水脉，峰石间云枝"，亦文从字顺，写出了另一番秋景。这样，不仅使全诗的表意更加丰富，而且在视听觉上这种顺读和倒读的诗句还构成了一种方向相反的对称平衡的和谐形式美。从接受上看，文本顺读和倒读所形成的词句在声音形式上的回环往复的对称平衡之和谐美感状态的存在，易于引发接受者在文本接受欣赏中生理上的左右平衡的身心律动，产生一种快感，从而提升了解读欣赏文本的兴趣，加深对修辞文本内容意义的理解把握——一种对大自然现象之间有机联系的清晰认识，最终达成与诗人思想情感的共鸣——大自然中的万事万物及其相互联系，只要用心去观察，总是令人赏心悦目，给人以快乐的。

说到梁简文帝的回环修辞文本，不禁让我们想起了宋代大文豪苏轼，他一生所建构的回环修辞文本相当多。如他的《菩萨蛮》[③] 词就很典型，也很值得回味：

> 峤南江浅红梅小，
> 小梅红浅江南峤。
> 窥我向疏篱，
> 篱疏向我窥。
> 老人行即到，
> 到即行人老。
> 离别惜残枝，

① 沈谦：《修辞学》，台湾空中大学1996年版，第590页。
②③ 此两例分别引见于沈谦：《修辞学》，台湾空中大学1996年版，第570页、第564页。

枝残惜别离。

此词也属于"严式回环"一类，亦如上举梁简文帝的回环修辞文本的建构一样，重在展示其创作技巧的游戏意味浓于严肃的表情达意。但是，它的艺术价值也是不可忽视的。

从表达上看，全词顺读可以成文，写的是一种美丽动人的风物景致，展示了离人的愁情别绪；倒读成"离别惜残枝，枝残惜别离。老人行即到，到即行人老。窥我向疏篱，篱疏向我窥。峤南江浅红梅小，小梅红浅江南峤"，亦文畅意达，也能让人从中看出一种离人秋日起愁的景象与意蕴。这样，词人就不仅以一首词的篇幅写出超出于其有限篇幅的内容，使词作的表意大大得以丰富，而且顺读和倒读的词句所构成的两个修辞文本自然在视听觉形象上形成了方向相反的两个对立对等体，呈现出一种对称平衡的和谐美。从接受上看，顺读与倒读所构成的两个修辞文本在词句声音形式上的回环往复而造就的对称平衡的和谐美感形态的客观存在，使接受者在文本接受解读中由文本的对称平衡形式而自然引发出生理上左右平衡的身心律动，产生一种快感，从而自然而然地提升文本接受欣赏中的兴趣，加深对词人建构的修辞文本内容意义的理解把握——一种由自然现象而引发的对物理人情的必然或偶然的因果联系的深刻思考，达成与词人思想情感的共鸣——即体认到人生如物理，总在互动联系中发展变化的道理。特别是"老人行即到，到即行人老"两句的回环，尤其讲尽了人生深刻的哲理，发人深思。

尽管不少"严式回环"修辞文本的建构都带有较严重的文字游戏的性质，也有不少学者都认为这种精妙的文本"并不可贵"，但是，我们也应该看到，这种"严式回环"的修辞文本是相当"难能"的，不是一般人可以建构得出且建构得好的。即如上举两例而言，尽管都出自高手，但因囿于形式的严格要求，在表意上总显得有些不自然和勉强。因此，在回环修辞文本建构中，自古以来就是"严式回环"修辞文本占少数，而"宽式回环"因形式要求不是太严格而不怎么"难能"，所以数量上也就显得更多些，建构者更是普遍，在建构时间上也更早。如先秦时代的《周易·系辞下》[①]中就有这样的文字：

日往则月来，月往则日来。
寒往则暑来，暑往则寒来。

《周易·系辞下》中的这四句话，前二句与后二句都是典型的"宽式回环"

---

① 引见于沈谦：《修辞学》，台湾空中大学1996年版，第584页。

修辞文本。从表达上看，这两个修辞文本虽然不及上述诸"严式回环"文本在回环形式上那般严格，但由于"日"与"月"、"寒"与"暑"、"往"与"来"等在概念意义上的相对相反，所以"日往则月来，月往则日来"与"寒往则暑来，暑往则寒来"两个修辞文本，从整体上看，不仅意义形象上构成了严整而相反相对的逆向对仗对称形式，阐明了"日"与"月"的"来""往"更替与天气"寒""暑"之间的内在关系，而且在视听觉形象上也带有逆向对仗对称的和谐形式的美感效应；从接受上看，由于文本在整体形式上有文字的回环往复而造就的对称平衡的视听觉和谐美感形态的存在，这就易于使接受者在文本解读欣赏中经由文本"日往则月来，月往则日来"、"寒往则暑来，暑往则寒来"二句在视听觉上对称平衡的形式而引发出生理上左右平衡的身心律动，产生一种快感，从而自然而然地提升解读欣赏文本的兴趣，加深对文本所表达的内容和意义内涵的理解与把握——寒暑变化是日月天象运动的结果，并由此获得一种认知的快感——一种对于天文知识的了解。这样，上述修辞文本的审美价值就大大增强了。

先秦哲学著作中尚且有建构回环修辞文本的现象，那么后代文学创作中十分重视建构回环修辞文本也就是非常自然的事了，特别是韵文作品中尤其常见。如元人王实甫的剧作品《西厢记·赖婚》①中就有一段文字是回环修辞文本：

> 我相思为他，他相思为我。
> 从今以后两下里相思都较可，酬贺间礼当贺酬。俺母亲也好心多。

这是在崔莺莺之母崔老夫人于普救寺之围被解后赖去先前答应的张生与莺莺的婚事后，莺莺心念张生而心中无奈、不平的一段心灵独白。其中，"我相思为他，他相思为我"就是一个典型的"宽式回环"修辞文本模式。

从表达上看，"我相思为他，他相思为我"一句在形式上的回环往复，不仅造就了修辞文本结构形式上的整齐平衡的视听觉美感效果，而且在内容上也体现了对称平衡的格局，体现了张生与莺莺爱情的真挚，因为男女相爱只有是双向的，才是真挚圆满的，才算得上是真正的爱情；从接受上看，由于上述修辞文本在内容、形式两方面都体现出了严整的对称平衡美，这就易于引发接受者文本接受过程中生理上的左右平衡的身心律动，产生一种快感，从而提升文本解读欣赏的兴味，加深对修辞文本意义内容的理解把握——张、崔的爱情是纯洁的，是发乎情的真诚相爱，从而达成与表达者思想情感的共鸣——对张、崔爱情被阻表示

①　引见于沈谦：《修辞学》，台湾空中大学1996年版，第584页。

同情，对阻止有情人相爱的崔老夫人的失信与专断表示愤慨。

在现代人的散文作品中，回环修辞文本的建构也不乏其例。如台湾作家李敖曾为自己所写的《独白下的传统》一书写过这样一则广告文案，其中就有回环文本的建构：

李敖自写《传统下的独白》闯祸起，被追诉多年，一直翻不了身，这本《独白下的传统》，是书名翻身不是他。李敖大隐于市，常常几个月不下楼，神龙首尾皆不见。这本重新执笔的新书，聊可如见其人，并为仇者所痛，亲者所快。

远景过去没有李敖，李敖过去没有远景，现在，都有了。

李敖的《独白下的传统》一书之所以一度畅销，出现"台北纸贵"的情形，一方面是由于其书的内容和他的独特个人背景，另一方面也与他的这则书介之推波助澜不无关系，尤其是"远景过去没有李敖，李敖过去没有远景，现在，都有了"一句，尤具煽情之魅力。而这一句，正是我们上面所说的回环（宽式）修辞文本。

这一修辞文本的建构，从表达上看，"远景"和"李敖"两词在句中位置的首尾互换所造就的文本结构形式和意义内容上的对称回环的格局，不仅"不著一字"，含蓄地传递了表达者对台湾当局对其政治迫害的愤慨之情与对今后自己光明远景的自信心理，而且这种结构形式的回环对称也使文本表达具有鲜明的视听觉形式上的整齐对称、平衡和谐的美感效应；从接受上看，文本形式上的整齐对称、平衡和谐的美感效应的存在，也极易引发接受者文本接受中生理上左右平衡的身心律动，产生一种快感，从而自然而然地提升对修辞文本接受、解读的兴味，加深对表达者所建构的修辞文本内涵用意的理解把握——体认到表达者李敖反政治打压的不屈斗志和争取自由民主未来的信心。

3. 排比与平衡原则

排比是一种将"同范围同性质的事象用了组织相似的句法逐一表出"[①]，以获求形式整齐、表意充足酣畅效果的修辞文本模式。

一般说来，排比修辞文本中并列的"同范围同性质的事象"多是三项或三项以上。如果是三项以上的"同范围同性质的事象"的偶数句并列，则在形式上就构成了我们前文所说的简单的平衡；若是三项或三项以上的奇数句并列，则

---

① 陈望道：《修辞学发凡》，上海教育出版社1982年版，第203页。

构成了我们前文所说的"代替的平衡"。因此，这种修辞文本的建构，在表达上，一般来说除了表意上的充足酣畅的气势外，还有视听觉形象上的齐整、平衡、和谐的明显效果；从接受上看，修辞文本中多个相同相似结构形式的句子的并置，不仅易于引发接受者文本接受中的"不随意注意"和"随意注意"，而且会因齐整的文本形式格局引发接受者生理上左右平衡的身心律动，产生一种快感，从而提升文本接受、解读的兴趣，加深对表达者所建构的修辞文本用意及内涵的理解把握。

由于排比修辞文本的建构有上述独特的表达和接受效果，所以自先秦时代以来这种修辞文本的建构便广受修辞者们的钟爱。如先秦时代的史传作品《谷梁传》中便有不少这类修辞文本。比方说《成公元年》有一段历史记载曰：

> 冬，十月。季孙行父秃，晋郤克眇，卫孙良夫跛，曹公子手偻，同时而聘于齐。齐使秃者御秃者，使眇者御眇者，使跛者御跛者，使偻者御偻者。萧同叔子处台上而笑之。闻于客。客不说而去，相与立胥间而语，移日不解。齐人有知之者，曰："齐之患，必自此始矣！"

这段文字是写春秋时代齐国外交人才之多及外交上之强势的情形。鲁国派出的季孙行父，晋国派出的郤克，卫国派出的孙良夫，曹国派出的曹公子，尽管形体上皆有不同程度的缺陷，但却是各国外交的最高人才，而齐国一国却派出了与其有对应生理缺陷的四个外交高手与之周旋，极写出了齐国外交人才之众。其中，"齐使秃者御秃者，使眇者御眇者，使跛者御跛者，使偻者御偻者"四句，是这段文字的精妙所在，它是一个典型的排比修辞文本。

从表达上看，除了表意上的充足酣畅感外，四个结构形式相同的分句的并置，使修辞文本在表现形式上呈现出鲜明的齐整、平衡、和谐的视听觉美感效果；从接受上看，修辞文本中四个结构形式相同的分句的并置和"秃者"、"眇者"、"跛者"、"偻者"等词在四个分句内的"故意"反复，自然会引发接受者文本接受、解读中的"不随意注意"和"随意注意"，同时他们也会受文本齐整的形式格局的影响而诱发生理上的一种左右平衡的身心律动，产生一种快感，从而提升文本接受、解读的兴味，加深对表达者所建构的修辞文本用意——凸显齐国的外交人才之众——的理解把握。如果不以上述排比修辞文本来表达，而是像唐人刘知几所主张的那样，将四句改为"各以其类逆之"[①]，简则简矣，但却正

---

① （唐）刘知几：《史通·叙事》。

如清人魏际瑞所指出的那样，不仅已非《谷梁》之文，且"又于神情特不生动"①。这样，上述的记叙文字不仅不能凸显出表达者（作者）对齐国外交人才之众和外交强势的赞叹之情，而且也没有文本齐整格局所带来的平衡、和谐的视听觉审美享受了。因此，我们认为作者这里所建构的排比修辞文本是极为成功的，这段文字千百年来被人传诵也是自有其道理的。

　　散文作品喜欢建构排比修辞文本乃是常规，韵文作品注重排比修辞文本的建构亦不乏其例。如元代散曲作家乔吉的《折桂令·荆溪即事》，就有排比文本的建构：

　　问荆溪溪上人家：为甚人家，不种梅花？老树支门，荒蒲绕岸，苦竹圈笆。寺无僧狐狸样瓦，官无事乌鼠当衙。白水黄沙，倚遍阑干，数尽啼鸦。

　　此曲表面是极写景致之凄凉，实则别有怀抱，意在指斥时政的黑暗，以抒发作者的愤慨不平之情。其中，"老树支门，荒蒲绕岸，苦竹圈笆"是一个排比修辞文本，最能凸显出全曲的主旨，这也是此曲深富艺术感染力的因由所在。

　　因为，从表达上看，"老树支门"、"荒蒲绕岸"、"苦竹圈笆"三个结构形式相同、意象相似的句子的并置，不仅使修辞文本在表意上有充足酣畅之效果，凸显强调了曲中所描写的本是山清水秀、富庶繁荣的江南宜兴的荆溪之荒凉情景，而且还因文本中三个并置语句在结构形式上的相同和意象上相似的齐整格局而别具一种对称、平衡、和谐的视听觉美感效应；从接受上看，由于表达者所建构的修辞文本在结构形式和意象形态上的齐整格局的存在，接受者就会在视听觉上受到较强的感官刺激，引发出文本接受、解读中的"不随意注意"和"随意注意"，同时也在文本齐整的形式格局的影响下诱发出生理上左右平衡的身心律动，产生一种快感，从而增强文本接受兴趣，加深对表达者修辞文本建构用意——借极写江南景致的荒凉来影射批判现实社会政治的黑暗，抒发自己的愤世之情——的理解把握。

　　古典文学作品中排比文本的建构非常普遍，现代文学作品中更是如此。如台湾当代作家李敖在其所撰的《李敖回忆录》的开首便有一个生动的排比修辞文本的建构：

　　1935 年的世界是一个多变的世界。这一年在世界上，波斯改国号叫伊朗了、英国鲍尔温当首相了、墨西哥革命失败了、意大利墨索里尼身兼八职并侵略阿比

---

① （清）魏际瑞：《伯子论文》。

西尼亚了、法国赖伐尔当总理了、挪威在南极发现新大陆了、德国希特勒撕毁凡尔赛条约扩张军力了、捷克马萨利克辞掉总统职务了、土耳其凯末尔第三次连任总统了、菲律宾脱离美国独立了。

这段文字，主旨是说 1935 年是一个多事、多变的年代。本来，这一意思已为开头的"1935 年的世界是一个多变的世界"一句所概括了，以下的一大段文字全是具体说明。如果单独从表意的角度看，上述的这段文字以开头一句概括就够了。但是，从表达与接受效果来看，有没有后面的"波斯改国号叫伊朗了……菲律宾脱离美国独立了"这十句，是大不一样的。

因为这十句是作者匠心独运建构出的一个精彩的排比修辞文本。从表达上看，"波斯改国号叫伊朗了、英国鲍尔温当首相了……菲律宾脱离美国独立了"十个结构相同相似的句子的一字儿并置，不仅使"1935 年的世界是一个多变的世界"之意表达得充足酣畅，而且这十个结构相同相似的句子并置所形成的齐整形式格局还造就出修辞文本在视听觉形象上的对称、平衡、和谐的美感效应；从接受上看，表达者所建构的上述修辞文本以超乎寻常的十个结构相同相似的句子并置在一起，特别是十句末尾共十个"了"字的有意铺排，使接受者在文本接受、解读中受到极大的刺激，易于引发出强烈的"不随意注意"和"随意注意"，并在文本齐整的形式格局的影响下生发出一种生理上不自觉的左右平衡的身心律动，产生一种快感，从而提升对文本接受、解读的兴味，加深对表达者所建构的修辞文本真实意图的理解把握——即体认到：1935 年确是一个不同寻常的多事多变的年代，出生于这一年的作者（表达者）未来的人生经历与命运也将是不同寻常的。

李敖的排比修辞文本创造得奇倔、独特，令人回味。而台湾当代的另一位作家张放，其排比修辞文本的建构风格则显得自然、流畅，也有一种独到的艺术魅力。如他的《鸡鸣早看天》一文中有一段文字这样写道：

这位牛奶姑娘的话，使我感到惭愧而自卑。后来，我在马致远的《汉宫秋》杂剧里，发现这样质朴动人的描写，那是毛延寿选官，皇帝爱上了民女昭君而唱出的……我进而联想到一个人如果只在屋里埋头写作，而不去外面看那流动的云、摇曳的树、青翠的山，和那浩瀚汹涌的大海，他是写不出有生命的作品的。因为只有身心健康的人，才会创作出优美真挚的作品。

这段文字是作者由送牛奶姑娘健美的身体和活泼开朗的性格而反思自己生活、写作的态度。其中，"我进而联想到一个人如果只在屋里埋头写作，而不去外面看那流动的云、摇曳的树、青翠的山，和那浩瀚汹涌的大海，他是写不出有生命的作品的"，是一个排比修辞文本模式。

从表达上看，动词"看"后的"流动的云"、"摇曳的树"、"青翠的山"、"浩瀚汹涌的大海"等四个结构相同的宾语的并置，不仅在表意上充足酣畅地写出了现实生活的美好丰富，而且这四个结构相同但长度稍异的短语的一字儿铺排所形成的齐整形式格局使修辞文本别添了视听觉形象上鲜明的对称、平衡、和谐的美感效果；从接受上看，表达者所建构的修辞文本将四个结构相同的短语并置而作动词"看"的宾语，这一特殊语法结构形式的铺排，自然会使接受者受到较强的视听觉刺激，从而激发其文本接受、解读中的"不随意注意"和"随意注意"，并在修辞文本齐整的形式格局的影响下引发出生理上不自觉的左右平衡的身心律动，产生一种快感，由此客观上提升了接受者文本接受的兴味，加深了对表达者所建构的上述修辞文本用意的理解——即领悟到这样一个道理：丰富多彩的自然世界和现实生活是作家创作的真正源泉。

二、修辞文本建构与心理距离

（一）心理距离

记得德国大哲学家叔本华（Arthur Schopenhauer，1788—1860）曾讲过这样一个寓言：[①]

一群豪猪在一个寒冷的冬天挤在一起取暖，但是他们的刺毛开始互相击刺，于是不得不分散开，可是寒冷又把他们驱在一起，于是同样的事故又发生了。最后，经过几番的聚散，他们发现最好是彼此保持相当的距离。同样的，群居的需要使得人形的豪猪聚在一起，只是他们本性中的带刺的令人不快的刺毛使得彼此厌恶。他们最后发现的使彼此可以相安的那个距离，便是那一套礼貌；凡违犯礼貌者便要受严词警告——用英语来说——请保持相当距离。用这方法，彼此取暖的需要只是相当的满足了；可是彼此可以不至互刺。自己有些暖气的人情愿走得远远的，既不刺人，又可不受人刺。

叔本华的这一寓言，明确指出了人类相处的基本原则，即人与人之间要有适当的距离，而这一距离的具体实现方式就是人类特定的一套礼貌。

叔本华的这一寓言尽管是从哲学上讲人类的相处之道，但实际上已经触及了

---

① 梁实秋：《雅舍小品·旁若无人》，文化艺术出版社1998年版，第80页。

现代西方心理学著名的"心理距离"说的实质。正如著名美学家蒋孔阳教授所指出的那样："尼采和叔本华，虽然没有直接谈到距离的理论，但他们的美学思想，却是与距离有关的。"①

尼采和叔本华之后，英国现代著名的心理学家爱德华·布洛（Edward Bullough，1880—1934）提出了著名的"心理距离"（psychical distance）学说。布洛的这一学说认为，"心理距离"是创造与欣赏美的一个基本原则：实际的、实用的东西不美，但一旦抛开实际的、实用的意义，而把对象放在一定的距离之外，以超然态度观赏它的形象，这时就美。倘若距离太远，看不清楚，也不美。因此，既要超脱，又要有切身的感受，这就是"距离的矛盾"。怎样恰当地处理这一矛盾，是艺术家与观赏者的任务。②

那么，为什么有距离就美呢？著名美学家蒋孔阳教授曾作过十分精辟的阐释："从欣赏方面来看，距离确实可以增加审美的魅力。例如马上看壮士，月下看美人，因为有距离，所以格外显得壮，格外显得美。枯藤、老树、昏鸦，这些在生活中，都是一些极其平凡而又并不令人喜爱的东西，可是到了元人的小令中，经过作者一描写，塑造成为富有情趣的意象，它们和生活保持了距离，因而美。多少人间的悲欢离别，甚至苦痛和灾难，一经写到艺术作品中去，它们的苦难，经过渲染和夸大，可能更加深重了；但奇怪的是，由于它们变成了艺术的形象，和现实生活保持了一定的距离，因而我们读起来，苦难也变成了一种甜蜜的享受。康庄大道，一览无余，没有多大意味；可是曲折小径，回环转折，却令人有无尽的想象，感到美。中国古代美学思想，讲究含蓄，讲究'言有尽而意无穷'，讲究'味外之味'等等，都是要使审美的对象，不是毫发毕现，全部展露于面前，而是要有所保留，要有距离。布洛谈到一个怀有忌妒心的人，看《奥赛罗》的演出，他根本就不能欣赏这出戏。但是，如果他能够在剧情与他个人的感情之间保持距离，以他切身的体会，他会比旁人更能领会这出戏的'深切入微'，像这样的情况，不是一般人所能体会得到的。但就我们的日常生活之中，审美确实与距离有某些关系。秦砖汉瓦，本来是极其平凡的东西，但随着岁月的流逝，它们那斑斓的泥土，却会变得古色古香，令人爱慕。朱自清所写的荷塘月色，实在美，可是你按照文章去找当时的遗址，不能不令你失望。我们儿时所经所历的地方，等我们长大了，特别是老迈之时，再去探寻的时候，真像陶渊明所说：'处处寻往迹，有处特依依。'当时毫无审美价值的东西，忽然都放出了光彩，引起了我们的低回与沉思。所有的文学艺术，它们的美，固然因为它们反映

---

① 蒋孔阳：《美学新论》，人民文学出版社1993年版，第104页。
② 《辞海》，上海辞书出版社1990年版，第2210页。

了人类社会生活的真实；但既然经过了反映，就已经不再是实际存在的现实生活，而和实际生活产生了一定的距离。我们欣赏文学艺术作品的美，都是从一定的距离来欣赏的。""从创作方面来看，作家写的是生活，但谁能没有生活呢？为什么有的人能成为作家，更多的人却不能成为作家呢？有人说，这与文化修养与艺术技巧有关系。可是，有一定文化修养和艺术技巧的人并不在少数，为什么真正能成为作家的人却极少呢？这里的原因，在距离论者看来，不在于生活与技巧的本身，而在于对生活要保持一种审美的态度。这种审美的态度，就是要能跳出实用的生活之外，对生活保持一定的距离。有了这种距离，我们就能发现生活中的美，从而反映到文学艺术作品中来，创造出美的艺术形象。王国维的《人间词话》，谈到'诗人对宇宙人生，须入乎其内，又须出乎其外。入乎其内，故能写之；出乎其外，故能观之'。这话是有道理的。一个人正处于痛苦万分号啕大哭的时候，是没有办法描写这一痛苦的。只有等痛苦过去，痛定思痛，慢慢加以咀嚼和回味，他才能写出这一痛苦的真实情景。狄德罗谈到演员演戏时，不能凭自然的热情：'只有自然而没有艺术，怎么能造就伟大的演员呢？'为了养成一个伟大的演员，须要'控制得住自己，不动情感地复演自己'。她把她自己，放在一定的距离之外，来进行练习和揣摩，只有这时，她才能演好她的角色。布莱希特的戏剧理论，提倡'间离效果'，也是要求演员把角色摆在一定的距离之外，清醒地进行表演。"①

至于欣赏与创造美要与现实保持一定距离，但既不能太远，又不能太近的缘故，朱光潜先生曾作过专门阐释："在美感经验中，我们一方面要从实际生活中跳出来，一方面又不能脱尽实际生活；一方面要忘我，一方面又要拿我的经验来印证作品，这不显然是一种矛盾么？事实上确有这种矛盾，这就是布洛所说的'距离的矛盾'（the antinomy of distance）。创造和欣赏的成功与否，就看能否把'距离的矛盾'安排妥当。'距离'太远了，结果是不可了解；'距离'太近了，结果又不免让实用的动机压倒美感，'不即不离'是艺术的一个最好的理想。"②

由以上叔本华的"距离学说"，我们可以认识到这样一个人类和谐相处的基本原则：人际的和谐系于保持适度距离的"礼貌"；由布洛的"距离学说"，我们可以明白这样一个心理学的基本原理：文学艺术中美的欣赏与美的创造同保持和现实生活的适当"距离"是分不开的。

（二）基于心理距离的修辞文本模式

其实，"心理距离"学说不仅可以解释文学艺术中美的欣赏与美的创造等问

---

① 蒋孔阳：《美学新论》，人民文学出版社1993年版，第106～108页。
② 《朱光潜美学文集》（第一卷），上海文艺出版社1982年版，第25页。

题，而且对许多修辞文本的建构也有很强的解释力。

我们知道，用语言（包括口语与书面语）来表情达意是人类最基本的、最不可或缺的交际活动。人们用语言进行交际，总是希望自己的言语交际能够达到自己预期的效果，或是让交际对方接受自己的意见，从而实现自己交际所欲达到的目标；或是让对方了解自己言语交际的善意和欲与之友善的意图，从而建立起交际双方良好的人际关系；或是交际者（communicator）意欲使自己的言语作品（书面作品）所要表达的思想与所要抒发的感情更易为受交际者（communicatee）所接受、所感染。我们还知道，所有的言语交际活动都要涉及交际者（表达者）与受交际者（接受者）两个方面。交际者的言语活动需要受交际者接受才能有效，交际活动才能完成。交际者为了完成特定的交际任务或目标，在言语交际中必然要追求尽可能好的交际效果。

那么，什么是尽可能好的交际效果呢？那就是交际者的说写要尽可能地做到使受交际者"快于意"、"惬于心"。也就是说，交际者的言语表达要尽可能地富有艺术性，使受交际者乐于接受。本节我们要谈到的用典、讳饰、藏词、析字、双关、讽喻、留白、倒反、推避、折绕等修辞文本的建构，都是交际者（表达者）为了追求一种较好的表达效果而进行的一种努力。因为这些修辞文本建构的根本特点就是力求将所要表达的意思或情感表达得尽可能婉转、含蓄，而不直白本意，其意是要在表达与接受之间留出"距离"，使受交际者的接受有回味思索的空间，从而获取一种文本解读成功的快慰和文本接受的美感享受。下面我们就分而论之。

1. 用典与心理距离

用典是一种运用古代历史故事或有出处的词语来说写的修辞文本模式。以用典的修辞文本模式来表情达意，在表达上可以使表达者的达意传情显得婉约含蓄；在接受上，表达者在文本意义的表达与接受者的接受之间制造了"距离"，使接受者只能通过对表达者所建构的修辞文本中的典故进行咀嚼、消化后才能理解其内在的含义，这虽然给接受者的接受带来了一定的困难，但接受者一旦经过努力破除了接受困难后，自然就会获得一种文本成功解读的快慰和欣赏中的美感享受。

正因为用典修辞文本的建构有上述表达与接受效果，因此在中国历代文学作品特别是古代文学作品中，用典修辞文本时时显现其矫健的身影。如汉人王粲的《登楼赋》末段有云：

惟日月之逾迈兮，俟河清其未极。冀王道之一平兮，假高衢而骋力。惧瓠瓜之徒悬兮，畏井渫之莫食。

众所周知，王粲是东汉末年有名的辞赋家，年轻时即很有才名，系"建安七子"之一。《登楼赋》是他在西京扰乱之后，避难荆州，依刘表而未被重用之时，登当阳县城楼所作，主要抒发其久留客地，才能不得施展而产生的思乡情绪，是建安时代著名的抒情小赋的代表作。

上引文字是典型的用典修辞文本，文本中的六句话就用了三个典故。"河清"句，典出《左传·襄公八年》所引逸《诗》"俟河之清，人寿几何"之句，是以黄河水清来比喻世界太平。因此，"俟河清其未极"的意思就是等天下太平至今未到。"瓠瓜"句，典出《论语·阳货》："子云：'……吾岂瓠瓜也哉，焉能系而不食？'"因此，该句的实际意思是说，我不能像瓠瓜那样，只是挂在那里，而不为世用。"井渫"句，典出《周易·井卦》："井渫不食，为我心恻。"意思是说，淘干净了井，而没有人来饮水，是很痛心的事。因此，这句话的真实内涵是慨叹自己虽修洁其身，可是却不为世用。这一段文字的意思，实际上就是说："时光飞逝而过，可天下还是纷乱而不得太平。我希望世事清平，也好让我有施展才力的机会。然而怕只怕这一辈子是要空抱旷世之才而不遇，没有机会一展才干，为国家为社会出力了。"很显然，这是十足的怀才不遇的慨叹，是为自己不为世用而抱冤叫屈。然而，作者没有这样直白地说出来，而是以用典的手法将这层意思委婉曲折地道出。正因为如此，上述这一修辞文本才在表达上凸显出鲜明的婉约、含蓄、蕴藉的效果；在接受上，三个典故的连用，给接受者留足了思索、探究的空间，因而当接受者破译了表达者所建构的上述文本的真意之后，便会由衷地生发出一种解读成功的快慰和反复咀嚼文本的美感享受。若是不建构上述修辞文本，而是直话直说，表达者的情意一览无余，那么接受者也就不复有文本解读的快慰和文本欣赏的美感享受了。尽管我们都很清楚王粲的这篇赋只是发牢骚之作，但因其以用典修辞文本来表现，艺术性高，所以成为人们传诵的名篇。

中国古典文学作品中以用典的修辞手法来委婉地达意传情、叙事抒情，乃是常见的现象。现代文学作品中虽不像古典文学作品那样频繁地用典，但也不乏其例。如鲁迅的《忆刘半农君》一文中就有一段用典，其文曰：

所谓亲近，不过是多谈闲天，一多谈，就露出了缺点。几乎有一年多，他没有消失掉从上海带来的才子必有"红袖添香夜读书"的艳福的思想，好容易才给我们骂掉了。但他好像到处都这么的乱说，使有些"学者"皱眉。

　　这里，"他没有消失掉从上海带来的才子必有'红袖添香夜读书'的艳福的思想"一句，是一个典型的用典修辞文本模式。"红袖添香夜读书"一句，典出于清人魏子安的小说《花月痕》第三十一回"从此绿鬓视草，红袖添香；眷属疑仙，文章华国"，意指美人夜晚伴读。由于这篇文章是为悼念刘复（字半农）而写，当然应该为死者讳。所以这里表达者鲁迅就没有直说刘复有离不开女人的思想，表达显得婉约含蓄；但是接受者经由表达者所建构的修辞文本中"红袖添香夜读书"的典故又可思而得之，并由典故本身的意蕴而推究出其真意，有一种回味无穷的文本解读快慰和审美享受。若不以用典文本，而是实话实说，则表达上就显得很不得体，接受上令人不惬于心。

　　与鲁迅同时代的另一位大文豪梁实秋，也特别喜欢在文章中建构用典修辞文本。如他的散文《槐园梦忆》，内中用典之处特别多。其中有一段文字云：

　　面包树的荫凉，在夏天给我们招来了好几位朋友。孟瑶住在我们街口的一个"危楼"里，陈之藩、王节如也住在不远的地方，走过来不需要五分钟，每当晚饭后薄暮时分这三位是我们的常客。我们没有椅子可以让客人坐，只能搬出洗衣服时用的小竹凳子和我们饭桌旁的三条腿的小圆木凳，比"班荆道故"的情形略胜一筹。来客在树下怡然就坐，不嫌简慢。我们海阔天空，无所不谈。

　　这段文字是梁实秋记其20世纪50年代在台湾师范大学任教时，夏夜与朋友在家门口纳凉聊天的往事。梁实秋是有名而儒雅的大学者，由于当时特殊的情况，作为大学教授的他，朋友到访，连招待朋友坐的凳子也不够，这说起来确实是有些难为情的。不过，作者有化解的办法。这个办法就是用"班荆道故"的典故，建构了一个修辞文本："比'班荆道故'的情形略胜一筹"，以自我解嘲式的笔触将尴尬局面委婉地一笔带过。

　　"班荆道故"，典出于《左传·襄公二十六年》："伍举奔郑，将遂奔晋。声子将如晋，遇之于郑郊，班荆相与食，而言复故。"晋人杜预注曰："班，布也。布荆坐地，共议归楚，事朋友世亲。"这一典故，后来就专指朋友途中相遇，席地而坐，共话旧情。由此可知，梁实秋所说的意思是，朋友到访，虽没有好的坐具让他们坐，但总比坐在地上要好一点。然而，这层意思是不能用这样的大白话说出来的。所以，他就用了个典故将此层意思委婉地道出。这样，表达上显得婉约含蓄且有文采，不仅保有了一个大学教授兼儒雅学者的矜持与体面，而且有化尴尬为风趣的效果。从接受上看，由于表达者的语意表达是以典故暗托而出的，所以接受者必须通过破译典故才能了解表达者的本意，这就给接受者的文本解读接受留足了自己思索、寻味的空间，当接受者破译解读了文本的内涵，也就获取了解读成功的快慰和文本接受的审美情趣。

2. 讳饰与心理距离

讳饰是"交际者（communicator）言及可能触犯受交际者（communicatee）忌讳或社会习俗禁忌的事物时，为了避免或缓解对受交际者的心理刺激，有意'换言易语'予以规避甚或美化的一种修辞文本模式。这种修辞文本模式，一般说来，在表达上虽有闪烁其词的飘忽感，但却不失有一种'可意会而不言传'的婉约美、朦胧美。接受上，语义表述的模糊性与间接性虽让受交际者在解读接受时需费一定心力，但一旦经过努力解读成功，受交际者便会有一种成功的心理快慰，同时能够真切地感受到交际者的善意，从而有效避免双方由于语言上的冲突而可能导致的情感情绪抵触，有利于言语交际的顺利进行"①。

众所周知，在汉语中，讳饰是一种非常习见的修辞现象，中国人因种种心理缘故，往往对某些事物或概念有忌讳。因此，古往今来，人们在言语交际中都喜欢建构讳饰修辞文本。其实，这种文本只是临时改换了一个词或一种说法而已，要说的内容却丝毫没有改变，只是表达得比较委婉、间接罢了，可谓是"金玉其外，旧物其中"。如晋人李密的《陈情表》，是中国历史上一篇非常有名的奏表，其中有这样一段话：

臣密言：臣以险衅，夙遭闵凶。生孩六月，慈父见背；行年四岁，舅夺母志。

李密的这篇奏表，其意是在拒绝晋武帝让他出山仕晋。李密原是三国时代蜀汉的官员，屡次出使东吴，很有辩才。蜀亡后他不愿仕晋，所以才有这篇拒官的奏表。由于写得好，晋武帝无奈他何，就没勉强他了。

上面所说的一段话即是他拒官的有力理由，也是一个典型的讳饰修辞文本。因为"慈父见背"、"舅夺母志"，意思是"父亲死了"、"母亲改嫁了"。但是，按照中国人的心理与传统习俗，对于一般人的死尚且要忌讳，对于自己父亲的死当然更要讳饰了。所以，李密说到自己父亲的死，就用了"见背"一词加以回避。对于女子改嫁，中国封建社会也是十分忌讳的，而对于自己的母亲当然更是难以启齿了，所以表达者李密就以"舅夺母志"（意为母亲改嫁不是她的本意，而是舅舅的意志）来加以粉饰。这样，意思都传达出来了，但在表达上却显得十分婉约蕴藉，给父母和自己留足了面子，而且会让标榜"以孝治天下"的皇帝

---

① 吴礼权：《现代汉语修辞学》（修订版），复旦大学出版社 2012 年版，第 38～39 页。

觉得他是个孝子；从接受的层面看，晋武帝作为接受者，通过对其所建构的上述修辞文本的咀嚼，虽心知表达者李密是在推托，但因其说辞凄切动人，又是以"孝"为挡箭牌，所以还是愿意接受的。若不以上述修辞文本来表情达意，而是直话直说，那么不仅官辞不掉，连命也是保不住的。这就是讳饰修辞文本的高妙之处，也是李密《陈情表》为历代人们广为传诵的原因所在。

其实，不仅是"死"、"女人改嫁"等观念为中国人所忌讳，大凡被认为是不吉、不洁、不雅的事物或概念，也都是中国人所忌讳的。更有甚者，连人人都爱都争的钱财，也因儒家传统的"重义轻利"思想观念的影响，而被很多中国人所讳言。如《晋书·王衍传》就曾记有这样一个史实：①

（衍）未尝言钱。（衍妻）欲试之，令婢以钱绕床使不得行。衍晨起，见钱，谓婢曰："举阿堵物却！"

王衍很清高，生平不提钱字。其妻看不惯，所以才有上面所写的一段试夫戏夫情事。不过，王衍不仅清高，而且还确有很高的语言智慧。上面他所说的"举阿堵物却"，是一个典型的讳饰修辞文本。所谓"阿堵（晋代方言，即'这个'之意）物"，即是指"钱"。

王衍上述修辞文本的建构，事实上是说到了"钱"字，但词面上没有。这样，表达上就显得婉约含蓄，保住了自己的清高；从接受上看，接受者（婢女）知道表达者王衍所指称的意思，后世读史的接受者当然也知道，并心悦诚服地感佩表达者王衍的回避语言艺术，从中获取文本接受解读的快慰和审美享受。这大概就是史书要记这一段的因由吧。

对于人人都想要的"钱"要讳饰，对于人人都追求的"爱情"，中国人也是自古以来都有羞于言说的心态。因此，谈到男女爱情问题，中国人也时常要用讳饰修辞文本来表现。如当代女作家张抗抗的小说《夏》中就有这样的文本：②

原来我在农场的时候，有一个青年指导员给我写信，表示了那个意思。

这里，女主人公所说的"有一个青年指导员给我写信，表示了那个意思"，就是一个讳饰修辞文本。因为女主人公所说的"那个意思"，指的就是"爱情"。
这一修辞文本的建构，从表达上看，婉约蕴藉，生动地凸显了女主人公作为

---

① 此例引见于陈望道：《修辞学发凡》，上海教育出版社1982年版，第137页。
② 此例引见于王希杰：《汉语修辞学》，北京出版社1983年版，第235页。

一个青年女子羞于言爱的传统心理和大姑娘所特有的"犹抱琵琶半遮面"的逼真情态；从接受上看，接受者经由上下文语境的提示，不仅可以准确地破译出女主人公的话语含义，而且还会经由对表达者所建构的这一含蓄蕴藉的修辞文本的解读而获取一种解读成功的快慰，得到文本接受中的美的享受。

下面我们再来看看中国人在说写中对认为不洁事物的讳饰说法。梁实秋有篇很耐人寻味的散文，名曰《老年》，文中有这样一段文字：

其实人之老也，不需要人家提示。自己照照镜子，也就应该心里有数。……眼睛无端淌泪，有时眼角上还会分泌出一堆堆的桃胶凝聚在那里。总之，老与丑是不可分的。

这里，作者所说的"有时眼角上还会分泌出一堆堆的桃胶凝聚在那里"，就是一个典型的讳饰修辞文本。所谓"桃胶"，实是指"眼屎"。但作者心里觉得"眼屎"不洁，说出来不雅，所以就别寻字眼代之。这样，便有了上述修辞文本的建构。

这一修辞文本的建构，从表达上看，以"桃胶"代"眼屎"，语言显得含蓄而典雅；从接受上看，接受者经由自己对文本的咀嚼，不仅可以了解表达者的真意，而且感佩表达者语言表达的典雅高妙，在文本解读接受中获得一种平淡情事艺术化的审美情趣。

3. 藏词与心理距离

藏词是一种将人们习用或熟知的成语或名句的某一部分藏却，而以其中的另一部分来替代说出的修辞文本模式。

这种修辞文本的建构，由于情意展露的半遮半掩，所以表达上显得婉约蕴藉；在接受上，因为表达者用藏词的手段故意在自己的表达与接受者的接受之间制造了"距离"，所以接受者必须依靠自己的知识经验去补足表达者所留下的表达空间，才能破解表达者真实的语意指向。尽管这给接受者的文本接受带来了阻障，但一旦接受者破除了这一阻障，就会自然生发出一种解读成功的心理快慰，获得一种文本接受解读中的审美享受。

正因为如此，古往今来的修辞者都喜爱这种修辞文本的建构。如南朝梁人沈约《奏弹王源》一文中有云：

臣谨案：南郡丞王源，忝藉世资，得参缨冕，同人者貌，异人者心，以彼行媒，同之抱布。且非我族类，往哲格言；薰莸不杂，闻之前典。岂有六卿之胄，纳女于管库之人；宋子河鲂，同穴于舆台之鬼。高门降衡，虽自己作；蔑祖辱亲，于事为甚。此风弗剪，其源遂开，点世尘家，将被比屋。宜寘以明科，黜之流伍。使已污之族，永愧于昔辰；方嫌之党，革心于来日。臣等参议，请以见事免源所居官，禁锢终身，辄下禁止视事如故。源官品应黄纸，臣辄奉白简以闻。臣约诚惶诚恐，云云。

　　这是沈约向梁武帝弹劾自己的同僚、当朝大臣王源的奏章。沈约之所以要写这道弹劾同僚的奏章，是有其原因的。"魏晋南北朝时代，是士族统治的时代，因而也是最讲门阀制度的时代。王源乃南郡丞，又是出身世代为宦的望门高族，其曾祖王雅曾'位登八命'（即位列三公），其祖父王少卿、其父王璇亦'位居清要'。可是王源为了钱财竟然不顾门阀制度，也全然不顾自己显宦的体面，而嫁女于'管库之人'。获得巨额聘礼后，又以此为资，为自己纳妾。为此，沈约作为梁武帝时代的朝廷重臣，官拜尚书令，爵封建昌县侯，自然要为朝廷的体面，为封建的礼制而担起'卫道'的责任，遂上书弹劾王源。"①

　　细读这道意在挞伐同僚罪状的奏章，虽然字字句句"明显都在指斥王源为人的不堪，但字面上却是温文尔雅。特别是'以彼行媒，同之抱布'一句，表意更是温婉蕴藉，既表现了士大夫儒雅的风度，又展露了才学"②。因为这句话是一个非常高妙的藏词修辞文本。

　　这一文本，是"借引中国古代读书人都熟悉的《诗经·卫风·氓》中的名句'氓之蚩蚩，抱布贸丝'，进行掐头去尾的改造，断取'抱布'二字入句"③而建构出来的。所谓"抱布贸丝"，就是持钱买布之意（"布"即"布帛"，古代用作货币）。沈约这里所说的"以彼行媒，同之抱布"，意思是说王源嫁女就像做买卖一样。这是很刻薄、很令人难堪的话，但因沈约用了藏词的手法建构了上述修辞文本，所以不仅表达上显得婉约典雅，而且在接受上也较易为局外人所认同，不至于落得个言辞过分刻薄的话柄。尽管文本的接受者（读奏章的皇帝）对其攻击王源的真实文本内涵心知肚明，但也不会觉得太过分，更不至于激起义愤，反而会觉得沈约有涵养，话说得婉转含蓄，耐人寻味，骂人也有水平，从而在文本解读接受中获取快慰和审美情趣。如果沈约不建构出上述修辞文本，而是直言表达，恐怕是很难在骂人后还落得后人夸的好处的。

　　政敌之间的相互攻毁尚且要出语婉约含蓄，那么朋友之间非敌意的调侃，自然更要讲究艺术了。下面我们来看一例朋友相戏的藏词修辞文本。隋人侯白《启

　　① 吴礼权：《委婉修辞研究》，山东文艺出版社2008年版，第56页。
　　②③ 均见吴礼权：《表达力》，台湾商务印书馆2011年版，第255页。

颜录·卢思道》一则，记有这样一个故事：

> 隋卢思道尝共寿阳庾知礼作诗，已成而思道未就，礼曰："卢之诗何太春日？"

这里所记的是隋代两位诗人卢思道与庾知礼的故事。卢、庾二人为朋友，庾作诗文思敏捷，卢稍慢一拍。庾嫌卢动作太慢，遂有调侃之念。但朋友之间的调侃不能太直白，所以庾知礼说了一句"卢之诗何太春日"的话。这是一个藏词修辞文本，全句意思是说"卢思道作诗才思不敏捷"，抑或说"卢思道太笨"。内里的意思是如此，但由于运用了藏词的手法，在字面上并看不出此层意思。"春日"是由《诗经·豳风·七月》的"春日迟迟"一句藏词而来。虽然庾知礼用"春日迟迟"句的目的是要取"迟迟"来嘲讽卢思道诗思太慢，但字面上却不让"迟迟"二字露面。这样，表达上就显得婉约含蓄，既达到了讽笑卢思道的目的，又不至于太露骨，同时还借此显示了自己的才华与博学，可谓是一箭双雕。从接受上看，尽管卢思道肯定是能破译表达者庾知礼文本的讽笑内涵的，但要稍作回味才能达到。同时由于表达者是以藏词的手法来表意的，戏而不俗，调侃而不刻薄，所以读者还是乐意接受的，而且文本接受中仍不失有一种心理快慰在。

古代的人们喜欢用藏词手法建构修辞文本，现代的文人们也不例外。如鲁迅《"题未定"草》一文中有段文字云：

> 由前所说，"西崽相"就该和他的职业有关了，但又不全和职业有关，一部分却来自未有西崽以前的传统。所以这一种相，有时是连清高的士大夫也不能免的。"事大"，历史上有过的，"自大"，事实上也常有的；"事大"和"自大"，虽然不相容，但因"事大"而"自大"，却又为实际上所常见——他足以傲视一切连"事大"也不配的人们。有人佩服得五体投地的《野叟曝言》中，那"居一人之下，在众人之上"的文素臣，就是这标本。他是崇华，抑夷，其实却是"满崽"；古之"满崽"，正犹今之"西崽"也。

此段文字是鲁迅针对当时林语堂《今文八弊》一文批评"今人一味仿效西洋，自称摩登，甚至不问中国文法，必欲仿效英文，……此类把戏，只是洋场孽少怪相，谈文学则不足，当西崽颇有才。此种流风，其弊在奴"，"其在文学，今日绍介波兰诗人，明日绍介捷克文豪，而对于已经闻名之英、美、法、德文人，反厌为陈腐，不欲深察，求一究竟。此与妇女新装求入时一样，总是媚字一字不是，自叹女儿身，事人以颜色，其苦不堪言。此种流风，其弊在浮"之类的言论而发的议论。因为当时鲁迅正在翻译俄国作家果戈理的《死魂灵》，又曾介绍过波兰、捷克等国文学，所以这些在林语堂看来就有"奴"、"媚"之嫌，是"西崽"。按照中国传统观念，对外族"奴"、"媚"便是失去民族气节的"失节"行为。

　　鲁迅深察林语堂文章之讽意，于是建构出上述藏词修辞文本来反唇相讥。"事大"是由中国古训"饿死事小，失节事大"藏词而来，"自大"是由成语"夜郎自大"藏词而来。鲁迅这一段话的意思是说，林语堂批评别人介绍波兰、捷克、俄国等国文学的行为是"奴"、"媚"的"西崽相"，实际上他自己主张介绍"已经闻名的英、美、法、德文人"正是"失节"的"奴"、"媚"行为，也是"西崽相"；林语堂批评不该介绍波兰、捷克等国文学，认为波兰、捷克等国没有"已经闻名的文人"，这是一种眼界狭小的"夜郎自大"的表现。尽管鲁迅这段话是说林语堂是"奴"、"媚"英、美、法、德等国文学的"西崽"，是不了解世界文学的"夜郎"，但由于是以藏词文本来表现，所以表达上显得既含蓄委婉，又意味深长，别有一番讽意在其中；从接受的角度看，由于表达者鲁迅出语有力有理且语言锋芒深藏，所以直接接受者（林语堂）虽能解读出其文本真意内涵，间接接受者（其他读者）也明白表达者的话其实是很刻薄的，但却不得不从内心深处感佩表达者的语言表达智慧，从而获取一种文本接受解读的心理快慰和审美享受。

　　说到鲁迅，我们又想起梁实秋。他也是一个善于建构藏词修辞文本的高手。如他的散文《退休》一文中就有一个高妙的藏词修辞文本：

　　如今退休制度不限于仕宦一途，坐拥皋比的人到了粉笔屑快要塞满他的气管的时候也要引退。不一定是怕他春风风人之际忽然一口气上不来，是要他腾出位子给别人尝尝人之患的滋味。

　　梁实秋这里所说的"腾出位子给别人尝尝人之患的滋味"，是一个藏词修辞文本，其意是说教师到了一定的年龄必须退休，将教职让给别的人。其中，"人之患"是由《孟子·离娄上》中"人之患在好为人师"藏词而来。由于表达者并没有将这层意思明说，而是建构了上述的藏词修辞文本，所以表达上就显得相当婉约典雅；从接受上看，不了解孟子原话的接受者在接受中可能会有一些解读的阻障，但了解孟子原话者或不了解而经过努力了解了原委的接受者，就会在文本接受中产生一种解读成功的心理快慰，于文本接受中获取一种审美享受。梁实秋散文之所以耐读，藏词修辞文本的建构亦从中起了些作用，相信熟悉梁实秋散文者都会有此共识的。

4. 析字与心理距离

析字是一种"利用文字的组成部件的特点，分离、组合、增损，寄意寓理"① 的修辞文本模式。

这种修辞文本的建构，在表达上，显得婉约含蓄，表意深沉；在接受上，因有表达者所制造的表达与接受之间的距离，易于调动接受者文本接受解读的积极性，从而获取文本接受解读中的心理快慰和审美享受。

正因为如此，这种修辞文本的建构历来为修辞者所喜爱。如唐代大诗人李白的《永王东巡歌》（八）中就有一个析字文本：

长风挂席势难回，海动山倾古月摧。

这里，"海动山倾古月摧"一句，就是一个析字修辞文本，其意是夸言永王破敌声势之浩大。其中，"古月"是"胡"字的化形，意指安禄山、史思明等叛军，因为安、史二人都是胡人。

很明显，上述这一修辞文本的建构是相当精妙的。因为从表达上看，说"海动山倾古月摧"要比"海动山倾胡兵摧"更生动，也更具含蓄蕴藉、耐人寻味的韵味；从接受上看，把"胡"字化形而隐句内，可能会造成接受者读诗的误解或困惑，但有了诗歌上下句语境的提示，这种误解或困惑是可以破除的。而一旦误解困惑被破除，接受者洞悉了表达者的真意，便会油然生发出一种文本解读成功的心理快慰，修辞文本的审美价值也由此得以提升。李白此诗之所以被传诵，应该说与诗内所建构的上述析字修辞文本是分不开的。

析字修辞文本的建构，不仅诗中有，在戏曲作品中也很常见。如元人王实甫《西厢记》第三本《张君瑞害相思》第二折有一段红娘与张生的对话与唱词：

……（红云）我没来由分说！小姐回与你的书，你自看者。

（末接科，开读科）呀，有这场喜事！撮土焚香，三拜礼毕。早知小姐简至，理合远接，接待不及，勿令见罪！小娘子，和你也欢喜。

（红云）怎么？

（末云）小姐骂我都是假。书中之意，着我今夜花园里来，和他"哩也波，哩也啰"哩。

① 谭永祥：《汉语修辞美学》，北京语言学院出版社1992年版，第420页。

（红云）你读书我听。

（末云）是四句诗："待月西厢下，迎风户半开，隔墙花影动，疑是玉人来。"

（红云）怎见得他着你来？你解与我听咱。

（末云）"待月西厢下"，着我月上来。"迎风户半开"，他开门待我。"隔墙花影动，疑是玉人来"，着我跳过墙来。

（红云）他着你跳过墙来，你做下来。端的有此说么？

（末云）我是个猜诗谜的社家，风流隋何，浪子陆贾，我那里有差的勾当。

（红云）你看我姐姐，在我行也使这般道儿。（红唱）

【要孩儿】几曾见寄书的颠倒瞒着鱼雁，小则小心肠儿转关。写着道"西厢待月"等得更阑，着你跳东墙"女"字边"干"。

上面引文中红娘的一段唱词，其意是埋怨崔莺莺想见张生，却要忸怩作态；要自己为她传书，却要瞒她这个传书人，写什么诗打哑谜，要在月夜作奸犯科。但是，红娘是个侍女，又是个女儿家，不好在张生面前直露地说出这些来，特别是"犯奸"二字更是不便说出口。所以，她就建构了"着你跳东墙'女'字边'干'"这一析字修辞文本，将不便说出的"奸"（金元时代的俗字，正体字是"姦"）字析为"女"与"干"。

这一修辞文本的建构，不仅表达上显得婉约含蓄，而且符合作品中的人物身份，增加了人物形象的真实性；从接受的角度看，虽然这一析字修辞文本的语意内涵没有明说，但又不难破译。这样，接受者在破译了表达者的文本内涵后既有一种解读成功的心理快慰，又有一种为人物的语言智慧所折服的会心感，从而在文本接受中获取到一种独特的审美享受。

析字修辞文本的建构在古典文学作品中很常见，现代的文学作品中相对出现得较少。不过，在有些作家笔下或是在特定的情况下，还是能够看到这种文本的建构的。如现代小说家周立波的小说《暴风骤雨》中就有这样的修辞文本：

刘桂兰脑袋一晃，把那披到左脸上的一小绺头发，甩到后头去，这才说道："咱们识字班有个人叫我们打听打听，她要打八刀能行不能行？"

这里，刘桂兰所说的"她要打八刀能行不能行"，就是一个很巧妙的析字修辞文本，其意是说"她要解除婚约（或分手）行不行"。

在中国人的传统观念中，男女结婚之后就应该白头偕老。所以，中国男女向来是讳言离婚的，女人尤其如此。小说中的刘桂兰说到"分手"之事时要以

"打八刀"来表达，正是这种心理的反映。作家为了逼真地再现主人公刘桂兰的心理，所以让她建构了一个析字修辞文本。

这一修辞文本的建构，从表达上看显得婉转含蓄，符合人物特定的身份；从接受上看，修辞文本将"分"化形为"八刀"，易于引发接受者文本接受解读的兴味，从而让他们在文本解读接受中获取一种形象生动、幽默诙谐的审美情趣。这就是小说主人公刘桂兰形象之所以鲜活的原因所在。

除了文学作品外，现代电视剧中也时有析字修辞文本的建构。如20世纪90年代曾在大陆热播的台湾电视连续剧《追妻三人行大运》，其中有一个情景片断，说的是主人公牛家威是个很花心的人，有个女子想与他亲近，以请他的公司为她的女人内衣产品做广告为由，来到他的办公室与他厮磨。就在这个当口，负责此项目广告策划的小蔡不识相地进来了。于是，牛家威对小蔡说了这样一句话：

两个山字叠在一块叫什么？

接着，小蔡马上就从牛家威的经理办公室退了出去。小蔡为什么退了出去呢？原来，牛家威的话"两个山字叠在一块叫什么"是个析字修辞文本，其意是请小蔡出去。

牛家威上述修辞文本的建构，从表达上看，有婉转含蓄之美；从接受上看，虽使接受者小蔡在解读时发生一点小小的困难，但难度不高，当接受者小蔡稍作思索而体会到表达者文本建构的高妙处后，自然心理愉快地接受了表达者（牛家威）的话，体面地退出了经理办公室。而文本的间接接受者（电视观众）则因表达者表达的巧妙和接受者接受的准确而发出会心的微笑，并得到了一种独特的文本接受的审美享受。这部电视剧广受欢迎的原因很多，但诸如此类精妙的修辞文本的建构，其作用无疑是不可忽视的。

5. 双关与心理距离

双关是一种利用语音上相同或相近的条件，或是利用词语的多义性来营构一语而有表里双层语义的修辞文本模式。

这种修辞文本的建构，由于一语而具表层与深层两重意义，所以在表达上显得内涵丰富而婉转蕴藉，别有一种秘响旁通的独特效果；在接受上，由于文本一语双关，文本语义的深层与表层有一定的"距离"，所以就给接受者的接受留足了回味咀嚼的空间，从而大大提高了接受者文本接受的兴味和文本的审美价值。

正因为如此，历来的修辞者都喜欢建构这类修辞文本。如唐人温庭筠的《新添声杨柳枝辞》，其中就有这类文本的建构。诗云：

> 一尺深红蒙曲尘，天生旧物不如新。
> 合欢桃核终堪恨，里许元来别有仁。

这首诗是写一位女子怨恨情人别有新欢的。其中，"里许元来别有仁"一句，是一个双关修辞文本。所谓"别有仁"，表面是说桃核另有核仁，其实"仁"是谐音"人"，说的是女子的情人在自己之外还另有新欢。

这一修辞文本的建构，在表达上显得含蓄深沉，不着痕迹地道出了这位女子对其情人用情不专、喜新厌旧行为的怨恨之情；从接受上看，"仁"字同时关合"核仁"和"人"二义，大有令人回味、咀嚼之余地，这就大大提升了接受者文本解读接受的兴趣和修辞文本自身的审美价值。历代诗家之所以推崇温氏此诗，不是没来由的。

下面我们再来看看利用汉语中一词多义条件而建构出的双关修辞文本。清代浮白主人所辑《笑林》中记有这样一个故事，十分有趣。其文云：

> 一位青盲人涉讼，自诉眼瞎。官曰："一双青白眼，如何诈瞎？"答曰："老爷看小人是青白的，小人看老爷是糊涂的。"

这里，青盲人的答话"老爷看小人是青白的，小人看老爷是糊涂的"，是一个十分巧妙且妙趣横生的双关修辞文本。

这一文本的建构，既为表达者（青盲人）自己的清白无罪作了辩护，又讥嘲了官员的愚蠢与是非不分。之所以有如此好的表达效果，主要是通过语义的"双关"实现的。因为"青白"一词，可以利用谐音而双关"清白"之义；"糊涂"在汉语中是个多义词，有"模糊"、"看不清楚"或"分不清是非"、"愚蠢"之义，这里青盲人是取后二义来讥嘲官员的，运用得十分巧妙，丝毫没有把柄可抓。从接受上看，由于青盲人所建构的修辞文本在语意上有双重解释，这就极大地调动了接受者文本接受的兴趣，让接受者在获取一种语言表达智慧的同时，也获得了一种审美享受，于了解文本内涵后发出会心的一笑。

双关修辞文本的建构，不仅仅在古代文学作品中常见，在现代人的作品中也不乏其例。

如鲁迅《为了忘却的记念》一文中，就有一个双关修辞文本：

> 夜正长，路也正长，我不如忘却，不说的好罢。

鲁迅这里所说的"夜正长，路也正长"，即是一个典型的语义双关的修辞文本。它表面说的是自然界的"夜"与"路"，实际上是暗指北洋军阀政府的黑暗统治正如漫漫长夜，人民在争取自由民主权利的道路上还充满着艰险。

这一修辞文本的建构，在表达上含蓄婉约，切合表达者当时写作的特定情势；从接受上看，文本一语兼具两重语义，令接受者思索回味不已，进而深切体悟到表达者文本建构的真实用意，从中获取文本建构的智慧和文本解读成功的心理快慰。这就是鲁迅散文的高明之处。

其实，双关修辞文本的建构，不仅仅在文学作品中经常出现，在口语交际中也是司空见惯的，在广告中更是倍受青睐。如《文汇报》1982 年 9 月 9 日有一则皮鞋油广告云：

第一流产品，为足下争光。

这则广告语，就是一个典型的双关修辞文本。其中的"足下"一词是个双关语，它表面上是说"脚下"，实际上是指"您"的意思，因为"足下"是一个文言词，在古汉语中是对人的一种尊称，相当于今天我们所说的"您"。因此，这句广告语既可以理解为：用了我们的皮鞋油可以为你脚下的皮鞋添光彩；也可以理解为：用了我们的鞋油，可以为您添光彩。

很明显，这一修辞文本的建构，从表达上看，言简义丰，含蓄蕴藉；从接受上看，耐人寻味，接受者通过回味咀嚼，不难体会到它的妙处，不禁生出一种解读接受的心理快感。

6. 讽喻与心理距离

讽喻是一种在特定情境下通过临时编造一个故事来寄托其讽刺或教导意向的修辞文本模式。

这种修辞文本的建构，在表达上往往具有含蓄婉约、深文隐蔚的效果；在接受上，由于文本语义的表达与接受之间有一定的"距离"，所以接受者必须通过对文本的咀嚼才能破译文本的真意，而一旦破译成功，就会情不自禁地生发出一种解读成功的心理快慰，获得一种文本解读接受的审美享受。

讽喻修辞文本的建构，一般说来有两种情形：一是"叙而不议"式，二是"叙而后议"式。[①]

所谓"叙而不议"式，就是只编出一个故事，不加任何点评或议论，其所

---

① 沈谦：《〈文心雕龙〉与现代修辞学》，台湾益智书局1980年版，第111～119页。

表达的意向是要读者透过故事本身来意会的。如《庄子·外物》有云：

> 庄周家贫，故往贷粟于监河侯。监河侯曰："诺，我将得邑金，将贷子三百金，可乎？"庄周忿然作色曰："周昨来，有中道而呼者，周顾视车辙中，有鲋鱼焉。周问之曰：'鲋鱼来，子何为者邪？'对曰：'我，东海之波臣也，君岂有斗升之水而活我哉！'周曰：'诺，我且南游吴越之王，激西江之水而迎子，可乎？'鲋鱼忿然作色曰：'吾失我常与，我无所处。吾得斗升之水然活耳，君乃言此，曾不如早索我于枯鱼之肆！'"

这里，庄子讽刺监河侯（魏文侯）见死不救，却要空言许诺的伪善行为，就是通过建构讽喻修辞文本来实现的。庄子家贫，三餐不济，行将断炊，遂往监河侯处借粮。而监河侯却说等他收了邑金（赋税）之后，借给他三百金。庄子知道监河侯这是在推托不借，却故意空口许诺，说好话，装好人，实则是见死不救。尽管庄子心知肚明监河侯的这一伪善内情，但又不便当面斥责他。所以，他就适情应景，临时编了一个故事说：他昨日在路上遇到一个困于车辙中的鲋鱼，急欲求斗升之水以活命，他说他将游说吴越之王激西江之水以救它，遭到了鲋鱼的痛斥，说他是见死不救的伪君子。

实际上，庄子见鲋鱼的事根本没有，是他临时编出来的，其意在讽刺、痛斥监河侯不肯借粮救急而空说好话的伪善行为。庄子的这层意思虽然很明显，但他并没有直言，而是让监河侯自己去意会，表面"不著一字"，而实际上一切尽在其中，别具一种婉约含蓄、深文隐蔚的表达效果。从接受上看，由于表达者在文本语义的表达与接受之间留足了"距离"，所以文本的直接接受者（监河侯）通过咀嚼表达者（庄子）的讽喻故事可以洞悉其讽刺自己的真意，但因无把柄可操，生气不得，奈何不得表达者。而文本的间接接受者（读此文的后人）通过咀嚼表达者所编的故事而体味出表达者的真意后，自然会因表达者庄子的语言智慧和自己看出庄子的这一智慧而获取一种文本解读的心理快慰和文本接受的审美情趣。庄子散文，自古以来受人欢迎，其中讽喻修辞文本的建构成功不无作用。

所谓"叙而后议"式，就是先讲一个故事，然后用一两句话画龙点睛地将故事的寓意点出来。这种情形，在古代文学作品中最为常见。如《孟子·离娄下》中就有这样精彩的讽喻。其文云：

> 齐人有一妻一妾而处室者。其良人出，则必餍酒肉而后反。其妻问所与饮食者，则尽富贵也。
> 其妻告其妾曰："良人出，则必餍酒肉而后反。问其与饮食者，尽富贵也；

而未尝有显者来，吾将瞷良人之所之也。"

蚤起，施从良人之所之。遍国中无与立谈者。卒之东郭墦间之祭者，乞其余；不足，又顾而之他。此其为餍足之道也。

其妻归，告其妾曰："良人者，所仰望而终身者也，今若此！"

与其妾讪其良人，而相泣于中庭。而良人未之知也，施施从外来，骄其妻妾。

由君子观之，则人之所以求富贵利达者，其妻妾不羞也而不相泣者，几希矣！

孟子的这个讽喻文本，其主旨在末段已经明明白白地点了出来："由君子观之，则人之所以求富贵利达者，其妻妾不羞也而不相泣者，几希矣！"意思是说，从君子的观点来看，以无耻、不正当的手段求得富贵利达，是连他的妻妾也感到不齿的。其实，即使作者不将此寓意点出，读者从作者所构拟的讽喻文本中也是可以解读出来的。

这类讽喻修辞文本，与前一类相比，虽然在表达上减却了不少含蓄蕴藉的韵味，在接受上也减少了接受者文本解读的困难而使其解读接受的积极性和解读成功的快慰有了一些损失，但是，从整体上看，这一修辞文本的建构，在表达与接受上的独特效果还是很明显的。因为相对于没有讽喻故事而直接说出主旨的做法，这种修辞文本还是显得委婉含蓄的，仍有深文隐蔚的表达效果。因为这种先叙后议的讽喻，前一部分的故事是作为后一部分寓意说明的铺垫，使后一部分的寓意说明显得自然而不突兀。从接受上看，接受者通过自己对文本故事内涵的解读与文本后一部分点明的文本内涵的比较之后，一旦发现自己的解读结果与表达者暗合，他就会情不自禁地生发出一种解读成功的心理快慰，获取一种文本接受的审美享受——一种对人生经验或哲理的深刻体认。

讽喻修辞文本的建构在中国古代特别是先秦时代的文学作品中是最为常见的，尤其是先叙后议式讽喻更是司空见惯。到了现代，虽然讽喻修辞文本的建构已不像古代特别是先秦时代那样频繁，但在人们的口中或笔下仍时有呈现。特别是儿童寓言故事，大多还是运用讽喻修辞手法的。如现代作家金江的作品《孩子和斧头》一文，其中有这样一段文字：

一个孩子拿起爸爸使用的斧头来劈木柴，一不小心，割破了手，血流了出来。他把斧头抛得远远的，大声哭叫起来："这把斧头太不好，割破了我的手！"斧头躺在地上嘟着嘴向那孩子说："我有什么不好？是你不会用我呀！"

这段文字明显是一个讽喻修辞文本，因为斧头是不会说话的，是表达者所编的一个寓言故事，其意是要说明"有了过失应从主观上找原因，而不能只归结于客观"① 的道理。这一修辞文本的内涵，由于表达者只是以寓言故事的方式来表现，所以从表达上看就显得相当含蓄蕴藉，有深文隐蔚的效果；从接受上看，尽管接受者要了解文本的真意要费一点心力，但是一旦通过对文本的咀嚼玩味而洞悉了表达者文本建构的深意后，接受者便会油然生发出一种文本解读成功的喜悦，从而获得文本接受解读中的审美享受——既获得一种文本建构的智慧，又体认到上面我们所说到的一种深刻的人生哲理。

一般说来，现代的讽喻修辞文本多是只叙不议式，很少采用先秦时代的先叙后议式，因为后者含蓄蕴藉度不够。但是，偶尔也会有人建构这种形式的讽喻文本。如中国现代奇人辜鸿铭就曾在《辜鸿铭笔记》中创建过这样的讽喻文本：

有一西人，身服之衣敝，召裁缝至，问："汝能制西式衣否？"

曰："有样式，即可以照做。"

西人检旧衣付之。越数日，裁缝将新制衣送来，剪裁一切无差，惟衣背后剪去一块，复又补缀一块。西人骇然问故。

答曰："我是照你的样式做耳。"

今中国锐意图新，事事效法西人，不求其所以然，而但行其所当然，与此西人所雇之裁缝又何以异欤？噫！

这是一个很典型的讽喻修辞文本，因为这段中国裁缝依样画葫芦的故事，明显是作者辜鸿铭编造出来的，其用意在末一段文字已说得很清楚了："今中国锐意图新，事事效法西人，不求其所以然，而但行其所当然，与此西人所雇之裁缝又何以异欤？"意思是说，中国学习西方是可以的，但要知其所以然，不能盲目学习，以致将其不该学的也学了。这层寓意，故事本身已表露无遗，明眼人一眼就可看出。但是，作者为了强调其所说的意思，又在文末点出了此层寓意。这明显是属于"叙而后议"的讽喻。

这一修辞文本的建构，从表达上看虽然不够委婉含蓄，但与不设喻的非修辞文本相较，还是有些深文隐蔚、婉约蕴藉的韵味的；从接受上看，尽管表达者在文末点出了全文本的寓意，减却了接受者文本解读的困难，也由此减却了接受者文本接受的自由度与积极性，但是当接受者将凭自己的感悟对修辞文本前一部分含义的理解与表达者所提供的结果相比而发现有相当的暗合时，便会由衷地生发

---

① 汪国胜等编：《汉语辞格大全》，广西教育出版社 1993 年版，第 54 页。

出一种文本解读成功的心理快慰，获取一种文本接受的审美享受———一种对于学习外来经验的哲理性警示。

7. 留白与心理距离

留白是一种"由于感情复杂一时说不清楚，或是说清楚了反倒不如不说清楚的好，而有意地留下空白，让接受者尽情发挥想象力和理解力加以填补"① 的修辞文本模式。

这种修辞文本的建构，在表达上颇有一种"此时无声胜有声"、空谷传音倍分明的效果；从接受上看，尽管语句表达的一些必要成分的省略增加了接受者文本解读的困难，也就是说，表达者所建构的修辞文本的词面意与其所要表达的内在意还有一些"距离"，但是由于有一定的语境作背景，省去的部分实际上于接受者来说并不会造成太大的困难，他们完全可以在理解时自行补上，而当接受者通过努力补出了文本中省去的成分而洞悉了全文本的真意后，就会情不自禁地有一种解读成功的心理快感生发出来，从而加深对修辞文本的印象，并从文本接受中获取一种接受解读的审美情趣。

正因为如此，留白修辞文本的建构自古及今未曾消歇过。如汉人司马迁《史记·高祖本纪》中就有一个非常生动的留白修辞文本：

> 正月，诸侯及将相相与共请尊汉王为皇帝。汉王曰："吾闻帝贤者有也，空言虚语，非所守也，吾不敢当帝位。"群臣皆曰："大王起微细，诛暴逆，平定四海，有功者辄裂地而封为王侯。大王不尊号，皆疑不信。臣等以死守之。"汉王三让，不得已，曰："诸君必以为便便国家。"甲午，乃即皇帝位汜水之阳。

这段文字是《史记》中十分精彩的文笔所在，千古以降被人传诵。其中，刘邦所说的"诸君必以为便便国家"，是一个十分高妙的留白修辞文本。它将无赖地痞出身的刘邦那种心中急不可耐要做皇帝，而表面却要假意推让的忸怩丑态描绘得栩栩如生，跃然纸上。（当然这其中也有"飞白"手法运用的一份功劳在，即故意将刘邦因激动而口吃的"便便"记录下来）

刘邦所建构的这一修辞文本，从表达上看，虽省略了要说的最关键的话"我就当皇帝吧"，但"此时无声胜有声"，含蓄蕴藉，既在事实上表达了自己的愿望，又保持了自己的那份矜持；从接受上看，由于表达者刘邦没有说出想说的核心内容，这就给接受者（劝进的一批将领）的解读、接受造成了困难，但是接

---

① 谭永祥：《汉语修辞美学》，北京语言学院出版社 1992 年版，第 45 页。

受者不是根本无法解读，而是只需对表达者刘邦所提出的前提（"诸君必以为便国家"）进行简单的逻辑推理，就能意会到表达者（刘邦）表达的真意所在了，由此接受者在了解到刘邦的心意后，便会由衷地生发出一种文本解读成功的心理快慰——为自己摸准了刘邦的心理及时劝进而得意。太史公虽对刘邦的为人颇多微词，但从他所记述的刘邦行事来看，我们也不得不承认：刘邦虽是无赖出身，倒也确有令人心悦诚服的智慧。

元人王实甫《西厢记·酬韵》一折，亦有一个颇佳的留白修辞文本：

莺莺焚香祝拜道："此一炷香，愿亡父早升天界；此一炷香，愿中堂老母百年长寿；此一炷香，……"

崔莺莺这里所祝拜的三桩心愿，前两桩都明明白白地说了出来，后一桩却留空不说，这正是留白修辞文本的模式。实际上莺莺未祝拜出来的第三桩心愿是希望自己的婚事能够如愿。而这一愿望对于一个封建时代的女子来说是不便说出口的，所以她就留空不说了。

这一修辞文本的建构，在表达上含蓄婉约，凸显了主人公崔莺莺作为一个封建大家闺秀的羞涩矜持的形象；从接受上看，表达者崔莺莺没将其中一桩重要的心愿祝拜出来，这种欲说还休、半吞半吐的表达，就会引起接受者无限的探索寻隐兴味。当接受者从上下文语境或当时的情境中解读出崔莺莺的真意后，便会生发出文本解读成功的喜悦，从而加深对修辞文本的印象，并从文本解读接受中获取更多的审美享受。戏曲作品本来就是要接受者多品味的。

留白修辞文本的建构，不仅在古代文学作品中常见，在现代人的言语交际或文学作品中，也是能够时常见到的。如鲁迅小说《祝福》中就有一个这样的修辞文本：

傍晚，我竟听到有些人聚在内室里谈话，仿佛议论什么事似的，但不一会，说话声也就止了，只有四叔且走且高声的说：
"不早不迟，偏偏要在这时候，——这就可见是一个谬种！"

这里，鲁四老爷所说的"偏偏要在这时候"，是个不完整的句子，它省了一个关键词"死"。很明显，鲁四老爷上面的一番话是个留白修辞文本。

表达者鲁四老爷之所以要建构上述留白修辞文本，是因为中国人忌讳说"死"字，况且又是在大年夜，更不能提及"死"这个不吉利的字眼了。因而鲁四老爷将"死"字留空不说。这样，从表达上看，显得含蓄得体；从接受上看，接受者虽一时不能明白表达者的意思，但由上下文和文中所提供的特定情境，还是可以领悟得出的，从而洞悉表达者文本建构的智慧，由此在文本解读接受中获取一种心理快慰——满足了接受者一种全民族共具的趋吉避凶心理。

小说创作中为了人物形象的塑造，作家在特定情境中常常会让书中的主人公以留白修辞文本表情达意。下面我们再来看一下钱钟书的小说《围城》中的一段文字：

> 鸿渐问梅亭的事怎样了的。辛楣冷笑道："高松年请我劝他，纠缠了半天，他说除非学校照他开的价钱买他带的西药——唉，我还要给高松年回音呢。我心上牵挂着你的事，所以先赶回来看你。"

这里，赵辛楣所转述的李梅亭的话"除非学校照他开的价钱买他带的西药"，也是一句没说完的话。如果说全了，应该还有后半句："否则我跟他没完。"很明显，李梅亭上面的半句话是一个留白修辞文本。

因为在李梅亭来三闾大学之前高松年曾答应委任他为中国文学系的系主任，没想到李梅亭因晚到一步而被汪处厚抢了先，因而李大发脾气。最后没有办法补救，他就想到把从上海带来的西药卖给学校，赚一笔以作补偿。尽管李梅亭托赵辛楣转告高松年的话带有威胁口气，但是表达上还是显得相当婉约蕴藉，凸现出他在情绪激动的情况下仍不失其知识分子修养的形象；从接受上看，尽管接受者高松年破译得出表达者李梅亭文本建构的真意，但由于李梅亭说得委婉，给作为校长的接受者高松年留有一定的面子，这就在一定程度上满足了接受者高松年的自尊心理，多少生发出一些文本接受解读的心理快慰，从而能心平气和地对待表达者的要求。

8. 倒反与心理距离

倒反是一种用反意来表现正意的修辞文本模式。它可以分为两类：其一是"因情深难言，或因嫌忌怕说，便将正意用了倒头的语言来表现，但又别无嘲弄讽刺等意思包含在内的"，其二是"不止语意相反，而且含有嘲弄讥刺等意思的"。[①]

由于倒反修辞文本所要表达的意思在其所言说语意的反面，所以表达上显得特别婉转含蓄；接受上，尽管表达者在语意表达与接受之间所制造的"距离"给接受者的文本解读带来了一些困难，但接受者根据特定的语境提示而参透其正

意所在后，便会由衷地生发出一种文本解读成功的心理快慰，从而加深对文本的印象与对文本内涵的深刻理解认识。

正因如此，自古以来，汉语中倒反修辞文本的建构就十分普遍。如元人关汉卿的散曲《仙吕·一半儿·题情》有云：

云鬟雾鬓胜堆鸦，浅露金莲簌绛纱，不比等闲墙外花。骂你个俏冤家，一半儿难当一半儿耍。

碧纱窗外静无人，跪在床前忙要亲，骂了个负心回转身。虽是我话儿嗔，一半儿推辞一半儿肯。

银台灯灭篆烟残，独入罗帷掩泪眼，乍孤眠好教人情兴懒。薄设设被儿单，一半儿温和一半儿寒。

多情多绪小冤家，迤逗得人来憔悴煞，说来的话先瞒过咱。怎知他，一半儿真实一半儿假。

这里的四首曲子，写的是一对男女相聚欢爱时的绸缪与分离时的难耐之情，很是缠绵悱恻，生动逼真。其中，第一曲中的"骂你个俏冤家"，第四曲中的"多情多绪小冤家"，都是情人间情至浓时的亲昵语，是一种典型的"因情深难言，或因嫌忌怕说，便将正意用了倒头的语言来表现"的倒反修辞文本。文本中的所谓"冤家"，实则是"亲爱的人儿"的同义语。

这两个倒反修辞文本的建构，从表达上看，极其婉约蕴藉，生动地凸显了女主人公对其情郎极端昵爱而无法言表的内心世界；从接受上看，尽管表达者的正意反说给接受者接受解读文本带来些困惑，但是通过上下文语境的提示，接受者还是能够破译出表达者的真意所在的。这样，在破除了文本解读阻障后，接受者便会由衷地生发出一种文本解读成功的心理喜悦，即有一种文本解读和审美的成就感，从而自然加深了对修辞文本的印象和文本主旨的理解认识——体会到作家意欲凸显女主人公与其情郎的深切真挚之情。

倒反修辞文本的建构，不仅仅常见于男女恋情的表达方面，而且广泛地见诸日常语言生活中，包括政治生活中。如《五代史·伶官传》所记伶人敬新磨反语谏庄宗的故事就很典型：

庄宗好畋猎，猎于中牟，践民田。中牟县令当马切谏为民请。庄宗怒，叱县令去，将杀之。伶人敬新磨知其不可，乃率诸伶走追县令，擒至马前，责之曰："汝为县令，独不知吾天子好猎耶？奈何纵民稼穑以供税赋，何不饥汝县民而空此地，以备吾天子之驰骋？汝罪当死！"因前请亟行刑。诸伶共唱和之。庄宗大笑，县令乃得免去。

这里所提到的庄宗，就是五代后唐的开国皇帝李存勖。李存勖乃沙陀人，本姓朱邪氏，小名亚子。其祖父朱邪赤心因战功而被唐懿宗赐姓李，名国昌。其父则是唐末河东节度使、晋王李克用。李克用死后，李存勖继任晋王。后经多年征战，先后打败北面的契丹、南面的后梁（朱温）、东面的桀燕（刘守光），逐渐壮大了晋国的势力。最终于公元923年四月称帝于魏州。为表对唐朝的忠心，仍定国号曰唐，史称后唐。

李存勖乃武将出身，生性好猎，所以才有了上述畋猎而马践民田的事发生。中牟县令为民请命，正言切谏，这位皇上不仅不肯听，反而要杀他。伶人敬新磨明知中牟县令正直，是个好官，也知道皇帝犯糊涂，但是又不能正面谏说。即使能够正面谏说，他也没有资格，因为他并不是大臣，而只是一个供皇帝娱乐的戏子而已。所以他便建构出了上述倒反修辞文本（即说服庄宗的一番话），正话反说，最终救了中牟县令，又使皇帝知错了。

敬新磨的话，表面上是说：中牟县令不该鼓励百姓勤劳耕作，向朝廷交纳赋税，而应该禁止百姓耕作，空出田地供皇上畋猎驰骋，所以中牟县令该死。这话乍一听，似乎是历数中牟县令的罪状，替皇上的过失辩护。实则这话的正意全在字的背面，是在正话反说，是在为中牟县令歌功颂德，批评皇上李存勖失政失德。但是，由于表达者敬新磨的上述意思是以倒反修辞文本来表现的，所以表达上就显得极端含蓄婉转，具有高度的语言智慧；从接受角度看，由于表达者敬新磨所建构的修辞文本语意表达极端婉转含蓄，接受者庄宗李存勖可能不能立即明白其深意，可是当他由表达者的身份角色和说话的语气等语境因素的提示最终解读出文本的深意后，不仅会有一种文本解读成功的心理快慰，而且还会深切地体味到表达者给他面子的好意，油然产生一种文本接受的愉悦心理。其实，敬新磨的劝说能成功，正是他有效地把握了接受者庄宗的接受心理之故。可见，中国古代的伶人虽是弄臣，却并不简单，他们的语言智慧是值得我们重视的。

由于倒反修辞文本的建构有很特别的表达和接受效果，所以不仅古人喜欢建构，现代人更是在言谈或文章中常用。如鲁迅《"题未定"草》一文有云：

旧笑话云：昔有孝子，遇其父病，闻股肉可疗，而自怕痛，执刀出门，执途人臂，悍然割之，途人惊拒，孝子谓曰，割股疗父，乃是大孝，汝竟惊拒，岂是人哉！是好比方；林先生云"说法虽乖，功效实同"，是好辩解。

这里，鲁迅用了一个孝子自己怕痛而割别人股肉，遭拒反怪人的故事，实际上是委婉地指斥林语堂的观点。其中"林先生云'说法虽乖，功效实同'，是好辩解"一句，是个倒反修辞文本，其真意是说林语堂的辩解是强词夺理，是不讲道理的诡辩。由于表达者鲁迅是正意反说，所以文本在语意表达上就显得极端委婉，表现了表达者自己作为一个文人在论争时应有的一种君子风范；从接受上看，表达者在文本字面上说林氏的话"是好辩解"，没有直斥其说是诡辩，这样既给直接接受者林语堂以面子，不至于引发二人更激烈的论争，同时也使间接接受者（读者）觉得表达者有风度。这样，既实现了表达者意欲表达的实质内容，又使修辞文本添具了耐人寻味的审美情趣。否则，泼妇骂街式地直说，文章也就索然无味了。那么，鲁迅也就不成其为鲁迅了，鲁迅的文章也就失却它应有的魅力了。

下面我们再来看看老舍的话剧《龙须沟》中一段人物对话：

丁四：（穿）怎样？
娘子：挺好！挺合身儿！
大妈：就怕呀，一下水就得抽一大块！
丁四：大妈！您专会说吉利话儿！

丁四买了一件衣服，大妈却说这衣服下水会抽纱。这当然不是什么好话，会让丁四和他娘子感到扫兴。但是，大妈是长辈，丁四当然不能直通通地说大妈不会说话，所以就建构了"您专会说吉利话儿"这样的倒反修辞文本。

这一修辞文本的建构，从表达上看，显得极其婉转得体，也表现了作品人物的语言智慧；从接受上看，尽管表达者丁四话说得极婉转，但接受者大妈在其特定的语境下还是能破译出其真意的，知道是在批评自己不会说吉利话。但是，表达者的正意反说给了接受者应有的面子，接受者自能愉快地接受，不至于引发不满心理，双方也不至于很尴尬。这就是老舍语言的艺术。

9. 推避与心理距离

推避是一种在说写中表意相当明白而又在词面上故作掩饰的修辞文本模式。这种修辞文本，一般是在文本的前一部分将意思表述得相当明白，文本的后一部分却说"不知道"之类的话；或是以大家都了解的背景或常识为依托，用"众所周知"、"不言自明"之类的辞令来回避。

这种修辞文本，由于文本词面上故意回避所制造的表达与接受之间的"距离"，表达上就显得相当委婉含蓄，有耐人寻味的效果；在接受上，由于表达者故意闪烁其词，修辞文本所欲表达的真实语意，接受者必须经由对文本的仔细寻绎才可真正了解，虽然这会给接受者的解读接受带来点困难，但是经过一番语意追寻的努力，当接受者最终破译了表达者修辞文本建构的真实语意指向后，便会情不自禁地由心底生发出一种文本破译成功的喜悦之情，从而在文本接受中获取到一种独特的审美享受。

正因为如此，这种修辞文本的建构在现代很多作家的作品中都能经常见到。如鲁迅《名人和名言》一文中就有一个很好的文本：

　　博识家的话多浅，意义自明，惟专门家的话多悖的事，还得加一点申说。他们的悖，未必悖在讲述他们的专门，是悖在倚专家之名，来论他所专门以外的事。社会上崇敬名人，于是以为名人的话就是名言，却忘记了他之所以得名是哪一种学问或事业。名人被崇奉所诱惑，也忘记了自己之所以得名是哪一种学问或事业，渐以为一切无不胜人，无所不谈，于是乎就悖起来了。其实专门家除了他的专长之外，许多见识是往往不及博识家或常识者的。太炎先生是革命的先觉，小学的大师，倘谈文献，讲《说文》，当然娓娓可听，但一到攻击现在的白话，便牛头不对马嘴，即其一例。还有江亢虎博士，是先前以讲社会主义出名的名人，他的社会主义到底怎么样呢，我不知道。

鲁迅的这篇文章是批评当时的一些名人不知珍惜名誉而自以为是的不良习气。这里的一段话，先说名人说的话并不是句句都对，都是名言，而是往往会谬种流传的，并举自己的老师章太炎先生为例。文末说到江亢虎的"社会主义"，并说江是讲"社会主义"出了名的名人。因为有前文作铺垫，其嘲弄江亢虎的"社会主义"学说不是真传，而是假"社会主义"的意思已十分清楚了。可是，作者却虚晃一枪，说"我不知道"，明显是在"一半儿推来一半儿肯"地假意回避。因此，我们说，鲁迅所说的"还有江亢虎博士，是先前以讲社会主义出名的名人，他的社会主义到底怎么样呢，我不知道"，是个典型的推避修辞文本。

这一修辞文本的建构，在表达上显得婉约含蓄，嘲弄之意的锋芒深藏在内，有柔中带刚、绵里藏针之妙；在接受上，尽管表达者对其文本前一部分所说出的语意假意回避，但接受者通过上下文语境还是不难破译其真意所在的。这样，接受者既可从中获取文本解读成功的心理快慰，同时修辞文本语意的半吐半咽亦使修辞文本成为可以玩味的审美对象，从而在客观上提升了修辞文本的审美价值。鲁迅的杂文之所以有让人又恨又爱的魅力，其中不乏诸如上述推避修辞文本建构之妙的功劳在。

与鲁迅一样在散文创作方面享有盛名的梁实秋，也是善于建构推避修辞文本的高手。如他的《中年》一文中有这样一段文字，颇是耐人寻味：

女人的肉好像最禁不起地心的吸力，一到中年便一齐松懈下来往下堆摊，成堆的肉挂在脸上，挂在腰边，挂在踝际。听说有许多西洋女子用擀面杖似的一根棒子早晚混身乱搓，希望把浮肿的肉压得结实一点，又有些人干脆忌食脂肪忌食淀粉，扎紧裤带，活生生的把自己"饿"回青春去。有多少效果，我不知道。

不难看出，梁实秋所写的上述这段文字是个典型的推避修辞文本。它的意思在"女人的肉好像最禁不起地心的吸力……活生生的把自己'饿'回青春去"等语句中，其实已经表述得很明确："人到中年，特别是女人到了中年，发胖是自然规律，任何诸如压肉、节食等人为的努力都是徒劳无益的。"但是，作者在事实上已将上述意思都说出来之后，却说"我不知道"。尽管这是一个"此地无银三百两"的招数，但是，在表达上委婉含蓄的韵致还是相当明显的，且透出表达者特有的幽默诙谐的语言机趣；在接受上，由于表达者"一半儿推来一半儿肯"式的假意回避，接受者对于表达者所要表达的真实语意便要仔细推究琢磨一番。而当接受者经过思索而破译了表达者的语意密码后，便会由衷地生发出一种文本解读成功的心理快慰。同时，也使修辞文本在客观上别添了一种耐人寻味的解读情趣。如有与文本所写相同经历的接受者，也不至于产生心理抵触和不悦之情。这就是梁实秋巧妙的嘲弄之笔。

推避修辞文本除了在人们的日常言语交际或写作中经常被建构外，在政治或外交活动中尤其大有用武之地。如《人民日报》1972 年 2 月 22 日刊登的周恩来总理在欢迎美国总统尼克松宴会上的祝酒词，其中有这样一段话，就是一个非常高妙的推避修辞文本：

美国人民是伟大的人民，中国人民是伟大的人民。我们两国人民一向是友好的。由于大家都知道的原因，两国人民之间的来往中断了二十多年。

由于意识形态上的差异与朝鲜战争的缘故，中美两国断交二十多年。为了打开中美两国外交的新局面，毛泽东、周恩来等中国领导人与尼克松、基辛格等美国领导人作了巨大的努力。1972 年尼克松总统冲破重重困难来到中国，为中美两国的邦交正常化打开了新局面。这是一件令中美两国人民都很激动的大事，也是世界瞩目的大事。新中国建立过程中和新中国建立后，美国政府曾百般压制，千方百计地加以干涉，这是周恩来与尼克松双方心里都有数的。这些事在双方谈判时不能不提，但是在欢迎宴会上为了不破坏友好的气氛又不能直说，所以周恩来总理就建构了"由于大家都知道的原因，两国人民之间的来往中断了二十多年"这一推避修辞文本，将中美两国那段不愉快的历史用"由于大家都知道的原因"一句话巧妙地带过了。

这一修辞文本所要表达的意思其实都在里面了，但在表达上却显得非常婉转含蓄，达到了外交上彬彬有礼而又不卑不亢的最高境界；从接受上看，尽管接受者尼克松等美方当事人要通过修辞文本来推究表达者的真意有些费力，但他们凭借特定语境背景而破解出表达者周恩来的话语含义之后，便会油然而生一种愉悦之情：既有避去情感尴尬的心理快慰，又会有感佩表达者周恩来言语表达智慧的喜悦之情。说周恩来总理的上述修辞文本是外交上的智慧语言范本，那绝不是溢美之词！

10. 折绕与心理距离

折绕是一种本来一句话即可直说明白、清楚，却为着委婉含蓄的目的，故意绕着弯子，从侧面或是用烘托法将本事、本意说出来，让人思而得之的修辞文本模式。

这种修辞文本的建构，一般说来，表达上有一种婉转深沉、余味曲包的妙趣；在接受上，虽然表达者在文本语意的表达与接受之间制造了"距离"，增添了接受者文本解读的困难，但是一旦接受者经过努力破除了解读的阻障并洞悉修辞文本的真意后，便会情不自禁地生发出一种文本破译成功的喜悦之情，从而加深对修辞文本主旨的理解认识。而修辞文本作为一种审美对象，其审美价值也就由此得以大大提升。

正因为如此，这种修辞文本模式自古以来就是深受人们喜爱的，在人们的日常语言生活中也经常能够见到，特别是在古汉语中尤其如此。如《左传·僖公四年》记齐楚之战时就有一个折绕修辞文本：

四年春，齐侯以诸侯之师侵蔡。蔡溃，遂伐楚。……夏，楚子使屈完如师。师退，次于召陵。齐侯陈诸侯之师，与屈完乘而观之。齐侯曰："岂不穀是为，先君之好是继。与不穀同好，如何？"对曰："君惠徼福于敝邑之社稷，辱收寡君，寡君之愿也。"

这里，楚大夫屈完对齐桓公所提出的与楚国结盟的建议的回答，就是一个折绕修辞文本，它的实质意思是说："您如果不毁灭我国，肯与我们结盟，这是我们国君求之不得的。"尽管事实上当时是齐强楚弱，楚国需要向齐国求和，但是，作为外交辞令，屈完是代表国家来说话的，不能有损国家的体面，所以他说了上述一番话，将本意折绕了一番，说成是："您的惠临是为楚国的社稷求福，您愿意屈从接纳我们楚王，这是楚王的意愿。"

很明显，屈完的上述修辞文本建构，在表达上显得深沉含蓄、机关丛生，既没有直斥齐桓公大军压境是侵略的不义行为，也没有示弱地说楚国无法抵抗只好屈从齐桓公的意思而两国媾和，而是在将对方的侵入美化成是为楚国求福的同时，也将楚王的屈从说成了是乐意接受，在给别人面子的同时，也给了自己面子，可谓是"刀切豆腐两面光"。从接受上看，尽管接受者齐桓公要破解表达者屈完的文本含义（即对两国媾和的肯定态度）需要费一番心力，但当他通过思索努力破译了表达者的真意后，便会产生一种文本解读成功的快慰和达成自己交际目标后的喜悦之情。应该说，在齐强楚弱的情形下，楚国能保全自己而与齐国媾和成功，屈完的上述修辞文本之建构是起了不小作用的。若非建构出上述修辞文本，而是理性地直白本意，要么话太硬而失去媾和机遇，使楚国情势更加危急；要么话说得太软而伤了国格，酿成外交上的耻辱。可见，在外交上，折绕修辞文本的建构是很有价值的。

其实，折绕修辞文本的建构不仅在外交方面大有用武之地，在日常生活中的许多方面也都至关重要。特别是在中国古代，折绕修辞文本的建构有时会关乎一个人的前途命运。因为在那个封建专制的社会中，人们不仅行动不自由，行为举止处处要符合封建伦理规范，也就是"非礼勿动"；而且思想言论也极不自由，在严格的君臣、父子等等级秩序关系下，下对上是不可不敬的，"非礼勿言"是必须遵守的规范。如果不守规范，在言语上对尊长有所冒犯，那就是悖逆之罪。特别是臣下对国君说话更不可造次，否则便有杀身之祸。正因为如此，今天我们读古代文献常常会发现古人说话特别喜欢绕弯子，折绕修辞文本的建构司空见惯。如《晏子春秋》中就有很多这样的记载，下面我们来看一则晏子谏齐景公的故事：

> 景公饮酒，七日七夜不止，弦章谏曰："君从欲饮酒七日七夜，章愿君废酒也！不然，章赐死。"晏子入见，公曰："章谏吾曰：'愿君之废酒也！不然，章赐死。'如是而听之，则臣为制也；不听，又爱其死。"晏子曰："幸矣，章遇君也！今章遇桀纣者，章死久矣。"于是公遂废酒。

齐景公纵酒过度，弦章忠心为国而进谏，这是值得称道的。然而，弦章进谏时并没有注意君臣之间言语、思想沟通的原则，而是直来直去。他的话意思是说："您要么听我的话，把酒戒了；要么不听我的话，把我杀了。"这话虽是忠言，但因为是直来直去的大实话，所以在齐景公听来很不顺耳，觉得弦章似乎是在要挟他。作为一国之君，齐景公至高无上的权威被冒犯，他当然不高兴了。这样一来，弦章不仅不会达到说服齐景公戒酒的目的，而且还因有欺君犯上之嫌而有被杀头之虞。所幸在关键时刻，晏子出现了。晏子明知弦章没错，而是齐景公自己不该纵酒而废国事，但是，他不像弦章，没有直接批评齐景公，而是建构了"幸矣，章遇君也！今章遇桀纣者，章死久矣"这样一个折绕修辞文本，颂扬了景公一番，说："弦章真是幸运，今天遇到了您，要是遇到夏桀、商纣那样的暴君，小命早就没了。"

很明显，晏子的修辞文本是高妙的。因为从表达上看，晏子的话婉转含蓄，锋芒全收，但实际上却绵里藏针，花中有刺。表面是颂扬齐景公英明，实际上是非常巧妙地将了齐景公一军。因为他的话，其实质含义是说："如果您想做夏桀、商纣那样的暴君而被千古唾骂，您就杀了弦章；如果您不想这样，您就不要杀弦章，听从他的谏言而戒酒。"从接受上看，表达者晏子的话说得婉转，绵里所藏之针、花中所带之刺是要齐景公自己去找，针、刺之痛由接受者齐景公自己感受自己体会，这使齐景公有了乐于接受晏子文本真意的愉快心理，也加深了对晏子所建构的修辞文本的理解认识——体认到晏子忠君爱国的一片赤诚之心，认识到纵欲饮酒而废国事的严重错误。这里，我们可以再次看出折绕修辞文本在表达上和接受上的妙处。

现代人说话虽然没有古人那么多禁忌，但是，有崇尚含蓄委婉心理传统的现代人仍然喜欢建构折绕修辞文本。如鲁迅的《范爱农》一文中就有折绕修辞文本的建构：

> 我们便到街上去走了一通，满眼是白旗。然而貌虽如此，内骨子是依旧的，因为还是几个旧乡绅所组成的军政府，什么铁路股东是行政司长，钱店掌柜是军械司长……这军政府也到底不长久，几个少年一嚷，王金发带兵从杭州进来了，但即使不嚷或者也会来。他进来以后，也就被许多闲汉和新进的革命党所包围，大做王都督。在衙门里的人物，穿布衣来的，不上十天也大概换上皮袍子了，天气还并不冷。

上述这段文字，总的意思是批评辛亥革命的不彻底性，所谓的革命者不久都蜕化变质了。其中，"在衙门里的人物，穿布衣来的，不上十天也大概换上皮袍子了"一句，是一个典型的折绕修辞文本，它辛辣地讽刺了新政府官员蜕化变质之快。

对于上述这层意思，由于作者没有直言，而是通过新政府官员服饰的变化来暗示，因此文本在表达上就显得相当委婉含蓄，但讽刺意味一点没少；从接受上看，由于表达者在文本语意表达上曲里拐弯，所以接受者要破译其真实内涵，就必须费些心力，但他们一旦经过努力而破译出表达者所意欲表达的内涵后，便会自然从心底生发出一种文本解读成功的心理快慰，从而加深对修辞文本的印象和对文本主旨的理解认识——表达者对辛亥革命不彻底性的痛心疾首之情。同时，文本含义的深藏不露，也使接受者的文本接受有了咀嚼回味的空间，这在客观上也大大提升了修辞文本的审美情趣。鲁迅先生的杂文之所以深具魅力，事实上与其善于建构特定的修辞文本是有密切关系的。

　　不仅像鲁迅这样的大文豪喜欢建构折绕修辞文本，就是现代一般的说写者在说写中也有这种倾向。如台湾《联合报》1996年3月21日刊载了一篇题为"移民在他乡"（作者日青）的文章，其中就有很生动的折绕修辞文本建构：

　　谁知道住着住着，老太太的毛病出来了。这一次不是风湿症，而是一种莫名其妙的过敏，发作时全身都痒，痒得受不了，看医生、打针、吃药，全不见效。
　　老太太嫌该处的水质太"硬"了，洗澡、洗衣服、烧饭、泡茶，全不对劲。虽不至于唠叨抱怨，但说话时却忽然多出了一些"所有格"："我们台湾的"水、"我们台湾的"蔬菜、"我们台湾的"……老先生听着听着，有一日忽然恍然大悟，问题就出在"水土"这两个字，于是二话不说，带着老伴就上飞机回台湾。

　　此文是谈台湾人在20世纪90年代中期因受时局动荡的影响纷纷移民国外，以致出现了一系列移民不适的问题。这里所提到的老太太与她的老伴亦是此一移民潮中涌向国外者，结果到了国外就出现了水土不服的问题。尽管生活上出现了一系列的不便与麻烦，但老太太又怨不得别人，只好在言语中委婉地表露出怀念台湾、讨厌美国生活的情绪。其言语中所谓的"'我们台湾的'水、'我们台湾的'的蔬菜"等，即是典型的折绕修辞文本。它的实际语意是说："还是我们台湾好，移民美国失误了。"

　　上述这层意思，由于表达者老太太是以折绕方式来表现的，所以文本在表达上就显得相当婉约含蓄，深藏不露地凸显出表达者（老太太）怀念台湾生活、厌恶美国生活的情感情绪；从接受上看，尽管接受者（老先生）费了很多天时间才把表达者（老太太）文本所欲表达的真意领悟出来，但当他一旦经由努力破译出了其文本话语含义后，对其文本及其文本内涵的理解认识就显得特别深切，所以才有了立即付诸行动的表现（马上带老伴飞回台湾）。如果表达者老太太直说其意，接受者老先生也许会怨老太太出尔反尔，不该又要移民美国又要回台湾，内心会产生对其所建构的修辞文本内涵接受的抵触情绪。因此，我们说文中所提到的那位老太太是高明的，她上述折绕修辞文本的建构是高妙的，因为她既曲尽其妙地将自己的心意表达出来了，又使老先生没有怨言而愉快地接受了其意见。从读者的接受角度看，文本表达的曲折婉转，使读者有了更多的咀嚼回味的空间，修辞文本也成了更具审美价值的对象。这就是我们赏识上述修辞文本的原因所在。

三、修辞文本建构与通感联觉

（一）通感联觉

通感是一种重要的心理现象，它是"联想的一种特殊形式"。具体说来，是指"五官感觉在感受中互相挪移，各感官交相为用，互换该官能的感受领域"[①]。

本来，人的各种感觉器官对外物的感知是各有所司的，如耳主听声，眼主看形，鼻主嗅味等等，正如庄子所云："譬如耳目鼻口，皆有所明，不能相通。"（《庄子·天下》）也就是说，"各种感觉器官是有分工的，我们不能把它们混在一起"[②]。但我们又要认识到，"人是一个有机的生命整体。各种感觉器官虽有分工，但它们之间并不是相互割裂，互不相通。以为光线或声音，可以单独或纯粹地被视觉或听觉所感知，而不和其他方面的感官发生关系，这是不可能的。根据心理学家的实验，给人戴上一副光线颠倒的眼镜，于是整个世界在他面前颠倒过来了。视觉发生了这一变化，他的其他感官也随之发生混乱。脚老是踩不到要走的地方，手老是摸不到要摸的地方。等过了一个礼拜，受验者习惯了，各种感官配合好了，一切似乎正常了。这时，再把他的眼镜取掉，恢复他原来的正常状态。但是，他却重新经历一次混乱的状态，他因为已经习惯于把不正常当成正常，所以正常反而成了不正常。要经过一段时间，他的各种感官才会恢复正常，重新协调。因此，一种感官的变化，常会引起其他感官的变化。我们平时是在大脑神经中枢分析器的指挥下，同时发挥各种感官的作用，相互协作，相互沟通，然后才能生活和工作的。这样，各种感官不仅有区别、有分工，它们之间还有协作，还有相互的影响和相互的沟通，这就是通感"。因此，通感又被称作"联觉"[③]。

通感，作为一种心理现象，广泛存在于我们的日常生活经验之中，而且我们对之习以为常。比方说，"人们看到红、橙、黄色，会产生温暖的机体觉，称为'暖色'；看到蓝、灰、绿色，会产生寒冷的感觉，称为'冷色'。见到色泽鲜艳的佳肴，顿生美味感；听到某人的声音，立即仿佛见到了这个人；看到深色，会产生沉重感；听到尖利的声音，会产生刺痛感……这种通感反映到语言中，就形

---

① 李定坤：《汉英辞格对比与翻译》，华中师范大学出版社1994年版，第123页。
②③ 分见蒋孔阳：《美学新论》，人民文学出版社1993年版，第297页、第297~298页。

成了不同感觉相组合的综合词汇，如'热闹'、'冷静'、'响亮'、'甜美'、'圆润'、'钝重的雷鸣'、'尖利的叫声'……"① 至于艺术创作和自然美、艺术作品欣赏审美活动中的通感现象，则更为明显了。比方说，"宋祁《玉楼春》：'绿杨烟外晓寒轻，红杏枝头春意闹。'看到绿杨如烟是视觉器官运动所形成的视觉形象，却连带勾起了'寒'的温度觉，又由'寒'勾起了'轻'的重量觉；看到杏花盛开是视觉形象，却连带引起了'闹'的听觉感受。这是由视觉挪移为温度觉、重量觉、听觉。李清照《浣溪沙》：'小院闲窗春色深，重帘未卷影沉沉，倚楼无语理瑶琴。'《小重山》：'花影压重门，疏帘铺溶月，好黄昏。'则是由对花影的视觉光波感引起'沉沉'的重量感，并由重量感再转为压迫感。……《红楼梦》中林黛玉读《西厢记》时，'但觉词句警人，余香满口'。听《牡丹亭》时，'细嚼如花美眷，似水年华的滋味'。则由视、听感官运动产生的视、听形象转为'香'和'滋味'的嗅觉、味觉体验"② 。正是由于"视觉、听觉、味觉、嗅觉、触觉等诸感觉之间，在一定条件下都可以相互挪移、他涉、转化、叠合，引起联觉、通感"③ ，所以诸如以上的艺术创作中的通感现象的产生也就可以理解了。自然美和艺术作品欣赏审美活动中，情况亦然。比方说，暮春三月，我们来到春光明媚的大自然：眼睛看着旖旎的风光，耳朵听着鸟鸣水潺，鼻子嗅着花香草香，我们感情奔溢，手舞足蹈。我们所有的感官都投了进去，所有的感官都活跃了起来，共同演奏出一曲感官的交响乐。自然美是这样，综合艺术也是这样。它们打破了各种感觉器官的界限，共同统一起来，去欣赏同一的对象。戏剧、电影等，都是这样的综合艺术。"④ 这是因为，我们感受自然的美、艺术的美，"不是从某一种感官出发，而是从整体的人出发。是人的感觉在人对现实的审美关系中，发现和欣赏美的"⑤ 。

　　通感作为一种重要的心理现象，之所以会产生，其实是有它特定的生成机制的。一般说来，学术界都倾向于认为，通感心理现象的产生，"是大脑皮层各区域之间通过纵横交错的神经通道所形成的内在联系和复杂的对应关系，是各种分析器在经验中所建立的特殊联系的结果。人的各种感官及其纵向联系的大脑皮层相关区域原是各司其职的，某一感官的感觉原是一种单向性的印象。如刺激物作用于视感官，通过传入神经传导到大脑皮层视觉中枢和视觉性语言中枢，产生视觉反应，形成视觉形象，不会产生听觉的或其他感觉的反应。但是，由于大脑皮层是种有层次、成系统的整体结构，各区域之间既有分工，又有横向的联系，并

　　①②③　分见邱明正：《审美心理学》，复旦大学出版社 1993 年版，第 216 页、第 215～216 页、第216 页。

　　④⑤　分见蒋孔阳：《美学新论》，人民文学出版社 1993 年版，第 298～299 页、第 298 页。

且可以互相作用、相互激活。当某一感官接受刺激，将信息通过传入神经传导到大脑皮层的相应部位后，不仅使该区域发生兴奋、运动，也不仅调动该区域原已贮存的信息，引起相应的反应，而且还通过大脑皮层内部的神经通道，横向地向其他区域伸展，使其他相关的区域也兴奋、运动起来，激起相应的兴奋线，并且还使其他区域的神经联系也复活起来，共同参与反应，于是由一种感觉、知觉引起多种感觉、知觉，由大脑皮层某一区域的兴奋引起其他区域的同时兴奋，或某一区域的兴奋由其他区域的兴奋而得到加强，通感、联觉也就此产生。所以，通感是被大脑皮层内部的横向联系决定的，是大脑皮层各区域间相互作用，同时兴奋的结果"①。了解了通感心理现象产生的生理机制，我们便会加深对通感心理现象存在的普遍性的认识，自觉地在艺术创作中加以运用，并对自然、艺术以及生活中的通感现象有清醒的认识和理解，提升自己的审美情趣和审美效果。

（二）基于通感联觉的修辞文本模式

　　既然通感是一种普遍的心理现象，那么，这种心理现象必然会在人们的语言活动中有所体现。对此，著名学者钱钟书先生曾作过精辟的论述："在日常经验里，视觉、听觉、触觉、味觉往往可以彼此打通或交通，眼、耳、舌、鼻、身各个官能的领域可以不分界限。颜色似乎会有温度，声音似乎会有形象，冷暖似乎会有重量，气味似乎会有锋芒。诸如此类在普通语言里经常出现。譬如我们说'光亮'，也说'响亮'，把形容光辉的'亮'字转移到声响上去，就仿佛视觉和听觉在这一点上无分彼此。又譬如'热闹'和'冷静'那两个成语也表示'热'和'闹'、'冷'和'静'在感觉上有通同一气之处，牢牢结合在一起；因此，范成大《百湖诗集》卷二九《亲邻招集，强往即归》可以来一个翻案：'已觉丝歌无暖热，仍怜风月太清寒。'我们说红颜色比较'温暖'，而绿颜色比较'寒冷'——只要看'暖红'、'寒碧'那两个诗词套语，也属于这一类。培根曾说，音乐的声调摇曳（the quavering upon a stop in music）和光芒在水面上浮动（the playing of ligh upon water）完全相同，'那不仅是比喻（similitudes），而且是大自然在不同事物上所印下的相同的脚迹（the same footsteps of nature, treading or printing upon several subjects or matters）'。那可以算是哲学家对通感的巧妙描写。"② 可见，在中外语言和文学中运用通感来表情达意已属普遍现象。

　　通感心理反映到语言文学中，就有了修辞学上所说的"通感"（或称"联觉"、"移觉"）修辞手法。所谓"通感"修辞手法，就是"人们日常生活中视

---

① 邱明正：《审美心理学》，复旦大学出版社 1993 年版，第 220 ~ 221 页。

② 钱钟书：《通感》，《文学评论》1962 年第 1 期。

觉、听觉、触觉、嗅觉、味觉等各种感觉往往可以有彼此交错相通的心理经验，于是，在说写上当表现属于甲感觉范围的事物印象时，就超越它的范围而描写成领会到的乙感觉范围的印象，以造成新奇、精警的表达效果。如有些声音给人'明亮'或'甘甜'的感觉，有些颜色引起'冷'或'暖'的感觉。凭借通感，艺术家可以突破对事物的一般经验的感受，而获得更精深微妙的体会，从而探寻到清新奇异的表现形式"①。

以通感手法建构的修辞文本，我们称之为通感修辞文本。作为一种修辞文本模式，通感修辞文本的建构，正如我们上面说到的那样，是基于人们日常生活中的各种感觉的交错相通的心理经验的，是表达者以此为凭借努力突破常规语言表达模式而寻求新异、生动、精警的表达效果，并以此提升接受者文本接受的兴趣，激发接受者的丰富联想，从而加深对其所建构的修辞文本的印象和理解程度，提高修辞文本的审美价值的一种心理期望的表现。

正因为如此，这种修辞文本的建构，一般说来，在表达上，具有十分鲜明的新异、生动、精警的独特效果；在接受上，深具引人入胜、令人回味，拓延接受者思维联想空间，丰富和提升修辞文本内涵及审美价值的效果。

也因为如此，通感修辞文本自古及今都深受修辞者们的钟爱。如唐代大才子李贺，就非常喜爱在诗作中建构这类修辞文本。他的《雁门太守行》一诗，短短八句五十六字，就建构了两个通感修辞文本。诗云：

> 黑云压城城欲摧，甲光向日金鳞开。
> 角声满天秋色里，塞上燕脂凝夜紫。
> 半卷红旗临易水，霜重鼓寒声不起。
> 报君黄金台上意，提携玉龙为君死。

这首诗是写唐朝将士在边远苦寒的危城中作艰苦卓绝的坚守之动人情景，表达了诗人对保疆卫国的忠勇将士的高度崇敬之情。

为了表达这种情感，凸显所要表达的主旨，诗人建构了两个通感修辞文本：一是"黑云压城城欲摧"，二是"霜重鼓寒声不起"。前者是极写战争气氛的紧张，后者是渲染战争环境的艰苦和暗示战争失利的凄惨。我们都知道，"云"是视觉所及，"压"是触觉所及，诗人说"黑云压城城欲摧"，很明显是根据日常生活的心理经验将视觉和触觉打通的结果。我们也知道，"霜"是视觉所能感知到的，"鼓声"是听觉所能感知到的，"重"和"寒"都是触觉所能感知到的，

---

① 《辞海》，上海辞书出版社1990年版，第1188页。

而诗人这里却说"霜重鼓寒声不起"，这分明是诗人将视觉、听觉、触觉三者打通并融贯一气的结果。

细研全诗，我们不难发现，诗人之所以用通感手法建构出上述两个修辞文本，既是基于日常生活中有视觉、听觉、触觉三者交通的心理经验，也是基于一种努力突破语言表达的逻辑常规模式以求新异、生动、精警的表达效果，引发接受者的接受兴味，从而深刻理解其文本建构的内涵用意，最终提升修辞文本的审美价值之心理预期。事实上，诗人的这种心理预期是达到了。因为，从表达上看，视觉形象的"黑云"与触觉体验上的"压"贯通一气，形象地再现了将士们所守之城的危急状态，也突出了未曾开战便见残酷艰苦的战争性质；视觉形象上的"霜"与触觉体验上的"重"的交错相通，听觉形象上的"鼓声"与触觉体验上的"寒"的贯通交缠，含蓄而突出地呈现了战地的艰苦环境和将士们战争失利后的凄惨心情。这样，两个修辞文本在表达上便鲜明地显出了生动、精警的效果。从接受上看，诗人所建构的上述两个修辞文本，将视觉、听觉、触觉三者纠结贯通一气，接受者在文本接受解读中会因文本违背逻辑情理而困惑，进而产生文本接受和探索的兴味，拓展思维联想的空间，并凭借自己的生活经验补充、丰富修辞文本所描写的内容，勾勒出更加波澜壮阔的战争场面和残酷的战斗情景，从而在客观上提升了修辞文本的审美价值，深刻领会到诗人建构上述修辞文本的真实用意——凸显坚守危城的艰难与战争的残酷，歌颂将士们为国英勇献身的崇高思想境界。

说到唐诗，就让人想起宋词。稍读一些宋人的词作，我们便会发现，通感修辞文本的建构在宋词中也是相当普遍而精彩的。如南宋著名词人姜夔有首很有名的词作叫《扬州慢》，词云：

淮左名都，竹西佳处，解鞍少驻初程。过春风十里，尽荠麦青青。自胡马窥江去后，废池乔木，犹厌言兵。渐黄昏、清角吹寒，都在空城。　　杜郎俊赏，算而今，重到须惊。纵豆蔻词工，青楼梦好，难赋深情。二十四桥仍在，波心荡、冷月无声。念桥边红药，年年知为谁生！

此词是作者淳熙丙申（1176）至日过扬州，感怀扬州昔日的繁华和南宋建炎三年（1129）及绍兴三十一年（1161）两次被金人洗劫焚掠一空后的惨景；抚今追昔，寄予了无限的伤乱之情，也深刻反映了作者对当时的社会政治的认识和态度，含蓄蕴藉地批判了南宋统治者实行的苟安江左的政策。

这首词的上下两阕，作者各建构了一个通感修辞文本，即上阕中的"渐黄昏、清角吹寒，都在空城"，下阕的"二十四桥仍在，波心荡、冷月无声"。前一文本中的"清角"是指"号角声"，是听觉所及，"寒"则是触觉所感知到的，词人却将听觉形象上的"清角"之声与触觉上的"寒"之体验打通；后一文本中的"冷"是触觉体验，"月"则是视觉形象上的，词人却将视触觉也打通，使之融贯一气。那么，词人何以要打通听触觉、视触觉之间本有的界限而建构出上述两个通感修辞文本呢？究其原因，除了基于词人日常生活中的听触觉、视触觉有交互沟通的心理经验外，还有词人的一种力图突破逻辑常规的语言表达模式以求生动、新异、精警之表达效果，从而激发接受者文本接受、探索的兴味，引导接受者对其所建构的修辞文本的深刻用意作深入的把握之心理预期。

我们认为，词人的这一文本建构的心理策略是高明的。因为这两个通感修辞文本的建构，从表达上看，表达者将听觉形象上的"角"声与触觉体验上的"寒"、将视觉形象上的"月"与触觉体验上的"冷"各各打通一气，不仅生动地凸显出词人睹废城而心凄切的情感体验，而且也使文本在表达上别添了新异、精警的效果；从接受上看，表达者（词人）所建构的上述两个修辞文本将听触觉、视触觉各各贯通交融在一起，将"寒"与"角（声）"相组配，使"冷"和"月"相结合，突破了人们惯常的语言搭配的逻辑定式，使接受者在文本接受时产生理解上的困惑，从而自然引发出其文本接受中的探索解惑兴味，拓展思维联想的空间，在表达者所建构的修辞文本的基础上运用自己的生活经验去补充、丰富原文本的内容，勾勒出自己实际不曾见过的，同时也与表达者文本中所描绘的昔日扬州有别的繁华景象，以此而与今日凄惨败落的情景相对比，从而让接受者在对比联想中生发出无限的感时伤乱情怀，从而加深对表达者文本建构真实用意的理解把握——今昔对比，批评时政，由此也大大提升了原修辞文本的审美价值——增添修辞文本凄切感人的艺术魅力。

现代人由于比古人有更丰富的心理学知识，所以运用通感心理，建构通感修辞文本的自觉性更强，建构出的通感修辞文本也就更多。如台湾当代女作家杏林子的散文《重入红尘》中就有这种文本的建构：

在山上住了将近十年，十年的岁月如一溜烟云。

愈来愈怕下山，愈来愈怕去面对那个烦嚣喧闹的城市，每去一趟台北，就急急想逃回来，车子只要一弯上青潭的路，一看到我的山，我的心便欢喜跳跃。

而绿色的风，带着薄荷般的清凉。

此文是抒写现代都市人热爱自然、渴望回归大自然的真切情感。

上引文字是全文的开头部分，开门见山地道出了全文的主旨。其中，"绿色的风，带着薄荷般的清凉"一句，尤能凸显全文主旨。值得注意的是，这一画龙点睛之句，就是一个典型的通感修辞文本。"风"是空气流动形成的，只有触觉可以感知得到，而"绿色"则是视觉所及。作家将"绿色"与"风"组配在一起，是将自己的视触觉贯通一气的结果。作家之所以要建构上述通感修辞文本，除了基于日常生活中有视触觉交通的心理经验外，还有作家主观上的一种意在突破语言表达的正常逻辑以求文本新异、生动、精警的表达效果，以此引发接受者文本接受的兴味，加深理解自己对大自然热爱的文本建构的真实用意之心理预期。

那么，作家的这种心理预期实现了没有？回答自然是肯定的。因为从表达上看，表达者将视觉形象上的"绿色"与触觉体验上的"风"相搭挂，不仅使修辞文本的表达显得新异、精警，而且生动地凸显了表达者那种挚爱大自然、渴望回归大自然怀抱的真切之情；从接受上看，由于表达者所建构的修辞文本将视觉形象上的"绿色"与触觉体验上的"风"组配在一起，接受者便自然由这一语言表达方式的违背逻辑的特点而生发出困惑，激发出其文本接受解读中的探索解惑兴味，拓展思维联想的空间，运用自己的生活经验，补充、丰富表达者所建构的原文本的内容意象，勾画出更加令人陶醉的绿意盎然、生机无限的山中景致，从而提升修辞文本的审美价值——一种现代都市人忽略而难以享受到的自然美感经验，引发出接受者渴望立即回归大自然的强烈情感冲动。

说到喜欢山居、热爱自然的杏林子，就令我们情不自禁地想到另一位在台湾的马来西亚华裔女作家钟怡雯。她也有过山居经验，也十分热爱大自然，她的许多描写南洋生活的散文中都浸透了她热爱大自然的情结，而且也多以通感修辞文本来表现。如她的散文《一同走过》中有一段文字云：

> 仿佛有雨。伸手一探，啪！掷掌有声，好大的一滴，雨渐落渐密，愈织愈尽兴，却依然纤细秀气，还带着一股匀美的气息，不似夏雨般火爆脾气，哗啦一下兜头就把人浇成落汤鸡。

这段文字写作者对南洋秋雨的温馨记忆。

我们知道，"雨"和人的"气息"都是触觉所能感知的，将"雨"比作人之"气息"有合理处。但是，"气息"只能是触觉所及，不能以"匀美"的视觉形象来描写。然而，作者却正是这样写了。这明显是作者将视触觉打通了的结果，是一种通感修辞文本模式。

不难看出，这一通感修辞文本的建构，明显是基于作者日常生活中有视触觉相通的心理经验，同时也是基于作者的一种意在突破语言表达的逻辑常规以求新异、生动、精警的表达效果，激发接受者文本接受解读的兴味，加深对其文本建构用意的理解，引发接受者产生与自己相同的热爱南洋秋雨的情感体验之心理预期。

那么，作者的这一心理预期有没有达到呢？如果我们用心体会，就能发现作者的这一文本建构的意图是达到了。因为这一修辞文本的建构，从表达上看，由于表示视觉形象的词"匀美"与表示触觉体验的词"气息"的超常逻辑搭配，使修辞文本的表达别添了新异性、生动性和精警性；从接受上看，由于表达者建构的上述修辞文本在语言的逻辑搭配上具有悖理违情的特点，所以它必然会引发出接受者文本接受解读中的困惑和探索兴味，从而在探索解惑中拓展思维和联想的空间，用自己的生活经验去补充、丰富原文本的内容意境，这样不仅能使接受者加深对表达者所建构的修辞文本的印象和理解程度，而且也在客观上提升了原修辞文本的审美价值，使接受者在对表达者所建构的修辞文本进行解构时可能会创造出更美好的南洋绵绵温馨而令人浮想联翩的秋雨景致，获取更多美的享受。

现代作家喜欢建构通感修辞文本，而且建构得高妙的例子还有很多。诸如鲁迅先生的散文《野草》中的"雪下面还有冷绿的杂草"一句，朱自清先生的散文名作《桨声灯影里的秦淮河》中的"秦淮河的水却尽是这样冷冷地绿着"等，都是大家所熟知的精妙通感修辞文本，修辞学著作讲通感，都会分析到此二例，这里就不再赘述。

第六章　个案实验分析：语言借贷中的修辞心理现象

——从汉语外来词音译特点看汉语修辞的民族文化心理

一、语言借贷

我们都知道，任何民族都不可能完全与其他民族处于一种隔绝的状态。事实上，任何民族与其他民族都会或多或少、或早或迟地进行交流。交流的方式或目的是多种多样的，或是经济的交流，或是军事的交流，或是文化的交流等等。而不同民族要进行交流，第一步就必然要从语言的交流开始。

美国语言学家爱德华·萨丕尔曾在其《语言论》（*Language—An Introduction to the Study of Speech*）中有这样一段精彩的论断：

语言，像文化一样，很少是自给自足的。交际的需要使说一种语言的人和说邻近语言的或文化上占优势的语言的人发生直接或间接的接触。交际可以是友好的或敌对的。可以在平凡的事务和交际关系的平面上进行，也可以是精神价值——艺术、科学、宗教——的借贷或交换。（陈原译）

正因为任何语言都不可能是"自给自足"的，不同民族语言的人们之间的接触与交际都是在所难免的，因此不同语言间的"借贷"或"交换"的现象也就自然而然地出现了。随着现代全球化趋势的日益强化，任何民族要想存在于这个地球之上，就必须与其他民族接触交流。而只要有交流，不同民族语言之间的"借贷"或"交换"现象就会永不消歇，而且频率会越来越高。

所谓语言间的"借贷"或"交换"，就是语言学上常说的外来词的借用。这种借用一般说来包括两种情况：一是某种新概念意义的语词的借用，如"逻辑"（logic）；一是某种事物名称概念的借用（即人名、物名等专用名词的借用），如"咖啡"（coffee）。前一种借用，就汉语来说，一般采用意译的方式较多。如英文词essay，开始有人翻译成"爱说"，是音译形式，后来就改用意译的方式译成"随笔"、"漫笔"、"小品文"等等（有些学者认为，诸如这类词，因为是用汉语的构词材料与构词法另造的，应该叫"外来概念词"，不叫外来词。还有如英文telephone，译成"德律风"是外来词，写成"电话"就应该叫作外来概念词。这里不讨论）。后一种借用，在汉语中一般以音译来处理，如英文词 sofa，译成"沙发"，全用音译，而不用汉语构词材料与构词法另造新词。也有意译、音译结合的，如 ice‐cream，译成"冰激凌"，其中 ice 是意译，用的是汉语构词材料"冰"，cream 是音译。不过，在意译与音译方面，各种语言在处理风格与方法上都因各自语言的特点而有差异。关于这一点，语言学家们多有注意，亦进行了不少探讨，我们的意图不在于此，亦无意于对外来词的借用问题作泛语言学意义上的论述，而只拟对汉语外来词中企图"音意密合"或赋予其一种感情色彩的音译修辞现象及其文化心理作一探讨。

二、汉语外来词音译修辞的几种特殊类型

上面我们也已说过，汉语吸收外来词采用音译方式的，几乎都是那些人名、物名、地名等专有名词，如"黑格尔"（Hegel，德国哲学家 Georg Wilhelm Friedrich Hegel，1770—1831）、"可卡因"（cocainum，拉丁文，一种局部麻醉药）、"米兰"（Milano，意大利第二大城市）等等，皆是。本来，声音与意义之间就不存在任何必然的联系，特别是表示事物名称的语词，其语音形式与所指称的事物本体之间根本没有什么直接的联系可言，这是一般的语言学原理。一种语言中表示某种事物名称、概念的语词被译成另一种语言的语词，它们之间只存在声音上的某种相似，根本不可能存在语音与语义相联系的问题。这一点也是人所共知的语言学常识。然而，令人玩味的是，在汉语音译词中却存在着这样一种情形：一些音译词在选择汉字作为其声音符号时，总是力图使作为注音符号角色的几个汉字所构成的词或词组具有某种与原借词所指称概念相近、相关的内容意义，或带有某种特定的感情色彩。如 dacron 是一种合成纤维，常作夏装的衣料。汉语的音译形式是"的确良"（或写作"的确凉"），接受者从其字面上"望文生义"能略知其概念所指应该与某种物品有关，特别是"的确凉"的形式更能使接受者很容易猜想到这是一种布料，有一种穿上凉快的体感。又如 Dipterex，是一种有机磷杀虫剂，汉语的音译形式是"敌百虫"，更是让接受者一望而知是一种杀虫剂。再如英文 gentleman，ladies，分别是"绅士"、"女士们"的意思，汉语的早期音译将之分别译成"尖头鳗"、"累得死"。这种音译形式尽管不能从形式上一望而知原借词的真实意义，其所选择作为音译符号的几个汉字所组成的词组与原借词所指称的概念内容也无多少直接关联，但是从间接的角度去理解却又能让接受者感到有些道理。"尖头鳗"是讽刺中国早期那些学习西方绅士派头只注重油头粉面的外表形式而无内在气质风度的假洋鬼子的形象做派；"累得死"是形容中国女子作为妻子的苦累，反映那时中国妇女地位低下的状况。两个音译词都带有音译者较为强烈的调侃与讽刺的情感态度，与原借词所指称的概念内容

在意义上多少也有点接近。总之，这类音译词本身很明显地反映出音译者在音译外来词时企图"汉化"外来词的文化心态。关于这一心态及其形成的原因，我们后文将作详细讨论。这里需要指出的是，诸如上述力图"汉化"外来词的音译词，在现有的汉语音译形式的外来词中所占比重是不小的，不是少数或者说是个别现象，其"汉化"的色彩及类型也是多种多样的。根据我们的调查与研究，上述汉语音译外来词的情况，大致说来，可以归结为如下四种主要类型。

（一）音义密合型

所谓"音义密合"型，是指用汉语音译某一外来词时，力图使接受者从作为注音符号角色的几个汉字所组成的词组的字面上一望而知原借词实际所指的概念内容。当然，这种"望文生义"式的"一望而知"，有直接与间接两种情况。如法语词 Elysée，是指称建于 1718 年作为法国总统官邸的那幢建筑物。汉语音译这一概念词时，选用了三个汉字"爱"、"丽"、"舍"作为注音符号来音译原词的读音。但是，音译者在音译此词时有强烈的"汉化"倾向，所选用的作为注音符号角色的三个汉字"爱"、"丽"、"舍"一经组合起来便事实上成了一个具有特定意义的汉语词组，这样就让接受者从"爱丽舍"的字面上可"望文生义"地理解到原借词所指称的概念内容——房屋建筑。如果音译者音译时选用诸如"艾"、"力"、"涉"三个汉字来音译原借词，就不可能让接受者"望文生义"地知会到原借词所指的概念内容指房屋建筑，那么我们也就不能说音译者有力图"汉化"外来词的意图了。由于汉语音译法语词 Elysée 时选用了"爱丽舍"三个汉字，所以"爱丽舍"三个汉字事实上成了字面上有意义可解的词组，接受者也能从"爱丽舍"的音译形式直接理解到原借词所指称的概念内容。诸如这种情况便是我们所称的直接的"一望而知"，是直接的"音义密合"型。又如英文词 index，意思是"索引"。汉语音译时选择了"引"、"得"两个汉字，而作为注音符号的两个汉字"引"、"得"一经组合便成了有意义可解的词组。这样，接受者就很容易从"引得"的音译形式"望文生义"地理解到原借词的指称意义。而且这种直接的"一望而知"式的理解，恰与原借词所指称的意义内容一致，这就是典型的直接式"音义密合"型。间接式"音义密合"型，如法语词 détente，意思是"缓和"。汉语音译此词时选择了"低"、"荡"两个汉字，而这两个用作注音符号的汉字"低"、"荡"，一经组合便成了在汉语中有意义可解的词组。虽然"低荡"从字面上不能直接"一望而知"就是"缓和"的意思，但是"低荡"与"缓和"两词所表达的语义是有因果逻辑联系的，因为物理学的原理告诉我们，物体"低荡"的机械运动，结果便是冲击运动的"缓和"。因此，以"低荡"的音译形式来译 détente，还是易于让接受者"望文生义"地理解到原借词的原指称概念内容的，只不过这种"望文生义"的语义的理解显得更间接一些，但"音义密合"的效果还是达到了。又如英语词 deuce，意思是指体育比赛中的局末平分。汉语在音译此词时，选用了"丢"、"斯"两个汉字。这两个汉字一组合便成了有义可解的词组，"丢斯"从字面上理解就是"丢掉这个"，这个意思不正与体育比赛中局末平分、双方罢手结束比赛的意思一样吗？虽然两者语义间的联系是间接一些，但总算还是"音义密合"的。总之，"音义密合"型的音译虽有直接与间接的区分，但都鲜明地凸显出汉语在吸收外来词采用音译形式时力图"同化"、"汉化"外来词的努力倾向。

"音义密合"型的音译词，在汉语外来词的音译词中占有一定比重，它既体现了汉民族人特有的语言心理，也凸显了汉民族人音译外来词时独到的修辞水平。下面我们列表罗举一些较为典型的"音义密合"型的汉语外来词的音译形式。（下面表格内的音译形式及原借词内容概念的解说，均据刘正埮、高名凯、麦永乾、史有为编《汉语外来词词典》，上海辞书出版社 1984 年版。汉译形式的词上带 * 的则是笔者自己从各种报刊资料中搜集来的例证，下面各表同此）

原借词形式	语种	汉译形式	原借词的指称内容或概念
absolve	英	阿梭尔福	赦免，宽恕
ata	突厥	阿大	长者
old-man	英	阿尔迈	老头儿
abalaci	女真	阿里喜	围猎
arhan	梵	阿罗汉	小乘佛教所理想的最高果位，佛果；也是对断绝了一切嗜好情欲，解脱了烦恼，受人崇拜敬仰的圣人的一种称呼
[a^{55} wu^{31} pha^{31}]	傈僳	阿吾爸	老大爷
[a^{55} wu^{31} m^{31}]	傈僳	阿吾妈	老大妈
ayuta	梵	阿由多	数十亿，兆
age	满	阿哥	清代对皇太子的称呼
albow	英	爱尔湾	肘管，弯管，弯头，一种短的管接头
essay	英	爱说	随笔、漫笔、小品文
angel	英	安琪儿	天使。也用来喻指可爱的人
amateur	英	爱美的	早期话剧运动用语，指业余爱好者，与专业演员有别

（续上表）

原借词形式	语种	汉译形式	原借词的指称内容或概念
eroticism	英	爱罗	情欲
obugo，oboo	蒙古	敖包	意为堆子，道路和境界的标志，也有和宗教结合，当作山神、路神的止宿处来崇奉的
babesia	英	百倍虫	一种寄生在动物血液中的原生动物，可以引起"铁克撒斯牛瘟"
firūzah	波斯	碧绿石	绿松石
dahlia	英	大丽花	即西番莲，也叫天竺牡丹、洋菊。多年生草本植物，花可供观赏
dashiki	英	大稀奇	一种原为非洲人穿的色艳袖短的宽大套衫
du begile	女真	都勃极烈	金代最高总治官
duguilaŋ	蒙古	多归轮	环形，圈子
doctor	英	多看透	博士
tamas	梵	多磨	佛教教义中的三德之一，钝之德
efu	满	额驸	清代官名，驸马，王公之婿
filite	英	飞来脱	一种意大利军用火药，成分与弹道火药相似
pharaoh	英	法老	古埃及国王的称号
phillyrea	英	非丽属	地中海区域产的一种 oleaceae 科常绿灌木，开浅绿色小花，结橄榄状果
florin	英	福禄令	原指中世纪佛罗伦萨在 1252 年发行的一种金币
Gestapo	德	盖世太保	德国法西斯国家秘密警察组织，成立于 1933 年，希特勒曾用它在德国国内和占领区内进行大规模的恐怖屠杀。Gestapo 是取 Geheime Staats Polizei（国家秘密警察）的字头拼成的
fashion	英	花臣	风行，时髦
countersink	英	康得深	埋头钻，锥口钻
crown	英	康乐（球）	一种游艺项目。在四周高起、四角有洞的盘上进行，木球类似棋子。玩时轮流用杆子撞击一公用球，先将己方的球全部撞入圆洞者为胜

（续上表）

原借词形式	语种	汉译形式	原借词的指称内容或概念
крикун	俄	客里空	苏联戏剧《前线》中的一个捕风捉影、捏造事实的新闻记者。新闻界用来指新闻报道中不尊重事实的坏作风。泛指生活中无中生有的现象
commiscion	英	孔密兄	佣金，回扣，酬劳金，手续费
cutex	英	蔻丹	指甲油
garancine	法	轧兰新	一种用新鲜茜草制成的染料
Cain	英	该隐	《圣经》故事中人类始祖亚当的儿子。据记载，该隐因嫉妒而将其弟亚伯（Abel）杀死，西方文学用为骨肉相残、谋害手足的比喻
kul	维吾尔	苦尔	维吾尔族封建庄园的家奴
corvée	法	苦尔威	徭役，强迫的劳役
coolie	英	苦力	帝国主义者对殖民地或半殖民地的重体力劳动者的蔑称
romance	英语	浪漫	浪漫
ribbon	英	礼风	一种用来束发、饰帽、镶边的丝或绒织成的条带
[ritu]	朝鲜	吏读	朝鲜7世纪到20世纪初使用的一种用汉字书写的汉语和朝鲜语混合语。实词多用汉语，虚词多用朝鲜语，语法为朝鲜语
Reuters	英	路透社	英国最大的世界性通讯社
Carnival	英	嘉年华（会）	西方四旬节前持续半周或一周的狂欢节，快乐节，谢肉节
ghana	梵	健男	佛教所说的胎内八位（或五位）的第四胎，胎内密结成坚实肉团的阶段，为受胎后第四个七日
kěměngan	马来	金颜香	一种树脂，可能就是安息香
kumuda	梵	枸物头	地喜花，莲花的一种，有赤、白、青、黄等色
kuśa	梵	俱舍（草）	吉祥草，学名poacynosuroides，印度人认为是一种神圣的草。可去不洁净，消除烦恼
cut	英	卡脱	割开，中断，结束

（续上表）

原借词形式	语种	汉译形式	原借词的指称内容或概念
motor	英	马达	电动机的通称
ergotinine	英	祖母绿	翠玉，绿柱玉，一种透明带绿色的宝石
moca	梵	茂遮	成熟芭蕉的果实，佛典中八种更药之一，制成后称毛者浆
montage	法	蒙太奇	镜头剪辑，剪辑画面，指把片断的镜头剪辑成连贯的影片，是电影艺术的重要表现方法之一
Micro（skirt）	英	迷哥（裙）	超短裙，露股裙
Mini（skirt）	英	迷你（裙）	超短裙，长不及膝的短裙
model	英	模特儿	绘画、雕塑时的造型对象
nabo	蒙古	纳宝	元代皇帝停留住宿的处所
pass	英	派司	通行证，护照
pontoon	英	旁筒	浮桥，浮舟，浮筒，浮囊
paravane	英	破雷卫	扫雷器，防潜艇器
garinko	蒙古	怯怜口	家奴，奴隶
samanta	梵	三曼多	普遍
xšaθrya	古波斯	杀野	主人，统治者
sofar	英	声发	声波水下测距定位的海岸设备
šer	波斯	失儿	狮子
store	英	士多	商店
typhoon	英	台风	发源于热带海洋上的一种极猛烈的风暴，风力常达 10 级以上，并兼有暴雨
taiši	蒙古	太子	贵族
taubah	阿拉伯	讨白	忏悔
tissue	英	体素	生理学上指组织
tip	英	贴士	小账，小费
dumping	英	屯并	倾销。垄断资本为了独占国外市场，以低于国内外市场（有时甚至低于成本）的价格向国外倾销大量商品。在击败竞争对手后，则按垄断价格出售，以达到其掠夺高额利润的目的

（续上表）

原借词形式	语种	汉译形式	原借词的指称内容或概念
Utopia	英	乌托邦	原义为乌有之乡，是英国 Thomas More 爵士在 1516 年用拉丁文所写书名的简称，后成为空想主义的同义语
cement	英	西门土	水泥，也叫洋灰
shimmy	英	西迷（舞）	1920 年前后流行于西方的带有诱惑性的狐步舞，跳时浑身颤动
hippies	英	嬉皮士	美国俚语。原义是追求时髦风尚的人，20 世纪 60 年代泛指美国出现的对社会不满而堕落的青年
centaur	英	仙驼	希腊神话中半人半马的怪物
champion	英	香槟	竞赛中的优胜者
shampoo	英	香波	洗发剂，洗发粉，洗发皂
šog	蒙古	笑呵	蒙古族的一种文艺样式，类似相声
shock	英	休克	由于机体受到强烈刺激引起中枢神经呈抑制状态，并在其影响下，各系统机能亦普遍降低的综合表现
chiffon	英	雪纺（绸）	一种用蚕丝、人造丝或耐纶织成的薄绸，可作衣料
yuppies	英	雅皮士	美国近年城市地区年轻的专业人员
yippies	英	嘻皮士	英国俚语。1968 年一些自命是激进活动分子的美国青年成立的松散组织的成员
yaksa	梵	夜叉	能鬼或捷疾鬼，佛教徒所说的一种吃人恶鬼或腾飞空中、速疾隐秘之恶鬼。原为印度神话中一种半神的小神灵
yelling	英	夜冷	沿街叫卖
imam	维吾尔	伊麻木	新疆伊斯兰教宗教职业者，主持做礼拜的人
engine	英	引擎	发动机
inflation	英	印发热凶	通货膨胀
infidel	英	婴匪毒	不信宗教的人

（续上表）

原借词形式	语种	汉译形式	原借词的指称内容或概念
humor	英	幽默	令人觉得有趣或可笑而又含有深刻意义的言谈或举动
UFO	英	幽浮	尚未查明真相的空中飞行物
zumurrud	阿拉伯	祖母绿	翠玉，绿柱玉，一种透明带绿色的宝石
SARS	英	杀死*	"非典型肺炎"（Atypical pneumonias），是指由冠状病毒或支原体、衣原体、军团菌、立克次体、腺病毒以及其他一些不明微生物引起的肺炎。英文简称 SARS（Severe Acute Respiratory Syndrome），台湾人译成"杀死"。而典型肺炎是指由肺炎链球菌等常见细菌引起的大叶性肺炎或支气管肺炎

（二）形象联想型

　　所谓"形象联想"型，是指汉语音译某一外来词时，在选择作为注音符号角色的汉字时尽量选用那些组合起来能够表示一定语义且接近原借词所指称事物或概念的形象之字眼，从而使接受者由这些汉字组合而成的词组的字面上"望文生义"，进而进行联想想象，获知原借词所指称内容概念的大致情况。如梵文词 avīci，是指佛教所说的八大地狱（即八热地狱）之第八狱，入者受苦无间断。这种语义概念，汉语音译时，选用了"阿"、"鼻"这两个汉字。而"阿"、"鼻"两个汉字一经组合便成了汉语的一个复合词"阿鼻"，"阿"是词头，"鼻"是词根形式。这样读者便由鼻中炽热、肮脏的情状联想想象到原借词所指称的"八热地狱"情状。又如英文词 jeans，是指用三页细斜纹布或蓝色斜纹粗布、法兰绒等制成的工装裤，俗称"牛仔裤"。汉语将之音译成"紧士"，就非常形象。因为牛仔裤原由美国西部牛仔所穿，裤管、裤身着体紧绷，故以"紧士"音译，可使接受者经由联想想象意会到原借词所指称的概念内容。这种音译，无疑是既形象又贴切，堪称是独到的音译修辞技巧，难能可贵。

　　下面我们列表罗举一些较为典型的"形象联想"型的汉语外来词的音译形式。

原借词形式	语种	汉译形式	原借词的指称内容或概念
ago-go	英	阿哥哥（舞厅）	有乐队演奏的小舞厅
planchette	法	百舌灵	扶乩写字的小转板，乩板
landler	德	连得拉	德国南部和奥地利乡村流行的一种 3/4 或 3/8 拍子的舞蹈和舞曲
loli moo	女真	烈里没	枝叶下垂的样子
raurava	梵	噜罗婆	佛教教义中的八热地狱的第四狱，号叫地狱，入者受折磨而悲号
cream	英	结涟	奶油
rumba	英	轮摆（舞）	一种交际舞，原为古巴的黑人舞，节奏为 2/4 拍
militia	英	密里沙	民兵，民军
party	英	派对	交际舞会
packing	英	盘根	填料，衬料或垫料
Beetles	英	披头士	甲壳虫乐队。因这个乐队成员的发型均梳成甲虫的硬壳式样，故名
chain block	英	千不落	块状链，滑车链
shalwar	英	莎帷	巴基斯坦妇女穿的宽身长裙
sarong	英	纱笼	印度尼西亚、马来西亚、缅甸、泰国等地人所穿的一种裙子
cymbal	英	省摆尔	铜钹，铙钹，西洋打击乐器之一种
dancing（girl）	英	弹性（女郎）	旧指舞女
tango	英	探戈	一种步法多变、动作缓慢的舞蹈，起源于中非，后传入古巴、海地、墨西哥，其后又传入阿根廷、乌拉圭，20 世纪初传入欧洲
tempo	意	腾步	音乐进行的速度
cyclamen	英	仙客来	报春花，一种樱草属的植物
yahoo	英	雅虎	泛指人面兽心的人
yoyo	英	悠悠	一种利用惯性原理制成的可以上下转动的木质球形玩具

（三）广告口彩型

所谓"广告口彩"型，是指在音译外来词时尽量使所选用的汉字组合起来有一定的语义，且与原借词所指称的概念内容相关，同时还能凸显出某种广告口彩性质，能迎合消费者或接受者的心理。这类音译词主要集中于有关药品、食品、饰品等商品类（也包括少数事物、理念的推广）。其中药品类音译词多带有"命"、"灵"、"宁"、"定"、"妥"等字眼；食品类多带有"乐"、"福"等字眼；饰品类多带有"丽"、"雅"等字眼。如英文词 vitamine，是指一种维生素，是生物生长和代谢所必需的微量有机物。汉语音译时将之译成"维他命"，可谓既贴合此药的功用，又有广告口彩效应。又如英文词 coca - cola，是指美国的一种清凉饮料。汉语音译时将之译成"可口可乐"，让人一见便知是一种食品，而且具有很强的广告诱惑力。再如法文词 foulard，是指一种印有小花、质地柔软、具有光泽的丝棉交织的绸布。汉语音译时将之译成"富利雅"，使人一见其名称便知其与衣装有关。同时"富利雅"之名对于消费者也有很大的广告吸引力，其广告效应很好。诸如此类的音译，我们不能不说是生花之妙笔。

"广告口彩"型的音译词在汉语音译词中占有很大比例，特别是在当今市场经济发达的形势下，对于很多外来商品的名称，人们都着眼于市场营销的目的，尽量在文字上做功夫，力图使音译名称既有一定的语义，又有很强的广告口彩效应。下面我们略举一些较典型的音译形式，列表予以展示。

原借词形式	语种	汉译形式	原借词的指称内容或概念
［afyūm］	阿拉伯	阿芙蓉	鸦片
aspidospermin	英	斯比多斯保命	一种自破斧树树皮中提取的苦味结晶生物碱，分子式为 $C_{12}H_{30}N_2O_2$，其硫酸盐可用于呼吸器官兴奋剂、镇痉药和伤害的解热剂
Esperanto	英	爱斯不难读	波兰眼科医生柴门霍夫（Lazarusludwig Zamenhof，1859—1917）所创制的一种国际辅助语，也叫"世界语"。他于 1887 年以"Dr. Esperanto"的笔名发表了此种世界语方案，故名
antiformin	英	安替福明	牙科使用的一种防臭剂和消毒剂，并可用作黏液、痰等的溶剂
antu	英	安妥	α - 萘硫脲，分子式为 $C_{10}H_7NHCSNH_2$，一种无臭灰色杀鼠粉剂

（续上表）

原借词形式	语种	汉译形式	原借词的指称内容或概念
barbital	英	巴比妥	一种镇静催眠剂，白色结晶性粉末，分子式为 $C_8H_{12}O_3N_2$
prontosil	英	百浪多息	一种红色结晶体，为抑制化脓性细菌的特效药，分子式为 $C_{12}H_{13}ON_5S \cdot HCl$
pepsi – cola	英	百事可乐	一种美国清凉饮料。商标名
bakelite	英	倍克利	酚醛塑料，电木，胶木。商标名，由出生于比利时的美国化学家 L. H. Backeland（1863—1944）而得名
trigemin	英	催剂明	丁基氯醛氨基比林，一种镇静剂
choletelin	英	胆特灵	胆黄素
dacron	英	的确良	聚缩醛的合成纤维
Dipterex	英	敌百虫	一种有机磷杀虫剂，用于环境卫生、农作物的保护和防治牲畜皮肤寄生虫
DDVP	英	滴滴威比	"二甲基二氯乙烯磷酸酯"（dimethy dichloroviny phosphate）的英文缩写，有机磷杀虫剂的一种，为稍带芳香臭味的无色透明液体，又作"敌敌畏"
digitalin	英	地芰他灵	毛地黄甙，洋地黄甙，分子式为 $C_{35}H_{56}O_{14}$，医药上用作强心剂
toxaphene	英	毒杀芬	氯化茨烯的商品名，一种有机氯杀虫剂，分子式为 $C_{10}H_{10}Cl_8$
Fumiron	英	富民隆	磺胺苯汞，一种农业用杀菌剂
gambier	英	甘蜜	棕儿茶，茜草科植物，用其茎叶煎汁，干燥后成块状，俗名槟榔膏，可作止血收敛剂，也可作染料
Granoso	英	乐谷生	磷酸乙汞（EMP），种子消毒剂的一种，英文叫 New Improved Geresan
coryfin	英	柯里芬	一种薄荷制的药，可治头痛
cortisone	英	可体松	即皮质酮，一种肾上腺皮质激素，无色小片状晶体，分子式为 $C_{21}H_{28}O_5$，用于治疗风湿性关节炎、白血病、肿瘤等疾病

（续上表）

原借词形式	语种	汉译形式	原借词的指称内容或概念
clonidine	英	可乐宁	一种降血压药，有明显的降压、镇静和减慢心率的作用
copal	英	可配儿	由热带产各种树木采集来的一种坚硬透明的树脂，可作清漆原料
laudanine	英	劳丹灵	半日花碱。自鸦片中提取的一种有毒的、结晶性的、在光学上为钝性的生物碱。分子式为 $C_{20}H_{25}NO_4$
reserpine	英	利血平	蛇根碱，分子式为 $C_{33}H_{40}N_2O_9$，一种抗高血压剂和镇静剂
gitalin	英	芰他灵	一种从毛地黄叶子中提取的结晶体糖甙
cinchonine	英	金鸡宁	脱甲氧基奎宁碱，由金鸡纳树属和铜色树属（学名 Remijia）的树皮中提取的一种白色结晶性生物碱，分子式为 $C_{19}H_{22}ON_2$
cacotheline	英	卡可西宁	一种有毒的碱，分子式为 $C_{12}H_{21}N_2C_{17}$，用硝酸燃烧番木鳖碱而得的橙黄色结晶体的硝酸盐
ergotoxine	英	麦角妥生	即麦角新碱。用于产后，以控制子宫出血，并控制子宫复旧
meperidine	英	美拍利定	一种合成的苦味、结晶状麻醉剂，分子式为 $C_{15}H_{21}O_2N$，用作镇静剂和止痛药
Miltown	英	眠尔通	一种弱安定剂，用于烦躁、焦虑、神经衰弱性失眠。氨甲丙二酯（Meprobamate）的商品名
pyoctanine	英	脓丹宁	甲基紫，龙胆紫，可作消毒剂
penicillin	英	配尼西灵	青霉素，分子式为 $C_9H_{11}N_2O_4SR$，一种抗生素，对革兰氏阳性细菌有强有力的抑制作用，在医疗上用途很广
cevadine	英	瑟瓦定	一种存于喷嚏草籽中的结晶生物碱，分子式为 $C_{32}H_{49}NO_8$
strychnine	英	士的宁	番木鳖素，番木鳖碱，马钱子素，马钱子碱，一种剧毒、无色、结晶性生物碱，分子式为 $C_{12}H_{22}N_2O_2$，可用作中枢神经兴奋剂和强心剂

（续上表）

原借词形式	语种	汉译形式	原借词的指称内容或概念
souffler	法	苏福利	一种用牛奶、蛋白、干酪、鱼肉、白酱油等焙制的蛋奶酥
taffy	英	太妃（糖）	乳脂糖
tylosin	英	太那仙	胖胝素，由一种链霉素中取得的抗霉素，用于治疗动物疾病
whisky	英	威士忌	一种用麦类为原料经过发酵蒸馏而成的蒸馏酒，含酒量 30% ~70%
vermouth	英	味美思	苦艾酒，一种用苦艾等香草调味的白葡萄酒
sulfaguanidine	英	消发困尼定	一种防治痢疾等传染病的特效药，分子式为 $C_7H_{10}N_4O_2S \cdot H_2O$
cinchophen	英	辛可芬	即"阿托方"（atophan），一种苦味白色结晶性化合物，分子式为 $C_{16}H_{11}NO_2$，可用以治疗风湿痛和痛风
syntonin	英	新托宁	药用转化蛋白质，酸性蛋白质
yatren	德	药特灵	喹碘方或安痢生，是一种抗变形虫病药
pachinko	日	扒金库*	日本的一种赌博游戏
viagra	英	伟哥*	美国辉瑞公司的一种壮阳药，最初译成"万艾可"
allday	英	好德*	上海的一个超市的音译名
mazda	日	马自达*	日本"松田"车的音译
shirley	英	仙丽*	一种国外的女式内衣品牌名音译
BMW	德	宝马*	德国产名轿车名称缩写的音译
benz	德	奔驰*	德国产名车品牌音译
goodyear	英	固特异*	一种外国轮胎名称音译
top	英	脱普*	一种洗发水名称的音译
ikea	瑞典	宜家*	瑞典家具制造商的名称音译
pentium	英	奔腾*	一种计算机处理器名称的音译
theragran	英	施尔康*	中美合资的施贵宝制药公司的一种药物名称的音译

（续上表）

原借词形式	语种	汉译形式	原借词的指称内容或概念
Beverly	英	倍福来*	上海 20 世纪 90 年代中期流行的一种运动鞋名称的音译
esili	英	伊思丽*	上海 20 世纪 90 年代中期流行的一种化妆品名称的音译
yeosure	英	日舒安*	上海 20 世纪 90 年代中期流行的一种化妆品名称的音译
agree	英	雅思丽*	上海 20 世纪 90 年代中期流行的一种化妆品名称的音译
E – mark	英	易买得*	上海的一家韩国超市名音译
carrefour	英	家乐福*	上海的一家法国超市名音译
metro	德	万客隆*	台湾人对一家德国超市名的音译，上海音译为"麦德龙"

（四）幽默诙谐型

所谓"幽默诙谐"型，是指在选用作为注音符号角色的几个汉字来音译外来词时尽量选用那些组合起来能够表义，但由这些汉字组合的词组所表达的语义与原借词所指称的真实语义之间产生了极大的格调或语义反差，从而使音译词带有强烈的幽默诙谐色彩的汉字。如英文 husband，其意是"丈夫"，汉语音译时有人将之译成"黑漆板凳"，这与原词所指称的概念内容相比在格调语义上有强烈的反差效果，令人哑然失笑，幽默油然而生。又如英文 gentleman，其意是"绅士"，汉语音译时有人将之译成"尖头鳗"。人非鱼，两者的差别很大，却硬是将两者拉配在一起来对译，出人意料，格调语义上的反差也非常大，使人忍俊不禁。又如英文 ladies，是"太太们"、"女士们"的意思，但早些时候，有人将之译成"累得死"，不禁让人想到中国妇女的现实生活状况，出人意表，让人感佩，由衷地发出会心的一笑。再如梵文 stupa，指佛教特有的建筑物，原为放佛骨的地方。汉译时音译成"偷婆"，原指概念内容与音译词字面义之间产生了巨大的语义与格调反差，显得有一种玩世不恭、猥亵神灵的滑稽味，令人无奈地为之一笑。因此，我们认为，诸如此类的音译词，虽然有时不免令人产生困惑甚至误解，不像"音义密合"型的音译词那样有助于接受者了解原借词的指称内容，但是"幽默诙谐"的音译词却能收到妙趣横生的艺术效果，我们不能不说它是一种独特的音译修辞匠心，值得重视。

"幽默诙谐"型的音译词，在汉语音译词中虽然不及上述三类那样多，但数量也不算少，下面仅就我们所能搜集到的一些典型例证予以列表展示。

原借词形式	语种	汉译形式	原借词的指称内容或概念
pickle	英	必克尔	酸菜，泡菜，是西餐中常备的食品
danishmend	波斯	大石马	有教养的人，有文化的人
fallacy	英	发拉屎	谬误，谬见，谬论
coup d'état	法	苦迭打	政变，通过军事或政治手段造成政府的突然更迭
küriyen gajar	蒙古	苦来亦阿儿子	地球仪一类的地理仪器
rye	英	拉爱	裸麦，黑麦
lamp	英	滥斧	灯
kusumbha	梵	俱逊婆	红蓝花，草红花。一种菊科植物，可染线，学名 Carthamustinctorius
mister	英	密斯偷	先生
mutihāra	马来	没爹吓罗	真珠
sacima	满	杀其马	一种满族糕点，用油炸的短面条和糖黏合而成
TMD	英	他妈的 *	英文 Theater Missile Defense System 的缩略写法，即战区导弹防御体系
NMD	英	你妈的 *	英文 National Missile Defense System 的缩略写法，即国家导弹防御体系

三、汉语外来词音译修辞行为背后所蕴含的民族文化心理

在汉语外来词音译中之所以会出现上述四种特殊的类型，这是汉民族人在借用外来词时有意"汉化"、"同化"外来词的修辞努力的结果，是汉民族文化心理在词汇创造与词汇借用中的反映。

（一）"音义密合"型音译词与汉民族人的"天朝心态"

语言的声音与意义之间本来不存在必然的联系，这是语言学的基本原理。是

不是汉民族人不懂这个道理呢？显然不是。

　　事实上，我们的先哲早在两千多年前的战国时代就已经知道了这个道理。荀子在《正名》篇中就曾系统地论述过这个问题，指出："名无固宜，约之以命，约定俗成谓之宜，异于约则谓之不宜。名无固实，约之以命实，约定俗成谓之实名。名有固善，径易而不拂，谓之善名。"意思是说，"事物的命名，无所谓合理不合理，只要人们共同约定就行了。约定俗成就是合理的，不合于约定的名称就是不合理的。名称并非天然地要跟某一实物相当，只要人们约定某一名称跟某一实物相当就行了。约定俗成以后，也就是名实相符了。但是，名称也有好坏之分，如果说出名称来，人们很容易知道它的意义，那就是好的名称"①。

　　既然懂得这个原理，为什么在音译外来词时还一定要在声音与意义上纠缠而下功夫呢？关于这一点，我们只能从汉民族的语言与文化心理上去找原因了。

　　上面我们说过，语言间的接触是不可避免的，不同语言词汇之间的"借贷"与交换则是自然而然的事。事实上，在汉语发展史上，汉语与不同语言之间的交流很早就开始了，汉语吸收外来词的历史也非常悠久。如果我们了解一点汉语史，就会知道，汉语不仅早就有了从外族语中"借贷"词汇的历史，而且还曾出现过两次大量吸收外来词的高峰期：一是汉唐时期，二是晚清到"五四"前后。② 如果算上 20 世纪 80 年代以来中国改革开放以后的这一时期，已经是第三个大量吸收外来词的高峰期了。

　　汉唐时期，时间跨度很大，有近千年的历史。特别是汉代与唐代分别是中国封建社会时代最为强盛的两个历史时段，由于国力的强盛，中外交流特别频繁，特别是由于通西域与佛教的传入，中外政治、经济、文化等的频繁交流更是促成了语言交流的频繁。由此引发了较为广泛的语言间的接触与交换，汉语词汇库中也由此增加了许多的外来词汇。如：

琵琶	箜篌	葡萄	苜蓿	狮子	比丘	沙弥	玻璃
招提	伽蓝	兰若	波罗蜜				
簧	笳	酥	酪	禅	偈	涅	刹

　　晚清时代，西方列强以武力叩开了中国封建帝国的大门，并强迫清政府开放五个通商口岸，从此西方政治、经济、思想、文化思潮涌入中国。汉语被动与西方语言接触，由此也出现了许多外来词。如：

---

① 王力：《中国语言学史》，山西人民出版社 1981 年版，第 5 页。
② 陈原：《社会语言学》，学林出版社 1985 年版，第 295 页。

柏里玺天德（总统，president）

阿片（鸦片，opium）

芝士（干酪，cheese）

多士（烤面包，toast）

鸟结（杏仁或花生糖，法语 nougat）

　　"五四"运动前后，许多志士仁人为了中国的民主与富强，开始开眼看世界，努力学习西方科技与先进的思想文化，于是汉语开始主动与西方语言接触，其间所吸收的外来词数量更是巨大。如：

德谟克拉西（democracy，民主）

赛因斯（science，科学）

英特那雄耐尔（international，法语，国际）

布尔乔亚（bourgeois，法语，资产者）

普罗列塔利亚（proletariat，法语，无产者）

印贴利根追亚（intelligentsia，知识分子）

　　汉语吸收外来词的历史很悠久，曾经吸收的外来词数量也很大。但是现在还存活于我们汉语词汇库中的外来词数量却非常有限。这是为什么呢？
　　关于这一点，我们必须先交代一下汉语吸收外来词的基本方法。根据学术界的共识，一般认为，有如下五种方法：①
　　（1）转写。
　　转写可以分两种：一是音转，二是形转。
　　A. 音转，即音译。它是用汉字按借词原来的读音写成一般不能按汉字组合字面解释的新词（借词）。如：

没驮（佛，梵文 Buddha）

咖啡（英文 coffee）

盘尼西林（青霉素，英文 penicilin）

德律风（电话，英文 telephone）

麦克风（扬声器，英文 microphone）

沙发（sofa）

---

　　① 参见陈原：《社会语言学》，学林出版社 1985 年版，第 285 页。

逻辑（逻辑学，英文 logic）

B. 形转。即将日语中用汉字书写的汉字词原封不动地借用过来，但借形不借音。如日语将英语 revolution 译成"革命"，将 culture 译成"文化"，将 civilization 译成"文明"，汉语采"拿来主义"态度。这类形转词，由于是用汉字造词，所以很容易与汉语固有的词汇混淆。如果不懂日语，对日语词汇没有研究，恐怕很难分辨出来。这些借自日语的形转词，在现代汉语词汇中非常多。如：

警察	积极	消极	景气	观念
哲学	喜剧	抽象	福祉	印象

（2）音译 + 指类名词。即音译之后另加一个汉语语素来指明该词的属性。如：

保龄球（Bowling，"保龄"是音译，"球"是另加出的指类名词）
富士纸（Foolscap，一种大页印刷用纸，"富士"是音译，"纸"是另加出的指类名词）
哀的美敦书（Ultimatum，"哀的美敦"是音译，"书"是另加出的指类名词）
啤酒（Beer，"啤"是音译，"酒"是另加出的指类名词）

（3）半音半意译。

迷你裙（miniskirt，"迷你"是音译，"裙"是意译）
爱克斯射线（X-ray，"爱克斯"是音译，"射线"是意译）
冰激凌（ice-cream，"冰"是意译，"激凌"是音译）

（4）意译组合。

邮筒（postbox，英文词 post 和 box 的意译组合）
冰球（iceball，英文词 ice 和 ball 的意译组合）
鸡尾酒（cooktailparty，英文词 cook 和 tail 及 party 三词的意译组合）

（5）纯粹意译。

电话（telephone，音译为"德律风"）
激光（laser，音译为"莱塞"）
小提琴（violin，音译为"怀娥铃"、"梵阿铃"）

在上述五种汉语吸收外来词的方式中，不同方式吸收进来的外来词在存活率方面如果要进行比较的话，大致情况是：意译与意译的组合方式最多，半音半意式次之，音译附加"指类名词"的又次之，最后才是纯粹的转写方式，其中从日语转形过来的又占了很大比例。

也就是说，汉语吸收外来词的五种基本方式中以纯粹音译形式而存活于汉语词汇库中的比例是非常小的。即使是这样的"弱小"局面，汉语还要对这一部分"非我族类"的外来词作一种"汉化"处理。即我们前面所讲的，汉语在选择汉字作为注音符号来音译原借词时，努力使所选用的汉字组合起来能够表意，且尽量使这些汉字组合起来的字面语义能与原借词所指称的概念内容相近或相关，或添加某种特殊的感情色彩，以在最大程度上不让接受者感觉到这个词是个外来角色，而误以为是汉语的固有成员。

至此，逼出这样一个问题：为什么汉语吸收外来词时总是力拒音译，即使万般无奈而采用音译时还念念不忘使之"汉化"呢？要回答这个问题，必须先从汉民族的文明史及文化心理来探讨。

1993 年 4 月 4 日《莫斯科新闻》发表一篇普列沙科夫的题为"中国蚕茧"的文章（见《参考消息》1993 年 4 月 20 日第 8 版，标题为"俄《莫斯科新闻》评中国改革和中俄关系"），内中有这样一段话，很值得玩味：

中国历来善于对付异族的入侵，最初显得有点麻木不仁，然后就实行汉化，又恢复到中国天生的文明状态。佛教是这样，异族的王朝（元朝和清朝）也是这样。

究之于中国历史，此论确是不差。在中国历史上确实没有几个入主中原的异族不被汉族的高度文明"同化"的。如鲜卑族拓跋氏公元 386 年建立的北魏政权，于公元 439 年消灭了北方各割据政权而统一北方。可是，入主中原很长时间后，鲜卑族终于还是抵御不了汉族的高度文明。北魏孝文帝是个明主，主动顺应潮流，决定进行改革，改革的目标就是"汉化"。具体的改革方略是：首先于公元 494 年将都城从代北平城（即今山西大同）迁到中原故都洛阳。其次是改革鲜卑旧俗。其中改革旧俗的措施包括：①以汉服代替鲜卑旧服；②朝廷上禁用鲜卑语；③规定迁洛的鲜卑人以洛阳为籍；④死后不得归葬平城；⑤沟通鲜卑贵族和汉人士族的婚姻关系；⑥改鲜卑旧姓为音近或义近的汉姓；⑦规定鲜卑人和汉人贵族姓氏的等第并使鲜卑贵族门阀化。① 至于清朝，受汉族同化的情况就更是典型了。顺治帝、康熙帝、乾隆帝对汉文化的热爱程度，汉学水平之高，都是众所周知的史实。汉文化对满洲民族的同化能力由此可见一斑。

汉民族之所以屡能同化、汉化外来民族，这是汉民族具有悠久的文明、灿烂的文化的优势使然。因为有一个学术界都存共识的历史规律一直贯穿于人类发展史中，这就是：具有较高文明水准的民族总是易于"征服"与"同化"低于它的文明水准的民族。汉民族在长期的发展过程中，因为有着悠久而高度的灿烂文明，有着相对于异族势力"不战而胜"的文化"同化"、"征服"力量，于是逐渐养成了汉民族的整体优势感与自尊感，也就是我们今天所说的"集体无意识"的"天朝心态"。

这种"集体无意识"的"天朝心态"之所以得以形成，追究起来有两个方面的原因，一是历史上的，一是地理上的。历史上的原因，汉民族的灿烂辉煌史众所周知。地理上的原因，其实也很明显。我们都知道，华夏文明是孕育于黄河流域的。② 这个地区远离地中海和印度河，位于亚洲的东部。它东南临海，隔海相望的岛屿至少到公元前 11 世纪还是蛮荒之地。北部有蒙古荒漠，西面则是戈壁滩和沙漠，只有一条细小的商路即丝绸之路通往波斯（即今天的伊朗）。西南是崇山峻岭，青藏高原为屏障，距离其他较早兴起的文明人类的空间遥远，地理环境不便于大规模对外交流，使华夏文明能够一直在独立自成一体的环境与条件下成长。③正因为生存空间所处的地理环境有如此封闭的特点，自然就易于助长其民族长期以来的自我中心意识。没有比较，人就易于自大，汉语成语中有"井底之蛙"、"夜郎自大"等成语，说的就是这个意思，民族也是如此。除了地理环境的特点形成并助长了汉民族的自我中心意识与中央帝国的"天朝心态"外，还有文化的传统与优势所造成的汉民族自我中心意识与"老子天下第一"的心理。④

与公元前 30 世纪左右兴起的古埃及、巴比伦、印度文明民族相比，汉民族自来少有多元混合的思想文化襟怀，故此"中国古代思想家，几乎没有一人能超越种族和国界看人类的，后儒不必说，明达如孔子，也要坚持夷夏之防的原则：

---

① 翦伯赞：《中国史纲要》（第二册），人民出版社 1965 年版，第 58 页。
　②③④ 分别参见刘再复、林岗：《传统与中国人》，生活·读书·新知三联书店 1989 年版，第 360 页、第 360 页、第 325～326 页。

'夷狄之有君，不如诸夏之亡也。'（《论语·八佾》）严诸夏与诸夷之大防，一直是民族意识的基础，不同民族与国家之间的平等意识简直就没有"①。因此，在汉民族人的心目中，华夏文明才是天下文化的中心，周边的夷、狄、戎、蛮没有声文教化、礼仪典章，他们属于化外之民。这在《礼记·王制》中说得很清楚："东方曰夷，被发文身，有不火食者矣；南方曰蛮，雕题交趾，有不火食者矣；西方曰戎，被发衣皮，有不粒食者矣；北方曰狄，衣羽毛，穴居，有不粒食者矣。"也就是说，在汉民族看来，只有华夏文化才是人类最优秀的文化，中原之地是天下的高文化区，在它的四周都是低发展的夷狄文化，它们只是以卑微的角色作为附庸，以臣服"天朝"为前提而侧身于"天朝帝国"之旁，犹如众星捧月，护卫着中原地区的华夏高文化区。由此，汉民族便自说自话地在心目中虚拟了一个以自我为中心、唯我独尊的"天下模式"，并在这种虚幻的"天下模式"观念的支配下去决定与外部世界的交往方式。大体说来，在这种以自我为中心、唯我独尊的"天下模式"观念的支配下，汉民族的处世原则就跳不出这样两种格局："第一，严夷夏之防，不论何时何地何种条件之下，都主动划清与不同文化的种族或国家的界限；第二，从内心里鄙视它们，把任何感兴趣与自己打交道的民族或国家，当成归化者和朝贡者。"②

仔细分析一下，汉民族之所以特别强调划清夷夏之界限，其目的是固守其自拟的"天下模式"的基础。因为在这种世界观看来，"世界诸民族、诸国家是可以实现一体化的，能够做到天下一家。但它的一体化不是多元的相互平等的合理秩序，而是以我为中心的一体化，天下一家的家里面，不能缺少一个支配的家长"③。那么，这个支配一切的"家长"应该是谁呢？毫无疑问，自然是自以为天下独尊的汉民族了。既然如此，那么汉民族与任何非汉民族的任何交往自然就成了上对下的关系、君对臣的关系。

由于汉民族在很早且很长的历史时期中，一直都把自己居住的地方视为世界的中心，同时也认为自己的文化在世界上居于中心地位，因而便形成了上面我们所述及的类似于种族本能的"集体无意识"的"天朝心态"。当然，从积极的方面看，"天朝心态"是一种民族自信心的表现，可以增强民族的凝聚力与自信心。但是，若顽固、偏执地抱守着民族中心意识的"天朝心态"，则必然会导致对外来思想、外来文化等新事物的排拒乃至抵制的消极效果，妨碍民族的进步。"天朝心态"之所以成为汉民族"集体无意识"的心理，是因为到近代以前，由于国力与文化的优势，这种"天朝心态"与行为方式几乎没有受到多少挑战和

①②③　分见刘再复、林岗：《传统与中国人》，生活·读书·新知三联书店1989年版，第359页、第365页、第365页。

挫折。可是，到了近代，当西方势力迅速崛起并向中国及东方世界渗透、挑战时，当世界近代文化大潮澎湃而来时，汉民族人的"天朝心态"受到了严重的挑战。但是，由于"天朝心态"根深蒂固，所以当社会在不可逆转地走向近代化的过程中，汉民族人却不愿从"世界第一"的迷梦中醒来，主动走向世界，也不让世界走向中国。故此，从晚明到"五四"时期，中国社会便发生了五次对西方思想、文化的排拒运动：第一次是明末清初的邪正之争，第二次是鸦片战争与洋务运动时期的夷夏之争，第三次是戊戌维新前后的中学与西学之争，第四、五次是"五四"前后的东西方文化问题之争，即中国应走何种文化道路的论战。① 尽管这五次论争的内容各不相同，但有一点是共同的，那就是论争本身都深刻地折射出了汉民族普遍的民族情绪——"天朝心态"。

因为有自我中心意识的"天朝心态"，反映到语言行为中便有了我们上面所说的吸收外来词时表现出的力主意译而排斥音译的鲜明倾向。因为有"万物皆备于我"的"天朝心态"在起作用，所以在语言交流需要吸收外来词而万般无奈不能对译的情势下，也要在音译上做功夫，使之带上"汉化"色彩，并力图使这些音译词与原借词在音义上皆能"密合"，以之证明汉语"同化"异族语言的能力，满足译者所代表的汉民族人的"天朝心态"和"自尊心"。这便是汉语音译词中出现"音义密合"型音译词的深层原因。

（二）"形象联想"型音译词与汉民族人的思维方式

从心理学上说，形象与联想是人类共有的心理特征，不是汉民族人所特有的心理特性。但是，相比世界其他民族，汉民族人更喜欢形象与联想，且形象与联想事实上已经成为汉民族人思维的主要方式，这是非常独特的。特别是与西方人相比，汉民族人喜欢形象思维、厌倦抽象思维的心理特点尤其明显。林语堂就曾明确指出过："中国人的心灵在许多方面都类似女性心态。事实上，只有'女性化'这个词可以用来总结中国人心灵的各个方面。女性智慧与女性逻辑的那些特点就是中国人心灵的特点，一点不错的。中国人的头脑，就像女性的头脑充满了庸见。中国人的头脑羞于抽象的辞藻，喜欢妇女的语言。中国人的思维方式是综合的、具体的。他们对谚语很感兴趣，它像妇女的交谈。"② 中国人的头脑是否充满了庸见，可以讨论，很多人可能都不完全赞同。但是，中国人的思维方式确实充满着女性的特点，即敏于具体的形象思维，擅长由具体到抽象的联想综合。这一点，从我们的日常语言与所使用的词汇中都能看得很清楚。如下面所列的一

---

① 参见刘再复、林岗：《传统与中国人》，生活·读书·新知三联书店1989年版，第325~354页。
② 林语堂著，郝志东、沈益洪译：《中国人》，浙江人民出版社1992年版，第52页。

些词语，其所具有的形象性特征就再鲜明不过了：

(1)　蚕食　　瓦解　　冰释　　林立　　火红　　狐疑　　车流

　　　人潮　　松涛　　麦浪　　林海　　雨丝　　雪花　　地球

　　　熊猫　　花菜　　鸡眼　　雀斑　　佛手　　猫眼　　雪白

　　　冰凉　　冰冷　　油滑　　草绿　　碧绿　　漆黑　　桃红

　　　蒜泥　　甜蜜　　龙灯　　夜幕　　铁幕　　蜂拥　　金字塔

　　　蘑菇云　　鸡冠花　　猴头菇　　金针菇　　熊耳山　　马颊河

　　　蝴蝶结　　刀子嘴　　豆腐心

(2)　手足　　矛盾　　线索　　江湖　　骨肉　　山水　　笔墨

　　　眉目　　皮毛　　领袖　　口舌　　走狗　　爪牙　　心腹

　　　白领　　蓝领　　灰领　　捧腹　　喷饭　　恶心　　须眉

　　　巾帼　　红娘　　手软　　肉麻　　点头　　首肯　　爬格子

　　　菜篮子　　乌纱帽　　大团结

(3)　叮咚　　沙沙　　喀嚓　　乒乓　　嗷嗷　　潺潺　　喋喋

　　　叽叽喳喳　　稀里哗啦

(4)　绿油油　　矮墩墩　　颤巍巍　　娇滴滴　　沉甸甸　　白花花

　　　响当当　　白蒙蒙　　脆生生　　白茫茫　　软绵绵　　热乎乎

　　　香喷喷　　臭烘烘　　凉嗖嗖　　甜丝丝

(5)　红眼病　　小儿科　　吃豆腐　　敲竹杠　　咬耳朵　　开倒车

　　　挖墙角　　开小灶　　泼冷水　　吹喇叭　　抬轿子　　穿小鞋

　　　扣帽子　　打棍子　　吹牛皮　　拍马屁　　踢皮球　　摆架子

　　　惯派头　　洗脑子　　换脑筋　　随大流　　碰钉子　　兜圈子

　　　绕弯子　　拖后腿　　灌黄汤　　打秋风　　打牙祭　　背黑锅

　　　戴高帽　　打游击　　磨洋工　　钻空子　　触霉头

(6)　囫囵吞枣　　狼狈为奸　　守株待兔　　刻舟求剑　　鹬蚌相争

　　　破釜沉舟　　水落石出　　隔靴搔痒　　胶柱鼓瑟　　走马观花

　　　烟消云散　　虎头蛇尾　　狐假虎威　　瓜熟蒂落　　水到渠成

　　　拔苗助长　　粗枝大叶　　削足适履　　雪中送炭　　锦上添花

　　　引狼入室　　风平浪静　　同床异梦　　屁滚尿流

　　在汉民族人的语言活动中不仅有诸如例（1）的比喻类词语、例（2）的借代类词语、例（3）的摹状类词语、例（4）的形容类词语、例（5）的惯用语、例（6）的成语等各种形象性非常强的词语的运用，而且还有形象性很强的谚语、歇后语的使用。如我们要表达"集思广益"这个意思，就常常会用到"三个臭皮匠，赛过一个诸葛亮"这样一个谚语；如果我们要表达"团结就是力量"这个意思，也有谚语可用，如"人心齐，泰山移"、"单丝不成线，独木不成林"等；劝人要坚定意志、持之以恒地做好一件事，就有这样一句谚语："人心坚，石山穿"；劝人注意节俭，就有一句谚语："滴水凑成河，粒米凑成箩"等等。如果要批评别人说话或写文章啰唆，就有一句歇后语说"懒婆娘的裹脚布——又臭又长"；如果我们形容一个人不得人心，就有一句歇后语来形容："过街老鼠——人人喊打"；如果我们说一个人学问很好，但表达能力不好，也有一句非常形象的歇后语："茶壶里煮饺子——肚里有，嘴上倒不出"；如果我们要批评一个人的虚情假意，常会用到这样一句歇后语："猫哭老鼠——假慈悲"，如此等等，不一而足。

　　除了诸如上列的形象性词语在汉语词汇库中的大量存在，可以鲜明地表现出汉民族人敏于具体的形象思维，擅长由具体到抽象的联想综合的心理特征与思维方式特点外，汉民族人某些特有的思想表达方式也能突出地表明这一点。比方说，先秦散文喜欢运用诸如"守株待兔"、"狐假虎威"、"鹬蚌相争"、"刻舟求剑"等寓言来说理，而不愿用理性的语言把所要表达的意思直截、明白地表达出来，这就是典型的喜欢形象表达，而厌倦于抽象理性表达的佐证。又如在中国古典诗词曲中，文学家们都喜欢诸如"池塘生春草，园柳变鸣禽"（谢灵运《登池上楼》）、"银烛秋光冷画屏，轻罗小扇扑流萤"（杜牧《秋夕》）、"沉舟侧畔千帆过，病树前头万木春"（刘禹锡《酬乐天扬州初逢席上见赠》）、"落霞与孤鹜齐飞，秋水共长天一色"（王勃《秋日登洪府滕王阁饯别序》）、"疏影横斜水清浅，暗香浮动月黄昏"（林逋《山园小梅》）、"无可奈何花落去，似曾相识燕归来"（晏殊《浣溪沙》）、"碧云天，黄叶地，秋色连波，波上寒烟翠"（范仲淹《苏幕遮》）、"梧桐更兼细雨，到黄昏、点点滴滴"（李清照《声声慢》）、"枯藤老树昏鸦，小桥流水人家，古道西风瘦马，夕阳西下，断肠人在天涯"（马致远《天净沙·秋思》）等带有形象与意境的写法，中国千百年来的读者也是无一例外地喜欢这种形象的表达并叹其为千古绝句。这也是汉民族人喜欢形象思维、喜欢联想综合心理的一种有力证明。又如，汉语中有一类抽象名词概念的表达也很能说明问题。如用"大小"指"体积"，用"长短"指"长度"，用"宽窄"指"宽度"等，都是以具体来表达抽象的，强烈地凸显出汉民族人喜欢形象思维与联想综合的心理特点。再如，中国古代的文学批评术语也能反映这一点。本来文学批评术语是一种科学语言，应该理性、抽象、明确，可是汉语文学批评术语的现实却不是这样。林语堂曾经指出："中国人的思想总是停留在有形世界的外围。这使得中国人能对事实更有感受，而这又是经验与智慧的基础。对抽象名词的厌恶也可见于中国人对事物进行分类时所用的名词，这些词往往要求有明显的区别意义。这时中国人总是挑选一些最有表达意义的名词。于是，在中国文学批评中，不同的写作方法被称为'隔岸观火'（一种超俗的格调），'蜻蜓点水'（轻描淡写），'画龙点睛'（提出文章的要点），'欲擒故纵'（起伏跌宕），'神龙见首不见尾'（运笔自如，顺其自然，斗然而来，戛然而止），'悬崖千仞'（结尾时陡然勒住），'一针见血'（一句话道出真情），'单刀直入'（直截了当的开头），'声东击西'（突然袭击），'旁敲侧击'（善意的戏弄，嘲笑），'湖上雾霭'（调子柔和），'层云叠嶂'（细节等纷繁复杂，扑朔迷离），'马尾股上放鞭炮'（结尾前最后一击），诸如此类，不胜枚举。这些名词使我们联想到原始语言中的'汪、汪'，'呸、呸'等单调然而却绘声绘色的象声词。"①

语言是"思想的直接现实"（恩格斯语），由汉语上列的语言事实与上述汉民族人的种种言语行为，我们可以清楚地见出汉民族人喜欢形象联想的思维特点与语言心理特性。由此，对于汉语中在音译外来词时出现"形象联想"的音译词类型，也就可以理解且易于理解了。

（三）"广告口彩"型音译词与汉民族人趋吉避凶的讳饰心理

语言学的基本原理告诉我们，语言是一种社会现象，用什么样的词或什么样的声音表示什么样的意思或概念，完全是一种约定俗成的社会行为。也就是说，词与客观事物之间没有本质的必然的联系。既然如此，那么，我们说一个人"万岁"，他未必就能长寿。反之，我们骂一个人"不得好死"、"被车轧死"，也许他会活得很好，福寿全归，寿终正寝。事实上，情况也正是如此。但是，人类往往都有一种错误认识，认为语言与客观事物之间有一种必然的、神秘的联系，语言的凶吉与现实的祸福直接联系着，这就是我们语言学上所说的"语言塔布"（taboo）现象。这种现象源于人类的初始阶段。当其时，由于人类的认识水平低下、征服自然的能力不足，人们往往对自然现象与自然力很不理解甚至是困惑、恐惧。这样，作为社会交际工具的语言"往往被与某些自然现象联系起来，或者同某些自然力给人类带来的祸福联系起来。这样，语言就被赋予了一种它本身所没有的、超人的感觉和超人的力量。社会成员竟以为语言本身能够给人类带来幸福或灾难，竟以语言是祸福的根源。谁要是得罪这个根源，谁就得到加倍的惩罚。反之，谁要是讨好这个根源，谁就得到庇护和保佑。这就自然而然地导致了语言的禁忌和灵物崇拜"②。

---

① 林语堂著，郝志东、沈益洪译：《中国人》，浙江人民出版社 1992 年版，第 66～67 页。
② 陈原：《社会语言学》，学林出版社 1985 年版，第 337 页。

虽然语言禁忌与灵物崇拜是一种原始心理的表现，但由于人类有一种心理定式与惯性作用，所以这种现象目前在世界很多语言中还有表现。在汉语中，则表现得尤其突出。这一方面是因为汉民族人与世界其他民族人一样本来就有人类共具的语言禁忌与灵物崇拜的心理，另一方面还因为汉民族文化传统有一种凝滞稳定且不易改变的特性，因此这种原始语言心理在汉民族人的语言行为中至今仍表现得非常明显。而且由于中国文化的源远流长，这种对于语言的禁忌还形成了汉语所特有的修辞方式——"讳饰"。比如说"死"这个词，汉民族人就特别忌讳，在语言表达中一定要找寻一个词来回避或美化之。如说帝王死，有"山陵崩"（夸张帝王之死于国家损失影响之大）、"驾崩"、"崩"、"崩逝"、"崩殂"、"宾天"、"大讳"、"大行"、"弃天下"、"弃群臣"等等说法；说士或做官人之死，有"不禄"、"弃禄"、"禄命终"等等说法；说文人或才子之死，则有"玉楼赴召"、"埋玉树"、"埋玉"、"修文地下"等等说法；说年轻女子早死或少女夭折，则有"蕙损兰摧"、"玉碎香埋"、"玉碎珠残"、"玉殒香消"等等说法。对于普通人的死，普通的说法有"走了"、"老了"、"仙逝"、"归西"、"作古"、"永辞"、"永别"、"登仙"等等。现代还有对"死"的另一些新的讳饰说法，如共产党人常说"见马克思"，说音乐家之死叫"生命画上了休止符"，说思想家之死叫"思想家停止了思想"，说普通人之死叫"心脏停止了跳动"。即使是对自己或他人之死的自贬或他贬，往往也不直接说"死"，而是说"填沟壑"、"伸腿"、"翘辫子"等等。除了"死"，还有很多被认为不吉利的事或物都在被讳饰之列。而且越是社会底层的人，语言禁忌就越多。明代陆容《菽园杂记》就曾记录说："民间俗讳，各处有之，而吴中为甚。如舟行讳住讳翻，以箸为快儿，幡布为抹布。讳离散，以梨为圆果，伞为竖笠。讳狼籍，以榔槌为兴哥。讳恼躁，以谢灶为谢欢喜。"林语堂也曾讲过这样的民间讳饰的例子："蝙蝠与鹿都是编织物上人们喜用的动物，因为'蝠'与'福'谐音，'鹿'与'禄'——权势——谐音。中国的新郎与新娘在婚礼结束后，要在私下吃一次由一只猪心做的宴席，因为这样他们就会'同心'，生活就会美满和谐。""如果你在船上用饭，将盘子里的鱼翻一个身，船家就会感到不安，因为这就意味着船要'翻'掉。他并不知道这些是否有道理，但'人们都这样讲'，他并没有兴趣去亲自做实验去证实。"[①] 林语堂认为，对语言或文字力量的迷信是一种"原始心理的反映"，这种原始心理的存在，源于人们"在有趣的幻想与严酷的现实之间并没有划分出一条界线，也不想去把它们区别开来"。"在这里，真诚的信仰与玩笑的幻想很难讲孰多孰少。某些禁忌明显地是被严格遵守的。""这是一种介

---

① 林语堂著，郝志东、沈益洪译：《中国人》，浙江人民出版社 1992 年版，第 75 页。

乎真理与幻想之间的心态。这里，真理与幻想诗意般地、令人愉悦地结合在一起，就象梦游人故事中的情景一样。"① 从本质上说，这种言语行为是一种自我麻醉以获求心灵慰藉的表现。

既然语言的禁忌与语言灵物崇拜成了植根于汉民族人心灵中的文化传统，那么在汉语音译外来词时出现"广告口彩"型的音译词，就非常易于理解了，它是汉民族人趋吉避凶的语言心理的自然流露，是在外来词音译这一言语行为中自然而近乎本能反应的结果。

（四）"幽默诙谐"型音译词与汉民族人的幽默心性

幽默诙谐，是人类共同追求的一种语言表达效果，它不仅可以释放人们的心理能量与郁积，有益于表达者自己的身心健康，也能带给接受者一种欢娱，有益于接受者的身心健康。中国自古以来就有一句老话"笑一笑，十年少"，西方则有一句流行的谚语"一个小丑进城，胜过一打医生"，说的都是同样的道理。

那么，什么是"幽默"，幽默是如何产生的呢？林语堂曾作过这样的概括："幽默是一种心理状态。进而言之是一种观点，一种对人生的看法。一个民族在其发展过程中，只要才能与理智横溢到足以痛斥自己的理想，幽默之花就会盛开，因为所谓幽默只是才能对自我进行的鞭挞而已。历史上的任何时期，人类一旦能够认识到自己的无能与渺小、愚蠢与矛盾，就会有幽默者产生。"②

西方人向来都是喜欢幽默且爱标榜自己的幽默能力的，这个众所周知。那么，中国人特别是汉民族人有没有幽默感，他们的幽默能力又如何呢？长期以来，西方人对此存在着太多的错误认识，而且他们还会时不时地问出这样奇怪的问题："中国人有幽默感吗？"林语堂说，这种提问"无异于阿拉伯商队问人'撒哈拉沙漠里有沙子吗？'"。他认为："至少从理论上讲，中国人应该有幽默感，因为幽默产生于现实主义，而中国则是个异常现实的民族；幽默产生于庸见，而中国人对生活的庸见数不胜数。亚洲人的幽默，尤其是知足与悠闲的产物，而中国人的知足悠闲程度是无与伦比的。一个幽默家通常是个失败主义者，喜欢诉说自己的挫折与窘迫，中国人则常常是清醒冷静的失败主义者。幽默常常对罪恶采取宽容的态度，不是去遣责罪恶，而是看着罪恶发笑，人们总认为中国人具备宽容罪恶的度量。宽容有好坏两面，中国人兼而有之。如果说我们刚才所讨论的中华民族的特点——具有庸见、宽容、知足常乐和超脱老猾——确实存在

---

① ② 分见林语堂著，郝志东、沈益洪译：《中国人》，浙江人民出版社 1992 年版，第 75 页、第 49 页。

的话，那么在中国就不会没有幽默。"①

关于中国人特别是汉民族人之所以具备幽默感的原因，林语堂的说法当然是一种解释。我想，还有一个重要原因，恐怕也是值得重视的。那就是，中国封建专制统治时间之久，中国民众所受的思想与心理压抑之大，都是世界各民族人所少有的。从心理学的角度来看，尽管汉民族人有着世所公认的一种共同而突出的民族性格——忍辱负重，但汉民族人毕竟也是人，而人的心理承受能力是有一定限度的。我们在日常生活中都有这样的生活经验，一个人在极度悲伤之时，一定会呼天抢地，捶胸顿足，号啕大哭；一个人在极度愤怒之时，一定会暴跳如雷或拍案而起；一个人在极度喜悦或兴奋之余，一定会喜形于色，眉飞色舞或手舞足蹈。这是为什么呢？从心理学上来解释，道理非常简单，这是一个人在某种激情状态下心理承受能力超过极限时的一种心理能量释放。能量释放了，处于某种激情状态下的人的心理就会趋于平静，也就是获得了一种新的心理平衡，这于身心健康是有益的。所以，我们常常在日常生活中见到有些人劝悲伤中的人说："哭出来吧，哭出来会好受点的。"虽然说者并不一定意识到他这话蕴含有心理学上的科学道理，但他事实上是说得有道理的。汉民族人在漫漫数千年的封建专制统治下虽然被动地养成了忍辱负重的民族性格，虽然中国历史上甚至有不少人以"百忍家风"相标榜，但事实上汉民族人中真有"百忍"涵养的"超俗圣人"只能是极少数，绝大多数人还是悲则哭，喜则歌，怒则骂的"肉身凡人"。既然绝大多数人都是做不到"百忍"的"肉身凡人"，那么他们在数千年的中国封建专制统治下所受的深重的思想与心理压抑就必然要有所宣泄，这样才有可能在艰难的生活与压抑的心理条件下健康地生存下来。那么，汉民族人如何宣泄对封建统治者残酷的政治、经济和思想统治表示不满的情感情绪呢？如何纾解这种社会现实所带来的思想与心理的沉重压抑而达到心理的平衡呢？自然，语言上的宣泄便是最重要也是最安全的方式了。但是，这种语言的宣泄也并不是对现实不满的直接表达（封建时代思想言论的不自由是众所周知的），而大多是通过一些无关政治、思想等的笑话来纾解心理的压力，通过笑话来苦中作乐，娱人娱己。如果我们对中国古代的笑话有所了解或进行过研究，我们便会发现中国古代的笑话大多是与政治无涉的，主要是有关人性方面的内容，如痴愚、迂腐、昏聩、无术、吝啬、偏私、贪虐、怙势、乖戾、癖嗜、谀佞、虚荣、浮夸、荒谬、怪诞、风情、儇薄、嘲诮、谐戏等等。如果要批评官员，也仅限于官员的迂、蠢、贪、猥琐、惧内等方面，根本不会也不敢拿现实政治人物当笑话幽默的对象。因此，林语堂认为中国人"有一种自己独特的幽默，他们总喜欢开开玩笑，这种狰狞的幽默建

————————
① 林语堂著，郝志东、沈益洪译：《中国人》，浙江人民出版社1992年版，第50~51页。

立在对生活的滑稽认识之上"。认为中国人的幽默具有"闹剧性"，"这种闹剧性的幽默，结果使中国人对任何事情都严肃不起来"。①

　　正因为汉民族人的幽默具有闹剧性，所以汉语在借用外来词时才会出现诸如将梵文表示放佛骨的建筑物的词 stūpa 译成"偷婆"，将英文 husband（丈夫）译成"黑漆板凳"，将英文 ladies（女士们）译成"累得死"，将 TMD（战区导弹防御体系）译成"他妈的"，将 NMD（国家导弹防御体系）译成"你妈的"等音译形式。如果不了解汉民族人幽默的独到特点，那么就可能永远无法理解上述"幽默诙谐"型音译词得以产生的缘由。而了解到汉民族人幽默带有的闹剧性质，就自然而然地能理解汉语音译外来词会出现"幽默诙谐"一类音译词的深层原因。

---

① 林语堂著，郝志东、沈益洪译：《中国人》，浙江人民出版社 1992 年版，第 52 页。

参考文献

1. （汉）王充：《论衡·儒增篇》。
2. （汉）王充：《论衡·艺增篇》。
3. （唐）司空徒：《诗品·含蓄》。
4. （唐）刘知几：《史通·叙事》。
5. （清）魏际瑞：《伯子论文》。
6. （清）汪中：《述学·释三九》。
7. 陈望道：《修辞学发凡》，上海教育出版社 1982 年版。
8. 张弓：《现代汉语修辞学》，河北教育出版社 1993 年版。
9. 郑子瑜：《中国修辞学史稿》，上海教育出版社 1984 年版。
10. 倪宝元：《修辞》，浙江人民出版社 1982 年版。
11. 吴士文：《修辞格论析》，上海教育出版社 1986 年版。
12. 宗廷虎、李金苓：《汉语修辞学史纲》，吉林教育出版社 1989 年版。
13. 宗廷虎：《中国现代修辞学史》，浙江教育出版社 1990 年版。
14. 黄庆萱：《修辞学》，台湾三民书局 1979 年版。
15. 沈谦：《修辞学》，台湾空中大学 1996 年版。
16. 沈谦：《〈文心雕龙〉与现代修辞学》，台湾益智书局 1980 年版。
17. 谭永祥：《汉语修辞美学》，北京语言学院出版社 1992 年版。
18. 张炼强：《修辞理据探索》，首都师范大学出版社 1994 年版。
19. 王希杰：《汉语修辞学》，北京出版社 1983 年版。
20. 骆小所：《现代修辞学》，云南人民出版社 1994 年版。
21. 骆小所：《语言美学论稿》，云南人民出版社 1996 年版。
22. 吴礼权：《现代汉语修辞学》（修订版），复旦大学出版社 2012 年版。
23. 吴礼权：《表达力》，台湾商务印书馆 2011 年版。
24. 吴礼权：《言辩的智慧》，浙江人民出版社 1991 年版。
25. 吴礼权：《委婉修辞研究》，山东文艺出版社 2008 年版。
26. 吴礼权：《中国修辞哲学史》，台湾商务印书馆 1995 年版。
27. 童山东、吴礼权：《阐释修辞论》，首都师范大学出版社 1998 年版。
28. 胡曙中：《英汉修辞比较研究》，上海外语教育出版社 1993 年版。

29. 李定坤：《汉英辞格对比与翻译》，华中师范大学出版社 1994 年版。

30. ［苏］B. B. 波果斯洛夫斯基等主编，魏庆安等译：《普通心理学》，人民教育出版社 1982 年版。

31. 彭聃龄主编：《普通心理学》，北京师范大学出版社 1988 年版。

32. 邱明正：《审美心理学》，复旦大学出版社 1993 年版。

33. 朱光潜：《朱光潜美学文集》（第一卷），上海文艺出版社 1982 年版。

34. 朱光潜：《朱光潜美学文学论文选集》，湖南人民出版社 1982 年

35. 蒋孔阳：《美学新论》，人民文学出版社 1993 年版。

36. ［美］桑塔耶那著，杜若洲译：《美感》，台湾晨钟出版社 1976 年版。

37. ［美］浦安迪讲演，陈珏整理：《中国叙事学》，北京大学出版社 1996 年版。

38. 陈启佑：《新诗形式设计的美学》，台湾诗学季刊杂志社 1993 年版。

39. 《辞海》，上海辞书出版社 1990 年版。

40. 汪国胜等编：《汉语辞格大全》，广西教育出版社 1993 年版。

41. 吴礼权：《中国经典名句鉴赏辞典》，吉林教育出版社 2009 年版。

42. 翦伯赞：《中国史纲要》（第二册），人民出版社 1965 年版。

43. 林语堂著，郝志东、沈益洪译：《中国人》，浙江人民出版社 1992 年版。

44. 刘再复、林岗：《传统与中国人》，生活·读书·新知三联书店 1989 年版。

45. 游国恩等：《中国文学史》（第 2 册），人民文学出版社 1982 年版。

46. 朱东润主编：《中国历代文学作品选》（中编第一册），上海古籍出版社 1980 年版。

47. 吴礼权：《中国言情小说史》，台湾商务印书馆 1995 年版。

48. 王力：《古代汉语》（第 4 册），中华书局 1982 年版。

49. 王力：《中国语言学史》，山西人民出版社 1981 年版。

50. 濮之珍：《中国语言学史》，上海古籍出版社 1987 年版。

51. 陈原：《社会语言学》，学林出版社 1985 年版。

52. 胡裕树主编：《现代汉语》（增订本），上海教育出版社 1982 年版。

53. 钱钟书：《通感》，《文学评论》1962 年第 1 期。

54. 吴礼权：《论夸张表达的独特效应与夸张建构的心理机制》，《扬州大学学报》1997 年第 4 期。

55. 吴礼权：《修辞结构的层次性与修辞解构的层次性》，《延边大学学报》1995 年第 4 期。

56. 吴礼权：《语言美学发轫》，《复旦学报》（社科版）1993 年第 5 期。

57. 吴礼权：《汉语外来词音译的特点及其文化心态探究》，《复旦学报》

（社科版）1994 年第 3 期。

58．吴礼权：《谐译：汉语外来词音译的一种独特型态》，《长春大学学报》1996 年第 1 期。

59．吴礼权：《音义密合：汉语外来词音译的民族文化心态凸现》，《西安外国语学院学报》1996 年第 2 期。

60．吴礼权：《咏月嘲风的绝妙好辞——晏子外交语篇的文本解构》，《修辞学习》1996 年第 2 期。

61．吴礼权：《论汉语外来词音译的几种独特型态》，《雁北师范学院学报》1996 年第 4 期。

62．吴礼权：《触景生情的语言机趣——陶毂与钱俶外交语言解构》，（台湾）《国文天地》1996 年第 12 卷第 6 期（总第 138 期）。

63．吴礼权：《论夸张的次范畴分类》，《修辞学习》1996 年第 6 期。

64．吴礼权：《论委婉修辞生成与发展的历史文化缘由》，《河北大学学报》1997 年第 1 期。

65．吴礼权：《论委婉修辞的表现形式与表达效应》，《湘潭大学学报》1997 年第 3 期。

66．吴礼权：《论委婉修辞生成的心理机制》，《修辞学习》1998 年第 2 期。

67．吴礼权：《修辞心理学论略》，《复旦学报》（社科版）1998 年第 5 期。

68．吴礼权：《论夸张》，《第一届中国修辞学学术研讨会论文集》，台湾师范大学 1999 年版。

69．吴礼权：《论修辞文本建构的基本原则》，《扬州大学学报》1999 年第 2 期。

70．吴礼权：《修辞主体论》，《锦州师范学院学报》1999 年第 2 期。

71．吴礼权：《借代修辞文本建构的心理机制》，《云南师范大学学报》1999 年第 6 期。

72．吴礼权：《论比拟修辞文本的表达与接受心理》，《深圳教育学院学报》2000 年第 2 期。

73．吴礼权：《比喻修辞文本的心理分析》，《平顶山师专学报》2001 年第 3 期。

74．吴礼权：《论精细修辞文本的心理机制》，《锦州师范学院学报》2001 年第 3 期。

75．吴礼权：《异语修辞文本论析》，《修辞学习》2001 年第 4 期。

76．吴礼权：《论旁逸修辞文本的建构》，《湘潭师范学院学报》2001 年第 5 期。

77．吴礼权：《论拈连修辞文本》，《湖北师范学院学报》2001 年第 4 期。

后 记

中国有句老话，叫作"光阴似箭，日月如梭"。虽是老生常谈，但真是说得精辟。这部名曰《修辞心理学》的小书，自1994年着手，到今天改定，时间已过去了近6年。不由得令人陡然生发出时光易逝的无限感叹！

这本小书的写作，先期工作始于1994年初，但实质性的启动则起于1995年初。彼时我获得了复旦大学青年基金和日本笹川良一基金的资助。最初的研究成果曾以论文的形式在《复旦学报》、《扬州大学学报》、《云南师范大学学报》、《修辞学习》等学术刊物上发表，得到了学术界同仁的肯定与鼓励。其中，发表于《复旦学报》1998年第5期的《修辞心理学论略》一文，被中国人民大学《心理学》1998年第11期转载。这一篇是全书序言中的一小部分，发表后被心理学专业权威刊物转载，不仅在修辞学界引起了较强烈的反响，也是对我本人多年来致力于修辞心理学这门新学科开拓之努力的一种莫大鼓励和所取得的前期研究成果的肯定。与此同时，基于古人所说的"教学相长"的道理，1998年9月至12月，我又将这本《修辞心理学》的初稿作为教材，在复旦大学中文系给文学、语言及其他学科的硕士生、博士生开了一门选修课。原来觉得这是一门自己开辟的新学科，作为教材的这部《修辞心理学》初稿也还不够成熟，开课的目的在于在教学中发现问题、征求意见，以便修改，所以只安排了一个能坐30人的小教室。可是，开课以后，学生人数不断增加，以致有的学生无座位可坐。于是，我只好请自己的研究生退出，以满足其他学生。教学效果出乎我的意料，大家都比较感兴趣，认为有耳目一新之感。一些博士生、硕士生的作业运用我所提出的"修辞文本"的概念及心理分析的方法，写得较为成功，后来有几篇发表于1999年的《修辞学习》上，反响较好。在这次教学中，我一边教学一边深化备课内容，也注意听取一些博士生及硕士生的意见，边教学边修改。

正当我全力修改，准备尽快将全书杀青并交付出版社出版之时，1998年底我同时接到赴日本京都外国语大学讲学的邀请和台湾中国修辞学会理事长、台湾师范大学中文系主任蔡宗阳教授的邀请，定于1999年6月参加在台北举行的"第一届中国修辞学学术研讨会"。所以，1998年底及1999年初，我的大部分时间都为办理出国和赴台的诸多手续占去了，留给自己静心修改书稿的时间已经非常有限了。即使如此，在 1999 年 3 月去日本时，到台湾的手续还未办完。于是，十分无奈地带好所需资料，准备到日本后再好好修改一下书稿，争取 1999 年 7 月改定，然后交付出版社，赶在 20 世纪出版面世。因为修辞学界同仁早就希望看到这本书，不少朋友来信来电索要其书。可是，到了日本，我想集中精力修改书稿的如意算盘却未打成。因为一方面，我要应付京都外国语大学"中国文学研究"等几门课程的教学任务，另一方面又想借此机会提高日语水平，原来在国内学的日语已有了相当基础，不提高就太可惜。况且这于今后与日本学术界的进一步学术交流也是有益的。所以，我又选修了日语专业的一些课程。于是，白天常于研究室准备两套行头，一套西装以备当"先生"（日语"老师"之意）授业时用（日本大学教授是十分讲究着装规矩的，夏天开空调穿西装，实是奇怪。但无奈，入乡随俗），一套休闲装，当"生徒"（日语"学生"之意）受业时穿。差不多每天白天都是在"先生"与"生徒"两种角色之间不断切换转变，在教室与研究室之间奔波。只有到了晚上和休息日（好在日本大学的假日特别多），才有时间静下心来做些书稿修改工作，但时间实在有限。因为这期间，我还要准备去台湾参加学术会议的论文《论夸张》。同时，还要在日本办理各种转道香港赴台湾的手续，真是时间紧、心情烦，我几乎失去耐心了。但感于台湾学者蔡宗阳教授、沈谦教授等盛情和不辞烦琐办理手续之辛劳，也深感于我的导师宗廷虎教授在我出国后以 66 岁的年龄继续为我办理赴台后续手续上下奔波的热情，同时也感于京都外国语大学中文系主任川口荣一教授的大力支持，我决定赴台。川口教授早年毕业于台湾大学中文系，师从台大中文系"五老"之一的屈万里教授，获文学硕士学位。他基于对留学地台湾的感情，也基于我这次赴台参加学术会议的不易（此次只邀请了大陆 9 位学者，年轻人只我一人），所以异乎寻常地热心支持我一定要成行，并给了我一个月假，附加回来不需补课的优惠条件。在此种种因素的促成下，我终于勉力办完了各种手续，于 1999 年 6 月初转道香港，到台湾参加了此次 50 年来海峡两岸的第一次中国修辞学界同仁于台湾的欢聚与学术交流。从台湾转道香港回日本时，又于香港作了短暂的学术访问与交流。这样，到 6 月底，我原计划要完成的《修辞心理学》书稿的修改，根本不可能完成。6 月底 7 月初，又有国内或日本的学界朋友来访，特别是日本著名汉学家、庆应大学教授尾崎康博士闻知我在京都，专程从东京赶到京都来看我，我们是多年的忘年交。还有我的多年好友、日本青年学者九山浩明君专程从广岛来京都看我，使我十分感动于他们的友情。另外，京都大学等学校，我也有很多日本和中国的学者朋友，时有往还和学术交流，这些交往与交流固然对我的学术进步大有助益，但都要以时间为交换的。7月中旬，大学休假，按照日本大学惯例，大学教师都有专门经费出外考察研究。于是我循日本教授惯例，去东京大学、早稻田大学、庆应大学作了为期半月的学术访问。其中，特别安排了与早稻田大学文学部教授、日本著名汉学家松浦友久博士就日本修辞学和中国修辞学研究的特点及两者的渊源关系作了比较深入的交流讨论，获益甚多。早稻田大学是日本现代修辞学的发源地，也是复旦大学老校长、我的太老师陈望道先生早年留学的大学。在早稻田大学，陈望道先生引进了日本现代修辞学的火种，潜心研究修辞学，最终于1932年出版了著名的《修辞学发凡》，这奠定了中国现代修辞学的基础，为中国现代修辞学树立了第一座里程碑。所以，早稻田大学之行，与松浦教授的这次讨论，是我此次东京之行的主要目的。

7月下旬，因为心系《修辞心理学》书稿的修改，还有一些材料需要回国补充，所以就回了上海。可是，回上海后，除了找了些资料外，由于人事夺光阴，原定的利用假期完成的新计划又没有完成。于是，9月又将书稿及资料带到京都。这次，吸取了上次的教训，减少了很多学术或非学术的活动，利用一切可能的时间进行书稿的修改。到9月底，书稿修改任务完成大部分。可是，10月初，我的太太蒙益去日本。她在英国一家跨国公司的上海办事处任财务经理，很难有休假的机会。所以到日本后，我就义不容辞地要当她的导游及随行译员。川口主任又给了我一个月假，让我陪太太好好看日本的风光。这样，从京都到北海道，再从北海道到东京，到箱根、横滨、热海、富士、大阪等等一路南下游来，早已大半个月过去了，回到京都快是月底了，岚山的红叶都快红了。此时，我更着急了。因为1999年只剩两个月了，赶在20世纪内出版，已是不可能了。但是，人有惰性，不能一直这样拖下去。所以，下定决心，不能在20世纪出版，但也要在20世纪内把书稿完成交到出版社，赶在新世纪第一个旭日初升的时候出版，也是一大快事。于是，与太太蒙益商量，取消了原定的冲绳等南日本之行的计划，集中了几天时间，夜以继日地工作，今天终于将书稿大致改定，后天太太就要回国，决定由她带回上海，寄由骆小所教授推荐出版社出版。

终于下了决心，终于完成了所要完成的任务。尽管对这部《修辞心理学》书稿不能如原计划那样进行修改和完善，但好歹总算完成，也算是对自己有一个交代。欣慰、感叹之余，写下这个后记。在这个后记里，我说了一大堆理由，这倒不是为自己未能精益求精地修改这部书稿开脱，而是感叹时间之易逝。记得做中学生时，学生中有这样一句顺口溜："好花不常开，好景不常在。正当青年时，抓紧谈恋爱。"恋爱固然要趁青春年少进行（只要不是早恋、早早恋就好），其实做学问和做其他事业也一样，也需要趁年轻精力旺盛时进行比较有效率，而且也会做得好。也许有人会说，做学问特别是人文学科不然。不过，我还是认为，做学问，不论是哪门学问，都应该赶在中青年时代精力旺盛时做比较好。正因为如此，我写这部书稿、修改这部书稿比较抓时间。同时，由上面我所记述的书稿修改过程的曲折，也可以清楚地昭示出，随着年轮的推移，人事夺光阴的情形会越来越多，而且人的惰性也会更易养成。这样，工作也就会越来越拖拉而无效率了。感叹感悟至此，随笔记下以备时时警醒。

吴礼权

1999 年 10 月 22 日

于日本京都市右京区山ノ内池尻町 6 番地京都四条グランドハイツ610号室寓所

又　记

今天校完《修辞心理学》一校样，又看到两年前，也可以说是上个世纪在日本京都匆忙写下的"后记"，不由得又陡然生发出无限的感慨，再次想起中国的那句老话："光阴似箭，日月如梭。"不过，毕竟是在跨越了一个世纪之后，可谓是"千年叹一回"，那份异样的心境，自然更是今非昔比了！

上次后记写得匆忙，加之事隔"一个世纪"，所以还有上次后记中循例应该交代而匆忙间未及交代的话或上个世纪未曾想到的事，这里还是要补说几句。所以，才会有这样一个不同一般著作的"又记"。

应该交代的第一点是，这部《修辞心理学》因是第一部这方面的著作，前此未曾有人研究，没有现成的体系和文献可以参考，一切只得"自出机杼"。虽然我在大学时代学过心理学，但毕竟不是心理学专业出身，于此道尚谈不上"精"字。至于将心理学与修辞学结合，在"无复傍依"的情况下，另立一门新学科"修辞心理学"，就更有难度了。另外，由于出国等原因，本书的修改工作未能达到我理想中的境界。比方说，原来计划中所要设立的章节，特别是一个关于修辞心理的问卷调查的内容，因为时间条件不允许，在书中未来得及写进，令我引以为憾。所以，这部《修辞心理学》到底写得如何，我本人心里也不是自信满满的，确切点讲，是一种诚惶诚恐的心情。

应该交代的第二点是，这部《修辞心理学》尽管有如我上述第一点所说的诸多令我惶恐之处，但是，我可以说，这部《修辞心理学》的研究和写作，我是当作我特别重要的工作来做的，不仅做得认真，而且做得很辛苦。这仅从我书中所用的语料就可以窥见一斑。书中所用语料，绝大多数都是我"采铜于山"的第一手材料，若有必要引用其他著作中用过的经典例证，也力求再去核对原文。一时无法查对的，则注明语料转引的出处。另附全书参考文献，以表示对他人语料工作的尊重。这种做法，倒不是我矫情，故作过分严谨的姿态（一般学术著作对于语料使用是采用资源共享的态度的），而是基于我个人的理念：语言学和修辞学研究，语料工作是重要的一环，没有新语料就很难提出新观点。因此，其他学者的语料工作应该受到尊重。我希望我的这一理念能够在语言学界和修辞学界得到普及，我也希望别的学者转引我的语料时能够注明出处，以示对我辛勤的语料工作的尊重。因为我书中的语料一般学者不易见到，有些书是我的海外作家朋友所赠，图书馆也不易见，新颖的较多。至于对前人学术观点的继承，即使是受其启发而推衍出来的新观点，也会注明其由来。同样，这本书中我所提出的新概念及修辞分析的新方法比较多，我也希望别的学者在运用时予以注明。总之，这部小书虽然我自己不能说如何如何，但我对此书的写作确是十分认真的，倾注了大量心血。任何学问都不可能一下子做得尽善尽美，特别是新学科的开拓。但是，新学科应该开拓，而且应该大胆认真地开拓，这样学术才能进步，才能有"前修未密，后出转精"的境界出现。本书就作个开始吧。

应该交代的第三点是，这部小书的写作从开始就得到了复旦大学和日本笹川良一基金的资助，这对我顺利完成这一课题是起了促进作用的，在此应该表示感谢！

未曾想到的事，也有三件，也要在此说一下。

未曾料到的第一件事是，1999 年 12 月 31 日，当全世界的人们欢呼迎接新世纪的狂热过去之后，我在日本听说世界上又有一种新说法，说新世纪应该从 2001 年开始算起，这令我很激动。因为若此，我的《修辞心理学》能在 2000 年出版，则我原来要赶在 20 世纪内出书的愿望没有落空；若在 2001 年出版，则又搭上了新世纪的第一班车。这真是左右逢源的好事，当时就很高兴。如今真的搭上了 21 世纪的首班快车，自然更是激动了。

未曾料到的第二件事是，1999 年 10 月我托交给云南师范大学副校长、中国修辞学会副会长骆小所教授的书稿，骆教授在百忙之中，读完全稿及我的相关论著之后，花了一两个月时间为我写了一篇长序，对书稿作了全面细致的分析，对我的这部小书给予了充分的肯定与鼓励，并向云南人民出版社作了郑重推荐，其扎实、认真、热情的态度令我感动不已。我与骆教授谋面仅一次，我们的交往主要由论著引起。骆教授是中国修辞学界中生代杰出的代表，成就卓然，我与他并无师生之谊，也无过从甚密的关系，他能如此不遗余力地奖掖后学，令我终生难忘。

未曾料到的第三件事是，云南人民出版社这样著名的大社，能够很快接受我的书稿，并迅速将其列入了 2001 年的出版计划，5 月份即排出了第一校样寄给我校对，也是令我深深感动的。因为像《修辞心理学》这样纯学术的著作，在出版社的经营中是不能有什么经济上的效益的。所以，云南人民出版社这样不遗余力扶持学术著作的精神，云南人民出版社工作效率之高，在我收到初校样的当日，就令我倍感激动，打内心深处深切感谢云南人民出版社及出版社领导的大力支持。本书的责任编辑蔡育曙女士，是云南人民出版社文艺部的资深编辑，编辑出版过很多优秀的学术著作，由她来做我这部小书的责任编辑，实在于我幸莫大矣！我与蔡老师还未谋一面，但她时常为一个字而打长途电话跟我讨论的认真负责的精神却使我难以忘怀，我在海内外出版过的著作计有十余种，还从未见这样认真较劲的责任编辑。对此，我是十分感激的！所以，感于蔡老师特别认真的敬业精神，这次的初校样我也校得特别认真。

　　最后，我应该深切感谢在我学术成长道路上予我以教诲、扶持我成长的濮之珍教授、蒋孔阳教授夫妇，宗廷虎教授、李金苓教授夫妇等诸位恩师。感谢中国修辞学界的许多前辈如骆小所教授等的奖掖提携，还有同行的青年朋友多年的热情鼓励！

吴礼权

2001 年 6 月 6 日记于复旦大学寓所

修订版后记

这本名曰《修辞心理学》的小书，承蒙学界同仁与读者垂爱，2002 年出版之后不久，初刷两千册便告售罄。不久，出版社又续有加印，均告售罄。

作为一本非常专业的学术著作，这本小书能够有较好的销售业绩，在学术界受到欢迎与好评，究其原因，大抵与其原创性有关。将修辞学与心理学打通，在这本小书出版之前未曾有过。正因为这本小书越了"雷池"一步，在这方面率先作了探索，所以，无论是对修辞学界来说，还是对心理学界来说，都让人有"柳暗花明又一村"的新颖感。心理学上讲"注意"的心理特征时，特别强调客观对象的新异性对形成"注意"的作用。大概这本小书的选题与研究思路也有这种效果吧。大概是因为这本小书跨学科的跨界研究，涉及的学科不仅限于修辞学，而是同时关涉到修辞学、心理学、美学、语言学、文学等诸多学科，对这些学科的学者与读者多少都有一些参考价值，因此出版后有较广的读者面，销售业绩也就比较明显了。

衡量一本学术著作学术价值的大小，当然不能以书的印数与加印次数多少为标准，或曰以书的流通量为标准，但是如果一部学术著作（其实，没有学术价值的书是不应该称为"学术著作"的）毫无学术价值，恐怕其流通量只能是零。因此，一部学术著作是否有学术价值，其在学术界的流通量还是一个非常重要的参考指标。

这本小书除了在流通量方面有让我比较欣慰的表现外，在学术界同仁与读者中也有较好的口碑，这一点更是让我感到欣慰。在修辞学界，这本小书除了得到前辈与同仁们的诸多肯定（修辞学界同仁皆知这本小书，无庸在此赘述或是"王婆卖瓜"了）以外，还被海峡两岸各大学的修辞学专业指定为研究生和博士生的必读参考文献；在心理学界，由于这本小书的绪论部分曾以论文的形式发表于《复旦学报》而被中国人民大学《心理学》专业刊物转载，影响自然可以想见；在文学界，也有很多学者关注这本小书。如著名古典文学研究专家、原中国社会科学院文学研究所副所长、现任上海大学终身教授董乃斌先生在认真读完这本小书后，给我写了一封很长的电子邮件（2010 – 07 – 02　10：48：11），对这本小书给予了充分肯定。认为这本小书

"将前人所讲的'修辞格'发展为'修辞文本'，其内涵和可包容性都大为提高。许多修辞文本不是旧的修辞格概念可范围的。这就拓宽了修辞学的疆域。二是读来亲切有趣，特别是旁逸修辞文本那一段和后记的一段。三是启发性强"。2012年复旦大学出版社修订再版我的《现代汉语修辞学》，董先生在为此书所写的学术评语中，又重提我的这本《修辞心理学》，指出："钱钟书先生曾同我谈道：文学研究实离不开心理和修辞二学。文学主情，正需从心理学生发；文学之美，主要体现于文字（尤其是中国古文学），则与修辞学有大关涉。故他说，文学研究从某种意义上说，便是心理、修辞二学的综合运用。礼权教授的《修辞心理学》，便是心理、修辞二学相结合的典范。"美学与文学批评方面的学者，也有许多人读过这本小书，并多有肯定之词。

　　正因为这本小书出版十年来持续得到了学术界的关注与肯定，因此早在五年前就有几家出版社与我联络，希望得到这本小书的版权。但是，我当年与云南人民出版社签订的版权期限未到，而云南人民出版社在此期间又不断有加印，所以修订再版的事暂时搁置。2012年，这本小书原来的出版期限已过，又有两家出版社与我提起修订再版这本小书的计划。最终，我也未同意，而是决定让暨南大学出版社出版。之所以作出这个决定，是因为早在五年前，暨南大学出版社就有一套修辞学丛书的出版计划，里面有我一本。而且计划都公布出去了，学术界同仁也知道了这一计划，许多同行朋友都等着看我这本计划中的修辞学新著。但是，那时我先后在日本与台湾做客座教授，同时又在创作两部长篇历史小说《远水孤云：说客苏秦》、《冷月飘风：策士张仪》。之后，又花了很多时间在这两部长篇历史小说的修改上。所以，为暨南大学出版社所写的那本修辞学新著就被搁置下来了。2011年这两部长篇历史小说由云南人民出版社与台湾商务印书馆以简体与繁体两个版本同时在海峡两岸出版发行。了却这桩事后，我应该再续暨南大学出版社的前约。但2011年底，复旦大学出版社决定为我的《现代汉语修辞学》出版修订本。这本书于2006年11月由复旦大学出版社出版，作为许宝华先生主编的国家教育部立项的"面向21世纪课程教材"之一种。出版后，先后加印了四次，印数达数万册之多，在这套丛书中"一枝独秀"，销售情况最好。全国各大高校都在使用这本书作教材，成了真正意义上的"全国通用教材"。因为是通用教材，使用量大，销量也大，出版社就想做得更精致，有意将之打造成"经典之作"，作为常销之书。正好这些年来我也接到学术界同仁在教材使用过程中提出的许多问题，我在复旦大学每学期都开设修辞学课程，学生也提了不少问题。所以，决定汇总大家提出的问题对全书进行一次修订。于是，我就在责任编辑邵丹女士的催促与建议下，开始了这本四十万字"大书"的修订工作。经过三个多月日夜努力，终于在 2012 年 3 月底完成。2012 年 6 月就出版面世了。2012 年 6 月 2 日，由复旦大学中国语言文学研究所与复旦大学出版社联合举办的"吴礼权《现代汉语修辞学》出版五周年暨修订本出版发行学术座谈会"在复旦大学召开。来自北京大学、复旦大学、武汉大学、上海交通大学等全国著名高校的近二十位专家学者会聚复旦大学，就《现代汉语修辞学》原版与修订版的同异进行了对比讨论。《文汇报》、《文汇读书周报》、《中国新闻出版报》等各大媒体都作了报道。修订本出版后不久，复旦大学出版社责任编辑邵丹女士兴奋地告知，根据营销部的消息，修订本一个月内就销售了两千册。这实在让我深受鼓舞，觉得费尽心力进行的修订工作没有白费，能够得到学术界同仁与广大读者的肯定就是最大的收获。

有了《现代汉语修辞学》修订版的成功经验，让我开始明白学术著作修订工作的意义与价值。所以，2012 年 12 月暨南大学出版社人文编辑室主任杜小陆打电话再次约稿时，我就自然而然想到一个新计划，决定将版权已经到期的《修辞心理学》修订再版。杜小陆先生欣然应允，同意了我这个"以旧换新"的想法，推迟提交修辞学新著的稿约，先出版《修辞心理学》的修订版。这样，既可以兑现与暨南大学出版社先前的稿约，又可以满足许多读者急欲购买这本书的愿望，同时也让我有机会充分吸收这些年来学界同仁给我提出的宝贵意见。

由于这些年我与多家出版社签订了多部著作的出版合同，还有很多教学任务和博士生指导工作，都耗时甚多。多年来，我虽一直在夜以继日地忙碌，但在时间上仍然捉襟见肘，所以这次的修订工作幅度并不太大，未对全书的体系作更大的变动。这次修订的内容，主要包括这样一些方面：一是文字表达，二是相关例证的抽换，三是个别提法的修正。另外，在一些具体问题上充分吸收了同行的意见，包括董乃斌先生的意见，对相关内容进行了调整，如考虑读者阅读的方便，将原版的尾注改成了脚注，将章节细目都显示于目录中。希望通过这次的修订，能够在原版的基础上有所进步。也希望将来有机会，出版增订本时，将我最近几年的学术思考也写进去。初版时未能如愿的部分，希望将来都能弥补上。这些年我一直在努力，相信过几年就能有结果了。

最后，衷心感谢暨南大学出版社给我这本小书以修订再版的机会！感谢暨南大学出版社领导与人文编辑室杜小陆主任的大力支持！感谢责任编辑黄球的辛勤付出！感谢许多学界前辈与时贤多年以来对这本小书的关注和无私贡献的宝贵意见！感谢广大读者多年来的厚爱与鼓励！感谢我的太太蒙益给予的支持，她是世界五百强的一家德国公司中国区的财务老总，日忙夜忙，却还承担起儿子课业的辅导任务，这样我才能抽出时间修订这本小书！感谢我的岳父蒙进才与岳母唐翠芳，他们从高级工程师与国有大企业领导岗位上退休下来后，十多年来一直帮助我们，替我承担了全部的家务劳动，这样我才能过着衣来伸手、饭来张口的生活，安心地坐在书斋中做学问。

吴礼权

2013 年 2 月 8 日除夕前夜

吴礼权主要学术论著一览

一、主要学术著作

1. 《游说·侍对·讽谏·排调：言辩的智慧》（专著），浙江人民出版社，1991 年 10 月版。

2. 《中国历代语言学家评传》（合著），复旦大学出版社，1992 年 1 月版。

3. 《世界百科名著大辞典·语言卷》（合著），山东教育出版社，1992 年 11 月版。

4. 《中国智慧大观·修辞卷》（专著），浙江人民出版社，1993 年 8 月版。

5. 《言辩的智慧》（繁体版，专著），台湾国际村文库书店，1993 年 8 月版。

6. 《中国笔记小说史》（繁体版，专著），台湾商务印书馆，1993 年 8 月版。

7. 《中国言情小说史》（专著），台湾商务印书馆，1995 年 3 月版。

8. 《中国修辞哲学史》（专著），台湾商务印书馆，1995 年 8 月版。

9. 《中国语言哲学史》（专著），台湾商务印书馆，1997 年 1 月版。

10. 《中国笔记小说史》（简体版，专著），（北京）商务印书馆，1997 年 8 月版。

11. 《公关语言学》（合著），北京工业大学出版社，1998 年 3 月版。

12. 《中国现代修辞学通论》（专著），台湾商务印书馆，1998 年 7 月版。

13. 《阐释修辞论》（合著，并列第一作者），首都师范大学出版社，1998 年 7 月版。

14. 《中国修辞学通史·当代卷》（合著，第一作者），吉林教育出版社，1998 年 9 月版。

——获第三届陈望道修辞学奖二等奖（最高奖），2000 年 3 月；第十二届"中国图书奖"，2000 年 11 月。

15. 《修辞心理学》（专著），云南人民出版社，2002 年 1 月版。

——获复旦大学 2003 年度"微阁中国语言学科奖教金"著作二等奖，2003 年 9 月。

16. 《妙语生花：语言策略秀》（专著），上海文化出版社，2002 年 9 月版。

17. 《修辞的策略》（专著），吉林教育出版社，2004 年 1 月版。

——获2005年吉林省长白山优秀图书一等奖（吉林省政府奖）；吉林省首届"新华杯"读书节读者最喜爱的十种吉版图书，2006年12月；吉林省新闻出版奖图书精品奖，2007年1月。

18.《表达的艺术》（专著），吉林教育出版社，2004年1月版。

——获2005年吉林省长白山优秀图书一等奖（吉林省政府奖）；吉林省首届"新华杯"读书节读者最喜爱的十种吉版图书，2006年12月；吉林省新闻出版奖图书精品奖，2007年1月。

19.《演讲的技巧》（专著），吉林教育出版社，2004年1月版。

——获2005年吉林省长白山优秀图书一等奖（吉林省政府奖）；吉林省首届"新华杯"读书节读者最喜爱的十种吉版图书，2006年12月；吉林省新闻出版奖图书精品奖，2007年1月。

20.《中国历代语言学家》（合著），上海文化出版社，2004年2月版。

21.《大学修辞学》（合著），福建人民出版社，2004年10月版。

22.《假如我是楚霸王：评点项羽》（专著），台湾远流出版公司，2005年6月版。

23.《古典小说篇章结构修辞史》（专著），台湾商务印书馆，2005年12月版。

24.《现代汉语修辞学》（专著），复旦大学出版社，2006年11月版。

25.《语言学理论的深化与超越》（主编），云南人民出版社，2007年1月版。

26.《20世纪的中国修辞学》（合著），中国人民大学出版社，2007年12月版。

——获上海市第十届哲学社会科学优秀成果奖（2008—2009）著作三等奖。

27.《中国修辞史》（副主编，下卷第一作者），吉林教育出版社，2007年4月版。

——获2007年国家新闻出版总署"第一届中国出版政府奖图书奖提名奖"；2008年上海市第九届哲学社会科学优秀成果著作类二等奖；2010年全国"高等学校科学研究优秀成果奖（人文社会科学）"一等奖。

28.《委婉修辞研究》（专著），山东文艺出版社，2008年4月版。

29.《语言策略秀》（增订本）（专著），上海文化出版社，2008年6月版。

30.《名句经典》（专著），吉林教育出版社，2008年6月版。

——获第二届吉林省新闻出版奖精品奖，2010年1月。

31.《中国经典名句小辞典》（专著），吉林教育出版社，2008年8月版。

32.《中国经典名句鉴赏辞典》（专著），吉林教育出版社，2009年7月版。

33.《表达力》（专著），台湾商务印书馆，2011 年 8 月版。

34.《清末民初笔记小说史》（专著），台湾商务印书馆，2011 年 8 月版。

35.《现代汉语修辞学》（修订版）（专著），复旦大学出版社，2012 年 6 月版。

36.《中文活用技巧：妙语生花》（专著），香港商务印书馆，2012 年 3 月版。

37.《远水孤云：说客苏秦》（长篇历史小说），简体版，云南人民出版社，2011 年 9 月版；繁体版，台湾商务印书馆，2012 年 6 月版。

38.《冷月飘风：策士张仪》（长篇历史小说），简体版，云南人民出版社，2011 年 11 月版；繁体版，台湾商务印书馆，2012 年 6 月版。

二、主要学术论文

1.《试论孙炎的语言学成就》，核心期刊《古籍研究》1987 年第 4 期。

2.《试论汉语委婉修辞格的历史文化背景》，核心期刊《修辞学习》1987 年第 6 期。

3.《中国现代史上的广东语言学家》（合作），《岭南文史》1988 年第 1 期。

4.《试论古汉语修辞中的层次性》，《淮北煤炭师范学院学报》1988 年第 4 期。

5.《"乡思"呼唤着"月夜箫声"——香港诗人杨贾郎〈乡思〉〈月夜箫声〉赏析》，《语文月刊》1988 年第 5 期。

6.《中国哲学思想在汉语辞格形成中的投影》，《营口师专学报》1989 年第 1 期。

7.《试论吴方言数词的修辞色彩》，《语文论文集》，上海百家出版社，1989 年 10 月版。

8.《试论黄遵宪的诗歌创作与成就》，《岭南文史》1990 年第 2 期。

9.《〈经传释词〉在汉语语法学上的地位》（合作），核心期刊《复旦学报》1991 年第 1 期；中国人民大学《语言文字学》1991 年第 1 期转载。

10.《〈西湖二集〉：一部值得研究的小说》，核心期刊《明清小说研究》1991 年第 2 期。

11.《情·鬼·侠小说与中国大众文化心理》，核心期刊《上海文论》1991 年第 4 期。

——获"第一届全国青年优秀社会科学成果奖"优秀论文奖（中国社会科学院），1994 年 11 月。

12.《点化名句的艺术效果》，《学语文》1992 年第 4 期。

13. 《情真意绵绵，绮思响"雨巷"——谈戴望舒〈雨巷〉一诗的修辞特色》，核心期刊《修辞学习》1992 年第 5 期。

14. 《回顾·反思·展望——复旦大学组织全国部分青年学者关于中国修辞学研究的过去现状及未来的讨论综述》，《鞍山师范学院学报》1993 年第 4 期。

15. 《语言美学发轫》，综合类核心期刊《复旦学报》1993 年第 5 期。

16. 《汉语外来词音译艺术初探》，核心期刊《修辞学习》1993 年第 5 期。

17. 《论〈文则〉在中国修辞学史上的地位》，《鞍山师范学院学报》1994 年第 2 期。

18. 《汉语外来词音译的特点及其文化心态探究》，综合类核心期刊《复旦学报》1994 年第 3 期。

19. 《旧学商量加邃密，新知培养转深沉——评王希杰新著〈修辞学新论〉》，核心期刊《修辞学习》1994 年第 3 期。

20. 《试论赋的修辞特点》，核心期刊《修辞学习》1995 年第 1 期。

21. 《先秦时代中国修辞哲学论略》，核心期刊《上海文化》1995 年第 2 期。

22. 《试论汉语委婉修辞手法的范围》，《南昌大学学报》1995 年第 3 期。

23. 《关于中国修辞学发展的历史分期问题》，核心期刊《修辞学习》1995 年第 3 期；中国人民大学《语言文字学》1995 年第 10 期转载。

24. 《王引之〈经传释词〉的学术价值》，核心期刊《古籍整理研究学刊》1995 年第 4 期；中国人民大学《语言文字学》1996 年第 4 期转载。

25. 《修辞结构的层次性与修辞解构的层次性》，《延边大学学报》1995 年第 4 期；中国人民大学《语言文字学》1996 年第 4 期转载。

26. 《两汉时代中国修辞哲学论略》，综合类核心期刊《江淮论坛》1995 年第 5 期；中国人民大学《语言文字学》1996 年第 2 期转载。

27. 《〈经传释词〉对汉语语法学的贡献》，《中西学术》（第 1 辑），学林出版社，1995 年 6 月版。

28. 《创意造言的艺术：苏轼与刘攽的排调语篇解构》，台湾《国文天地》1995 年第 11 卷第 6 期（总第 126 期）。

29. 《旧瓶装新酒：一种值得深究的语言现象》，香港《词库建设通讯》1995 年第 4 期（总第 6 期）。

30. 《改革开放与汉语的发展变化学术研讨会综述》，1995 年 11 月《上海社联年鉴》。

31. 《〈经传释词〉之"因声求义"初探》，核心期刊《古籍研究》1996 年第 1 期。

——获 1998 年上海市（1996—1997 年度）哲学社会科学优秀成果奖三

等奖。

32．《谐译：汉语外来词音译的一种独特型态》，《长春大学学报》1996 年第 1 期。

33．《英雄侠义小说与中国人的阿 Q 精神》，台湾《国文天地》1996 年第 11 卷第 8 期（总第 128 期）。

34．《论修辞的三个层级》，《云梦学刊》1996 年第 1 期。

35．《音义密合：汉语外来词音译的民族文化心态凸现》，《西安外国语学院学报》1996 年第 2 期。

36．《咏月嘲风的绝妙好辞——晏子外交语篇的文本解构》，核心期刊《修辞学习》1996 年第 2 期。

37．《论汉语外来词音译的几种独特型态》，《雁北师范学院学报》1996 年第 4 期。

38．《触景生情的语言机趣——陶縠与钱俶外交语言解构》，台湾《国文天地》1996 年第 12 卷第 6 期（总第 138 期）。

39．《〈语助〉与汉语虚词研究》，《平原大学学报》1996 年第 4 期。

40．《关于〈声类〉的性质与价值》，核心期刊《古籍整理研究学刊》1996 年第 6 期。

41．《论夸张的次范畴分类》，核心期刊《修辞学习》1996 年第 6 期。

42．《新世纪中国修辞学的发展和我们的历史使命》，综合类核心期刊《复旦学报》1997 年第 1 期。

43．《论委婉修辞生成与发展的历史文化缘由》，核心期刊《河北大学学报》1997 年第 1 期。

44．《清代语言学繁荣发展原因之探讨》，《云梦学刊》1997 年第 1 期；中国人民大学《语言文字学》1997 年第 8 期转载。

45．《论中国修辞学研究今后所应依循的三个基本方向》，核心期刊《修辞学习》1997 年第 2 期；中国人民大学《语言文字学》1997 年第 6 期转载。

46．《80 年代以来中国修辞学理论问题争鸣述评》，《黄河学刊》1997 年第 2 期。

47．《论委婉修辞的表现形式与表达效应》，核心期刊《湘潭大学学报》1997 年第 3 期。

48．《中国修辞哲学论略》，核心期刊《云南师范大学学报》1997 年第 4 期。

49．《论夸张表达的独特效应与夸张建构的心理机制》，核心期刊《扬州大学学报》1997 年第 4 期。

50．《训诂学居先兴起原因之探讨》，《语文论丛》（第 5 辑），上海教育出版社，1997 年 6 月版。

51.《语言美学的建构与修辞学研究的深化》（第一作者，与宗廷虎教授合作），核心期刊《修辞学习》1997 年第 5 期。

52.《"夫人"运用的失范》，核心期刊《语文建设》1997 年第 6 期。

53.《论〈马氏文通〉在中国语言学史上的地位》，《江苏教育学院学报》1998 年第 1 期。

54.《论委婉修辞生成的心理机制》，核心期刊《修辞学习》1998 年第 2 期。

55.《论孔子的修辞哲学思想》，《雁北师范学院学报》1998 年第 3 期。

56.《"水浒"现象与历史变迁》，《人民政协报》1998 年 4 月 27 日第 3 版《学术家园》。

57.《二十世纪中国现代修辞学发展的省思》，核心期刊《社会科学》（上海）1998 年第 5 期。

58.《修辞心理学论略》，综合类核心期刊《复旦学报》1998 年第 5 期；中国人民大学《心理学》1998 年第 11 期转载。

59.《中国现代修辞学研究走向语言美学建构的历史嬗变进程》，核心期刊《云南师范大学学报》1998 年第 6 期。

60.《二十世纪的汉语修辞学》（与宗廷虎教授合作），北京大学百年校庆丛书《二十世纪的中国语言学》，北京大学出版社，1998 年 6 月版。

61.《关于中国修辞学发展的历史分期及各个时期研究成就的估价问题》，《郑子瑜〈中国修辞学史稿〉问世十周年纪念论文集》（宗廷虎教授主编），中国社会出版社，1998 年 2 月版。

62.《潘金莲形象的意义》，台湾《古今艺文》1998 年第 25 卷第 1 期。

63.《进一步沟通海峡两岸的修辞学研究》，核心期刊《修辞学习》1998 年第 4 期。

64.《吴方言数词的独特语用效应》，《修辞学研究》（第 8 集），南海出版公司，1998 年 6 月版。

65.《中国风格学源流研究的理论与实践意义》，核心期刊《湘潭大学学报》1998 年第 6 期。

66.《语言理论新框架的建构与 21 世纪中国语言学的发展》，云南省一级学术期刊《学术探索》1999 年第 1 期。

67.《修辞学转向与现代语言学理论》，核心期刊《修辞学习》1999 年第 2 期。

68.《论夸张》，《第一届中国修辞学学术研讨会论文集》，台湾师范大学，1999 年 6 月版。

69.《论修辞文本建构的基本原则》，核心期刊《扬州大学学报》1999 年第 2 期。

70.《平淡情事艺术化的修辞策略》，《徐州师范大学学报》1999 年第 2 期。

71.《修辞主体论》，《锦州师范学院学报》1999 年第 2 期。

72.《方言研究：透视地域文化的重要途径》，云南省一级学术期刊《学术探索》1999 年第 3 期。

73.《〈请读我唇〉三人谈》（与宗廷虎教授、陈光磊教授合作），核心期刊《语文建设》1999 年增刊。

74.《看文人妙笔生花，让生命得到舒畅——评沈谦教授〈林语堂与萧伯纳〉》，台湾《中国语文》1999 年第 4 期（总第 508 期）。

75.《修辞学研究新增长点的培植与催化》（与宗廷虎教授合作），核心期刊《修辞学习》1999 年第 4 期。

76.《借代修辞文本建构的心理机制》，全国人文和社会科学核心期刊《云南师范大学学报》1999 年第 6 期；《高等学校文科学报文摘》2000 年第 2 期选摘。

77.《论中国现代修辞学发展嬗变之历程（上）》，日本京都外国语大学《研究论丛》第 54 号（1999 年）。

78.《〈金瓶梅〉的语言艺术》，《经典丛话·金瓶梅说》，江西教育出版社，1999 年 1 月版。

79.《中国古典言情小说模式与中国传统文化心理》，台湾《国文天地》2000 年第 1 期（总第 181 期）。

80.《论中国现代修辞学发展嬗变之历程（下）》，日本京都外国语大学《研究论丛》第 55 号（2000 年）。

81.《评黎运汉著〈汉语风格学〉》（与宗廷虎教授合作），《文汇读书周报》2000 年 12 月 9 日第 2 版。

82.《论比拟修辞文本的表达与接受心理》，《深圳教育学院学报》2000 年第 2 期。

83.《照花前后镜，花面交相映——论中国文学中的双关修辞模式》，台湾《国文天地》2000 年第 4 期（总第 184 期）。

84.《委婉修辞的语用学阐释》，《语文论丛》（第 6 辑），上海世纪出版集团·上海教育出版社，2000 年 9 月版。

85.《修辞学研究的深化与修辞学教材的改革创新》，核心期刊《修辞学习》2001 年第 1 期。

86.《比喻修辞文本的心理分析》，《平顶山师专学报》2001 年第 3 期。

87. 《论精细修辞文本的心理机制》，《锦州师范学院学报》2001 年第 3 期。

88. 《异语修辞文本论析》，核心期刊《修辞学习》2001 年第 4 期。

89. 《语言的艺术：艺术语言学的建构》，核心期刊《云南师范大学学报》2001 年第 5 期。

90. 《论旁逸修辞文本的建构》，《湘潭师范学院学报》2001 年第 5 期。

91. 《论拈连修辞文本》，《湖北师范学院学报》2001 年第 4 期。

92. 《论结尾的修辞策略》，《江苏教育学院学报》2002 年第 1 期。

93. 《顶真式衔接：段落衔接的一种新模式》，核心期刊《修辞学习》2002 年第 2 期。

94. 《论顶真修辞文本的类别系统与顶真修辞文本的表达接受效果》，《平顶山师专学报》2002 年第 4 期。

95. 《论锻句与修辞》，《锦州师范学院学报》2002 年第 5 期。

96. 《吞吐之间，蓄意无穷——留白的表达策略》，台湾《国文天地》2002 年第 18 卷第 3 期（总第 207 期）。

97. 《关于建立言语学的思考》（合作），核心期刊《长江学术》（第 3 辑），长江文艺出版社，2002 年 11 月版。

98. 《论事务语体的修辞特征及其修辞基本原则》，《平顶山师专学报》2003 年第 1 期。

99. 《从统计分析看"简约"与"繁丰"的修辞特征及其风格建构的原则》，核心期刊《修辞学习》2003 年第 2 期。

100. 《与时俱进：语言学由理论研究走向应用研究的意义》，《楚雄师范学院学报》2003 年第 2 期。

101. 《基于计算分析的法律语体修辞特征研究》，核心期刊《云南师范大学学报》2003 年第 6 期。

102. 《论学习修辞学的意义》，《平顶山师专学报》2004 年第 1 期。

103. 《论起首的修辞策略》，核心期刊《湖南科技大学学报》2004 年第 2 期。

104. 《论口语体的基本修辞特征和修辞基本原则》，《语文论丛》（第 8 辑），上海世纪出版集团·上海教育出版社，2004 年 1 月版。

105. 《平淡风格与绚烂风格的计算统计研究》，核心期刊《云南师范大学学报》2004 年第 2 期。

106. 《韵文体刚健风格与柔婉风格的计算研究》，《湖北师范学院学报》2004 年第 3 期。

107. 《庄重风格与幽默风格的计算统计研究》，《渤海大学学报》2004 年第

5 期。

108. 《中国修辞学：走出历史偏见和现实困惑》，核心期刊《福建师范大学学报》2004 年第 6 期。

109. 《从〈汉语修辞学〉修订本与原本的比较看王希杰教授修辞学的演进》，《修辞学新视野》，中国文联出版社，2004 年 12 月版。

110. 《从计算分析看文艺语体的修辞特征及其修辞基本原则》，《修辞学论文集》（第七集），新华出版社，2005 年 5 月版。

111. 《评谭学纯、朱玲〈修辞研究：走出技巧论〉》，核心期刊《福建师范大学学报》2005 年第 2 期。

112. 《关于建立言语学的思考》（合作），《言语与言语学研究》，崇文书局，2005 年 8 月版。

113. 《话本小说"正话"结构形式及其历史演进的修辞学研究》，《语言研究集刊》（第二辑），上海辞书出版社，2005 年 8 月版。

114. 《话本小说"篇首"的结构形式及其历史演进》，核心期刊《云南师范大学学报》2005 年第 4 期。

115. 《话本小说"题目"的形式及其历史演进》，《平顶山学院学报》2005 年第 6 期。

116. 《话本小说"头回"的结构形式及其历史演进的修辞学研究》，综合类核心期刊《复旦学报》2006 年第 2 期；中国人民大学《中国古代、近代文学研究》2006 年第 7 期全文转载。

117. 《论修辞学与语法学、逻辑学及语用学的关系》，《平顶山学院学报》2006 年第 4 期。

118. 《汉语外来词音译的四种特殊类型》，《词汇学理论与应用》（三），商务印书馆，2006 年 3 月版。

119. 《由汉语词汇的实证统计分析看林语堂从中西文化对比的角度对中国人思维特点所作的论断》，《跨越与前进——从林语堂研究看文化的相融与相涵国际学术研讨会论文集》，台湾东吴大学，2006 年 10 月版。

120. 《八股文篇章结构形式的渊源》，日本京都外国语大学《研究论丛》，2006 年（平成十八年七月）第 67 期。

121. 《评朱玲〈文学文体建构论〉》，核心期刊《福建师范大学学报》2007 年第 1 期。

122. 《修辞学的科学认知观与中国现代修辞学的发展》，载《继往开来的语言学发展之路：2007 学术论坛论文集》，语文出版社，2008 年 1 月版。

123. 《八股文"收结文"之"煞尾虚词"类型及其历史演进》，载《修辞学论文集》（第十一集），中国社会科学出版社，2008 年 4 月版。

124.《比喻造词与中国人的思维特点》，综合类核心期刊《复旦学报》（社科版）2008 年第 2 期；《高等学校文科学术文摘》2008 年第 3 期转摘。

125.《〈史记〉史传体篇章结构修辞模式对传奇小说的影响》，核心期刊《福建师范大学学报》2008 年第 1 期。

126.《"用典"的定义及其修辞学研究》，核心期刊《武汉大学学报》（人文科学版）2008 年第 1 期。

127.《段落衔接的修辞策略》，《平顶山学院学报》2008 年第 4 期。

128.《南北朝时代列锦辞格的转型与发展》，《楚雄师范学院学报》（月刊）2009 年第 8 期。

129.《从〈全唐诗〉所存录五代诗的考察看"列锦"辞格发展演进之状况》，核心期刊《湖南科技大学学报》（社科版）2010 年第 1 期。

130.《学术史研究与学科本体研究的延展与深化》，《外国语言文学》（季刊）2010 年第 1 期。

131.《从〈全唐诗〉的考察看盛唐"列锦"辞格的发展演变状况》，《阜阳师范学院学报》（社科版）2010 年第 1 期。

132.《从〈全唐诗〉所录唐及五代词的考察看"列锦"辞格的发展演进之状况》，《楚雄师范学院学报》（月刊）2010 年第 1 期。

133.《不迷其所同而不失其所异——论黎锦熙先生的汉语修辞学研究》（第一作者），核心期刊《北京师范大学学报》（社科版）2010 年第 5 期。

134.《"列锦"修辞格的源头考索》，核心期刊《长江学术》2010 年第 4 期。

135.《修辞学与汉语史研究》，核心期刊《福建师范大学学报》（哲学社会科学版）2010 年第 4 期。

136.《"列锦"辞格在初唐的发展演进》，《平顶山学院学报》2010 年第 3 期。

137.《还原海峡两岸现代汉语词汇差异的真实面貌》，《楚雄师范学院学报》（月刊）2011 年第 1 期。

138.《艺术语言的创造与语言发展变化的活力动力》，《楚雄师范学院学报》（月刊）2011 年第 5 期。

139.《网络词汇成活率问题的一点思考》（第一作者），核心期刊《江苏大学学报》（社会科学版）2011 年第 3 期。

140.《名词铺排与唐诗创作》，《蜕变与开新——古典文学国际学术研讨会论文集》，台湾东吴大学，2011 年 7 月版。

141.《海峡两岸词汇"同义异序"现象的理据分析兼及"熊猫"与"猫熊"成词的修辞与逻辑理据》，载郑锦全、曾金金主编《二十一世纪初叶两岸四地汉语变迁》，台湾新学林出版社，2011 年 12 月版。

142.《晚唐时代"列锦"辞格的发展演进状况考察》，《平顶山学院学报》2012 年第 1 期。

143.《关于中国修辞学研究走向的几点思考》，《北华大学学报》（社会科学版）2012 年第 1 期。

144.《海峡两岸现代汉语词汇"同义异序"、"同义异构"现象透析》，综合类核心期刊《复旦学报》（社科版）2012 年第 2 期。

145.《王力先生对汉语修辞格的研究》，核心期刊《北京大学学报》（哲社版）2012 年第 4 期。

146.《由〈全唐诗〉的考察看中唐"列锦"辞格发展演进之状况》，核心期刊《湖南科技大学学报》（社科版）2012 年第 4 期。